悔向人间色相开

寻找真实的吕碧城

端木赐香 著

人民东方出版传媒
东方出版社

图书在版编目（CIP）数据

悔向人间色相开：寻找真实的吕碧城 / 端木赐香 著 . — 北京：东方出版社，2020.2
ISBN 978-7-5207-1255-2

Ⅰ.①悔…　Ⅱ.①端…　Ⅲ.①吕碧城（1883-1943）—传记　Ⅳ.① K825.6

中国版本图书馆 CIP 数据核字（2019）第 246121 号

悔向人间色相开：寻找真实的吕碧城
（HUI XIANG RENJIAN SEXIANG KAI:XUNZHAO ZHENSHI DE LÜBICHENG）

| 作　　者：端木赐香
| 策　　划：陈　卓
| 责任编辑：李伟楠
| 责任审校：金学勇　谷轶波
| 出　　版：东方出版社
| 发　　行：人民东方出版传媒有限公司
| 地　　址：北京市朝阳区西坝河北里 51 号
| 邮　　编：100028
| 印　　刷：北京联兴盛业印刷股份有限公司
| 版　　次：2020 年 2 月第 1 版
| 印　　次：2020 年 2 月第 1 次印刷
| 开　　本：880 毫米 ×1230 毫米　1/32
| 印　　张：11.8/5
| 字　　数：256 千字
| 书　　号：ISBN 978-7-5207-1255-2
| 定　　价：52.00 元
| 发行电话：（010）85924663　85924644　85924641

版权所有，违者必究
如有印装质量问题，我社负责调换，请拨打电话：（010）85924602　85924603

序言

吕碧城（1883—1943），原名贤锡，后更名碧城，一名兰清，字遁天，号明因，后改号圣因，别号信芳词侣、晓珠等，晚号宝莲居士，法号曼智。祖籍安徽旌德。

这女人60年的生命，构成了诸多传奇。

第一奇，才女、著名词人。

章太炎夫人汤国梨赞之"冰雪聪明绝世姿，红泥白雪耐人思。天花散尽尘缘断，留得人间绝妙词"；词学名家林鹍翔誉之为"三百年来第一人"；清诗大家钱仲联称之为"近代女词人第一"；民国四大词人之一龙榆生将她的五首词作录入《近三百年名家词选》以殿后，称她是"近三百年来最后一位女词人"、"凤毛麟角之才女"、近三百年名家词之"殿军"；文学名家潘伯鹰认为她"足与易安俯仰千秋，相视而笑"……

李清照（1084—1155），号易安居士，有"千古第一才女"之称，有《易安居士文集》《易安词》，但已散佚；后人有《漱玉词》辑本；今有《李清照集校注》。"与易安俯仰千秋"，碧城当是千秋第二才女，或者千秋并列第一才女才是。

不过与李清照并列也有人不满意。吕碧城父亲的进士同年、同光派重要诗人，在前清做过咸宁知县、渭南知县、陕西布政使、江宁布政使、护理两江总督，在袁氏时代做参政院参政，曾师事张之洞和李慈铭，诗作艳俗，人称"樊美人"，被碧城称为年伯、大大的樊增祥，在碧城的词后不是批个"南唐二主之遗"，就是批个"漱玉犹当避席，断肠集勿论矣"。南唐二主乃南唐中主李璟、后主李煜，爷俩有《南唐二主词》；"漱玉"当然代指遗有《漱玉词》辑本的李清照，"断肠"代指朱淑真，乃是与李清照齐名的两宋交替时代的女词人，遗有《断肠集》（诗）2卷，《断肠词》1卷。

要说碧城有"南唐二主之遗"还行，因为纳兰性德也经常被人评为有"南唐二主之遗"。但是李清照、朱淑真面对碧城都不堪一提，甚至得靠边站。这得多大的才气，她大大才敢这么横？——其实大大是碧城的粉丝，粉丝看偶像，咋看咋顺畅。

更横的是碧城自己，她自己也认为，李清照、朱淑真不算啥，"漱玉、断肠未为极则"。

第二奇，美女，而且还是喜欢奇装异服的美女。

碧城有词叙说自己少女时代："六幅画罗裙，拂遍江南草。"

樊大大激动地眉批曰："无风自偃君知否？西子裙裾拂过来。"

翻译过来就是："说来也怪，明明没有风，小草却都卧倒了，原来是西子大美女的裙角飘过来了！"

想想，碧城得有多美，才能让她大爷这么激动，小草这么自卑？

她大爷还写过一首诗，把碧城夸成了王母娘娘家的三仙女儿：

第三娇女玉卮娘，却去瑶池到下方。

> 紫锦函中书一卷，明明翠水白莲香。

作为历史研究者，这里我想补充一点的是，对于女性，古代学与才是分开的。

所谓的学，当然是女学，也就是《女诫》《内训》《女论语》《女范捷录》等所谓的"女四书"。

至于才，那是万万要不得的。我怀疑那时候吵架，说对方家闺女有才，等于说对方闺女思想品德及生活作风不好，所以大家吵架肯定是这样的：你闺女有才！你闺女有才！不但你闺女有才，你闺女她娘都有才哩！

比如唐朝女道士李冶五六岁时，作《咏蔷薇》一诗，内有"经时未架却，心绪乱纵横"之句，其父一看，"大恚"，哀叹曰："此女狡黠非常，恐为失行妇人。"一句话，家里倒霉才摊上才女呢！于是将她送入玉真观修行。而李冶也没有辜负父亲的期望或者说恶谶，日后遂成唐朝第一风流女道士——唐时的女道士，大都是半文半娼式的，比如众所周知的鱼玄机。

幸运的是，晚明以降，文人士大夫渐渐给才女文化开了一道门缝，认为"女子三不朽，德也，才与色也"。相对于男人的三不朽——立德、立言和立功来讲，这女人的三不朽，特别是才与色，虽然还难免男性视角之下的把玩性质，但是毕竟羞答答地排在德之后，站出来了！可能是站相太凶猛了，吓着了一些卫道士，所以明末居然流行这样一句谚语：女子无才便是德！

你可不要以为，这是片面的对女子无才的肯定，不是，它是明末清初江南才女文化太繁荣了，吓着了卫道士。总之，够了，你们女人太有才了，太吓人了！能不能省点油，少点才？

古代中国，流行的是"名士·名妓"的欢场文学。一句话，才女多在青楼，才子中多有嫖客，否则无缘相见，且无法互相成全。但是，我们不得不承认，除了欢场文学，中国还有闺阁文学，也就是男人自作主张地把文学从青楼移到自己家，将欢场娱乐提升为闺阁娱乐：父亲授女儿写诗作词；丈夫和妻妾吟诗作对；更有甚者，比如明末的文学家叶绍袁为妻女等人精心编辑一部名叫《午梦堂集》的诗文合集，并且在《午梦堂集序》中开篇即明确提出："丈夫有三不朽，立德立功立言，而妇人亦有三焉，德也，才也，色也，几昭昭乎鼎千古矣。"再比如清朝中叶著名的大诗人袁枚，广收诗弟子不说，女弟子尤众。如果说宋代著名的女词人李清照乃是中国古代女性之传奇，与其夫赵明诚的婚姻又构成中国古代才子佳人之传奇的话，那么明末清初，江南已不但盛产才女名媛，并且才子佳人式的婚姻在上层大户已是新常态。原因如下：

一是江南经济的繁荣与刊印技术的普及；

二是社会风气的渐开与闺秀文学作者群、读者群的扩大；

三是"身有八子，不及一女"式的来自父亲的傲娇和才女文化上升为家族资本甚至增进了女儿婚嫁时的身价……

这一切导致中国的闺阁文学在清代发展到了传统社会的顶峰。

太繁荣了，所以卫道士很不乐，清中叶著名的文学家兼史学家章学诚就特看不惯闺秀文学的风行，抨击曰：

> 近有无耻妄人，以风流自命，蛊惑士女；大率以优伶杂剧所演才子佳人惑人。大江以南名门大家闺阁多为所诱，征刻诗稿，标榜声名，无复男女之嫌，殆忘其身之雌矣。此等闺娃，妇学不修，岂有真才可取？而为邪人播弄，浸成风俗。人心世道大可忧也。

看样子，虽然晚明以降的中国社会给才女文学开了一条门缝，但价值坐标系上，还是有两条线的，不用说，樊大爷当是章学诚所骂的"无耻"、"风流"、"蛊惑"良家"士女"的"妄人"这条线了。而且，樊大爷夸起吕碧城来既大胆又直白，首先是夸色，其次是夸才，至于德，没有，不在其关注范围！

樊大爷的品鉴，可用明清时期著名的才子佳人小说《玉娇梨》中男主人公对理想女性的要求来概括："有才无色，算不得佳人；有色无才，算不得佳人。"吕碧城可谓既有才又有色！所以樊大爷夸她是仙女当不为过！

比吕碧城晚生十四年的安徽籍小才女苏雪林（1897—1999）也被碧城前辈的美艳折服了，她说："我记得曾从某杂志剪下她一幅玉照，着黑色薄纱的舞衫，胸前及腰以下绣孔雀翎，头上插翠羽数支，美艳有如仙子。此像曾供养多年，抗战发生，入蜀始失，可见我对这位女词人如何钦慕了。"

作为老乡与晚辈，苏雪林如此赞誉吕碧城，是可以理解的。不过我最不能接受的就是苏雪林所剪的这一张吕碧城小照。总体感觉不伦不类，你不是保护动物吗？又插那野鸡毛干吗？审美上也让人极度不适。我最喜欢的是吕碧城和英敛之夫人的那张合影，虽然没有人家英敛之夫人贵气，但看着温婉敦厚，甚好。

但是，这已与才色无关了，仅是气质与个人观感问题。说实话，吕碧城如果没有敢穿奇装异服的勇气，又怎能走出她的人生传奇？万事都是有因果的，性格的走向，才能铸成命运的轨道与人生的逻辑！

第三奇，吕碧城还是近代中国第一个靠炒作一夜爆红的文化超女！

其背后的网络推手与网络平台，就是英敛之和他的《大公报》！吕碧城由此进入天津的上流社会，既得了直隶总督袁世凯和袁二公子袁克文的青睐，还结识了天津地区政、商、文、教等界所有风云人物。宫中女官、慈禧太后的代笔、清朝著名画家缪嘉惠老太太都表示吃醋，诗曰：

> 飞将词坛冠众英，天生宿慧启文明。
> 绛帷独拥人争羡，到处咸推吕碧城。
> 雄辩高谈惊四座，峨眉崛起说平权。
> 会当屈蠖同伸日，我愿迟生五十年。

一群老年男人先是推碧城的诗词，"一时，中外名流投诗词、鸣钦佩者，纷纷不绝"，后是推她的女权与女子教育思想——《大公报》连篇累牍地推出她的文章与照片，看得大家直流口水。总之，文化超女横空出世的同时，伴随的是中国女性撰稿的先行者、中国女性编辑的先行者、中国女权运动的先锋、中国女子教育的先锋、中国第一位女子公学的总教习，甚至校长！

第四奇，这女子终身未嫁，人称齐天剩女、黄金剩女等。当然，也许败犬女王更适合她！

齐天剩女，意思应该是级别高，《西游记》里有齐天大圣，这儿就有齐天剩女。

黄金剩女，是说碧城是先富起来的白富美，晚清改革开放后的第一代女富婆！只不过，直到如今，碧城具体是怎么富起来的，没有人知道。有人猜她是从安徽老家贩茶叶，有人猜她在上海炒股。不管怎么说，才女、美女、超女、富婆，加一块儿，分量太重，不易嫁！

关于败犬女王，我们现在流行的"败犬"一词，来自日本女作家酒井顺子的散文集《败犬的远吠》。意为，年过三十的未婚女性，无论事业上多有成就，在职场上多么叱咤风云，只要未婚，就是人生战场上的一只败犬。

2009年还有个大热的台剧，名字就叫《败犬女王》，里面的女主人公单无双，33岁了，有事业没男人，当不了男人手心呵护的公主，她就自己宠自己，把自己宠成独一无二的女王。只不过这种女王跟碧城比较起来，差远了。因为碧城有狗官司，而且名声正是让犬，或者说让犬官司给败坏的。

朋友们也帮她愁。问题是帮不上忙。郑逸梅的《艺林散叶续篇》载，某次，叶恭绰请吕碧城、杨千里、杨云史一干人等在他家喝茶聊天。谈到婚姻，吕碧城表白说：

> 生平可称许的男子不多，梁任公早有妻室，汪季新年岁较轻，汪荣宝尚不错，亦已有偶。张啬公曾为诸贞壮作伐，贞壮诗才固佳，奈年届不惑，须发皆何。我之目的，不在资产及门第，而在于文学上之地位。因此难得相当伴侣，东不成，西不合，有失机缘。幸而手边略有积蓄，不愁衣食，只有以文学自娱耳！

看她傲娇的，一鞭子扫了多少老少爷们儿：大笔杆子梁启超已有妻室，大美男子汪精卫年纪太轻，著名外交家汪荣宝有了佳偶，张謇老先生曾经为她与著名诗画家诸宗元充当媒人，可惜诸快40岁了，须发皆白云云。总之，不是有老婆，就是太年轻或者太老了！

这傻妞，不知道老公是干吗的——以为找老公是找诺贝尔文学奖评委，还是找诺贝尔文学奖得主？

这傻妞，亦不知道婚姻是干吗的——说句良心话，碧城这条件也不算高。只是，这些人即使没有家室，或者不老也不小，比如前三位，你确定，他们愿意娶你吗？婚姻对于中国男人来讲，跟文学没有半毛钱的关系。说句不好听的，青楼里每天都可以组织文学沙龙，青楼女更是琴棋书画样样精通，可那与婚姻有什么干系？中国男人娶妻，娶的是门户与德行，家族资源的强强联合，和传宗接代的多子多福！梁启超还在妻的后面纳了一个丫环为妾呢，图的就是被她伺候得舒坦，放在家里省心，他们往家里弄个不省心的文艺老女青年干吗？

师兄张耀杰为此评价曰：

一度女权高唱的吕碧城，在旧体诗词的来往唱和中，被上流社会遗老遗少型的名人雅士架得太高，她自己更是表现得像文化遗少一样心高气傲、目空一切，从而注定她再也不能放下名女人、女富婆的空架子，去心平气和地立身处世、谈婚论嫁。

不知道我师兄想干吗，难道是想学著名学者吴宓吗？众所周知，清华大学国学院教授、《学衡》杂志主编吴宓曾自作多情地擅自为吕碧城的《信芳集》作序，1931年春天漫游日内瓦的时候给碧城去了信，约见面，并随信附了自己所作的序，已经皈依佛祖的碧城一看大怒：呔，无聊，流氓，怎么说我"集中所写，不外作者一生未嫁之凄郁之情"？什么"中怀郁结"，"生活失败孤苦"！去你的，姑奶奶不见你，这序也不稀罕。

吴宓又是道歉又是解释，姑奶奶余怒始终不消，吴宓在瑞士待了仨月，三过吕碧城居所而不敢入！

相形之下，还是樊增祥大大会体贴女人，写诗安慰贤侄女碧城曰：

香茗风流鲍令晖，百年人事称心稀。
君看孔雀多文采，赢得东南独自飞。

一句话，太有文采了，所以就得独飞。

第五奇，性格奇，经历奇，结局奇。

性格奇，一路走过，跟很多人绝交了。

第一恩人，《大公报》创始人英敛之，欣赏了她一阵子，之后就烦死她了，竟致绝交。

另一个恩人，直隶总督袁世凯幕僚、天津女学总办、天津女子公学第一任校长傅增湘及其太太凌女士（做过代理校长），也是刚结识时喜欢死碧城了，一实际运作，发现没法合作，两口子一起退出女学事务。

袁世凯、袁克文父子更是恩人，帮助她解脱了被秋瑾连累之困。但是晚年袁克文落魄时其至拒绝见她了。

至于自己的亲二姐吕美荪，更是被碧城公开宣布情断义绝，双方不通音信三十年，直到碧城死前半年，在友人的劝解下才勉强通了信！

经历奇，年少丧父，母亲因与族人有家产纠纷携四个女儿与夫家决裂，回住娘家；碧城少时订的汪家姻亲宣布退婚；该嫁人时碧城与舅舅决裂，去天津，得遇英敛之赏识，被其包装炒作，一夜爆红，之后做了天津北洋女子公学总教习直至监督；辛亥革命后，女子公学并入北洋女子师范学堂，袁世凯请吕碧城做了总统府咨议，咨议就是顾问，顾上就问，顾不上就不问，总之吃干饭拿高薪不用上班的活儿——用我师兄张耀杰的意见，吕碧城也没啥政治才干，只不过"充当着挂名性质的政治花瓶"；之后辞了花瓶，在上海暴富，并去美国哥伦比亚大学进修做旁听生——碧城的安徽小老乡胡适也留学哥大，但俩人路径截然不同，难道这就是正儿八经官费留学与个人私费旁听的区别？总之，胡适成为中国第一号自由主义者，并从白话文着手开启了新文化运动的门扉，碧城却力挺儒学与佛学，尤其反对白话文！

先期是文化超女、社会达人、女权主义先行者、服装妖冶的女校长、上海舞场袒胸露背的国际交际舞爱好者。养着小狗，住着豪宅，雇用俩印度巡捕给自己看门护院，出入舞厅，放诞风流，有洋人汽车轧了她的小狗，跟她打狗官司，直到对方把小狗送到医院瞧好才罢手。后来才出名的鸳鸯蝴蝶派名将，琼瑶丈夫、台湾皇冠出版集团老总平鑫涛的堂伯平襟亚将王小逸小说《李红郊和犬》登在《开心报》上，碧城认为是讽刺自己的，遂动用沪上租界势力又是逮人又是打官司，搞得对方一度隐姓埋名不敢露头，后来写小说还憋着一口恶气吐不出来的样子。总之前半期碧城常常是头版头条，后期却灰扑扑转身，孤独漫游并旅居欧美，拥抱佛祖，法号宝莲，倡导护生，谋划中国动物保护会，死后将全部财产二十余万港元布施于佛界，并遗嘱"遗体火化，把骨灰和入面粉为小丸，抛入海中，供鱼吞食"。

临死前丢下一首 28 字自挽诗：

护首探花亦可哀，平生功绩忍重埋。
匆匆说法谈经后，我到人间只此回。

"我到人间只此回"，我估计是两个意思，一个是人间不值得；一个是，俺信了佛祖，超越了六道轮回，从此只在极乐之净土世界待着了，宝宝再也不跟人类玩了。

既能拼爹,还能拼姥姥

光绪九年(1883)阴历六月,山西学政吕凤岐(1837—1895)的继室严氏生下了第三个女娃:贤锡(碧城)。这时,这个做父亲的虚岁四十七,算是老年得女。

在此之前,严氏已生了两个姑娘:光绪元年(1875)生长女贤钟(惠如),光绪七年(1881)生二女贤钫(字仲素,后改为清扬,又改为美荪)。

一些著述自作多情地叙述了吕凤岐的欣喜。但在吕凤岐的《石柱山农行年录》"九年癸未四十七岁"条中,这个当爹的仅写下了如下七个大字:"六月,三女贤锡生。"

七个大字中,看不到吕凤岐的欣喜。只能说,现在的著述者以自己的价值诉求代入其中罢了,特别是,以事后的聪明、当代的功利替这个当爹的评估了三女的价值。更有甚者,大言不惭地断言,四个姑娘中——光绪十四年(1888),吕家又生了四女贤满(坤秀)——当爹的最爱这个三女!你让其他几个姑娘情何以堪?

按当时的价值诉求与功利角度，这个当爹的也许更希望继室给他生个男娃吧？！

严氏之前，吕凤岐有过前妻蒋氏（伯鸾），为江西铅山蒋心余玄孙女，秀才蒋卓人之长女。同治五年（1866）吕凤岐做了蒋家的上门女婿，先后生长子贤铭（1867—1891）、次子贤钊（1869—1887）。同治十一年（1872）蒋氏去世。两儿寄养江西外公家。

同治十三年（1874），吕凤岐续娶来安严朗轩次妹严氏（士瑜）。严氏头胎生女娃，吕凤岐可能会欣喜，可当接二连三生的都是女娃时，他能有多少欣喜？吕凤岐倒是已有两个男娃了，但从后面贤铭、贤钊过早夭亡对家庭变故的影响来看，男娃再多也不讨嫌，吕凤岐应该是希望生个男娃的。对于碧城的亲娘严氏来讲，两个男娃即使能正常活下来，也不是她亲生的，对于她来讲，盼子可能比丈夫还要心切一点，但上苍像故意跟她作对似的，一口气给她批发了四个丫头。待光绪十四年（1888）生了四女贤满——盼子心态更是流露无余：贤满贤满，应该不是贤惠满了，而是闺女满了，相当于民间给丫头取名为"够"，大声断喝曰：够了！

确实够了，之后，吕碧城的娘再未生娃。吕碧城的二姐吕美荪《送崐秀四妹由天津南归》中有这样的诗句：

吾亲多女亦自足，聊情胜无慰晨昏。
负郭有田二千顷，仓廪常丰未为贫。

翻译过来就是：俺爹俺娘生了这么多丫头，但他们挺自足，不嫌俺们是闺女，聊胜于无；俺家有的是田，有的是粮，俺家有钱……

如果两儿不死，当然挺"自足"：一个科举的幸运儿，一个见好就收的仕途得意者，一个两儿四女的中国男人……不管从哪方面来讲，都是幸福完美的了。问题是，两儿俱失直接要了吕凤岐的命，并且造成了吕家的悲剧。刘纳评曰：

  在那个时代，如果说满腹诗书的男孩日后可能为家庭挣来荣光，那么，能诗能画的女孩现在就是家庭体面的点缀。我们可以想见吕凤岐夫妇当年的欣慰，当然这欣慰并不能解释无子的隐忧。

  照常理推测，在那无子即无后，而无后即为大不孝的时代，作为父母第三个女儿的吕碧城不会受到特别的欢迎和重视，而一切社会规范与社会习俗都多少会给例外留有余地，也许正是因为生长在无子的家庭，吕碧城和她的姐妹们受到了那时代即使书香门第的女孩子也很少能享有的良好教育。

确实如此。三女出生时，吕凤岐做山西学政已是第二个年头了。这个官衔略相当于现在的省教育厅厅长，所以三女好歹也算是官二代兼富二代——她出生在她爹仕途的顶峰时期。只不过这个当爹的在写那七个大字的时候，应该想不到，这个三女贤锡将是他吕家四女中最传奇的一个！

吕碧城之所以能构成传奇，除了时代氛围、个人性格与人生际遇，首先应归功于良好的家庭条件与家族传承。

父系方面，吕凤岐的家乡庙首，北接人文荟萃的泾川，东临徽文化发祥地绩溪，南面是徽文化中心歙州，自古以来书院林立，学风淳厚。吕氏家族更是诗书传家，人才辈出，据有心人统计，仅乾隆至光绪的百余年间，吕家就先后有四人出任云南、湖南、福建、山西等省的学政，吕碧城的父亲吕凤岐就是其中一员。

吕凤岐的父亲与祖父都是徽商，在三溪镇开设有典当行与米肆。与此同时，吕凤岐的祖父和父亲还都挂有国子监监生的名号。总之，吕凤岐这一支不管是经济产业，还是仕途，都有一定的基础了——中间十几年由于太平军与捻军的作乱，家破，人也亡了不少。但吕凤岐却是读书的种子，一步步走来，同治三年（1864）举人，光绪三年（1877）进士，选翰林院庶吉士，历任国史馆协修、玉牒馆纂修、山西学政等，这家就又兴旺发达起来了。除了物质文明，精神文明建设更不弱，吕凤岐个人藏书三万卷，工诗文，著作有《静然斋杂著》和《石柱山农行年录》等。

母系方面，为了证明严士瑜也不是凡人，更为了证明碧城传奇的才女人生可能更多地来自母系传承，我们这里重点介绍下严士瑜她姥姥沈善宝。沈善宝（1808—1862），字湘佩，又号西湖散人，钱塘人。沈善宝是吕碧城的娘严士瑜的姥姥，就是吕碧城的太姥姥。如果说吕碧城是新的传奇，那么这个太姥姥就是不老的传奇：

第一，善宝博通书史，旁及岐黄、丹青、星卜之学，无所不精，而尤深于诗，乃道光咸丰年间盛极一时的闺阁文学领袖，女弟子不下百人，传世之作有《鸿雪楼诗集》15卷，《鸿雪楼词集》1卷，《鸿雪楼外集》1卷，《名媛诗话》12卷、续集3卷等。

第二，善宝12岁丧父，25岁丧母，丧母后的三年内，为了养家糊口，她奔走于江浙两淮之间鬻诗售画，并筹集葬资，于27岁时完成一件宗族壮举，安葬了父、母、妹、弟、先伯祖、庶伯祖母、纶新叔、先庶祖母等八个族人，史称八棺并葬。

第三，善宝没有像后来的碧城那样终身未嫁，但是，也创造了一个传奇——31岁才嫁人，跟吕碧城的娘一样也是继室！其夫武凌云，字寅斋，安徽来安人，道光十五年（1835）进士，历任礼部铸印局主事、员外郎、吏部稽勋司郎中、山西朔平府知府等。不知道这夫多大的才华，只知道这夫还是善宝考出来的——据说善宝当年以"诗文考婿，应者甚众"，可见这太姥姥当年的威风！

一般介绍碧城，都要搬出这个太姥姥来助阵，以证明吕家诸女母系血统方面的优越。其血统确实优越。沈善宝嫁给武凌云后，生三个女儿，其中武婉仙婚配来安举人严玉鸣，成为严士瑜的母亲。严士瑜乃武婉仙第二个女儿，"幼怜于亲，得其诗学，于归后，生女贤钟、贤钣、贤锡、贤满，亲为课读，均学有所成"。

所谓的"幼怜于亲，得其诗学"，便是母系的传承。严士瑜传承多少家族诗学，不确，目前能找到的，乃是《安徽名媛诗词征略》中所收集的她的两首诗。

其一：《江水断句》

> 江水何滚滚，欲随千万丝。万里果何阻？泪落袱中儿。

其二：《纪梦》

> 自我为妇来，不获侍慈姑。昨梦高堂上，色喜泪盈裾。敛衽前跽问，窃闻处贫庐。子贵亲不侍，母乃戚无愉。为妇奉蘋蘩，敢不中厨趋！慈颜亦莞尔，梦魂渺已无。

其一的意思是，女人啥也干不成，因为要在家抱孩子嘛！

其二的意思是，自从嫁了过来，就没有福气伺候婆婆。昨晚有福，梦见婆婆了，婆婆虽然面有喜色，但泪满衣襟。赶紧上前问寒问暖，才知道婆婆在那边很穷。儿子如今混成高官贵人了，但娘并未得他啥福气，所以很不高兴。给人做儿媳嘛，本就该供奉婆婆的，赶紧亲自下厨给婆婆做饭，婆婆这才高兴地笑了，我的媳妇梦也就结束了……

所谓的"均学有所成"，可用章士钊1927年《甲寅》杂志上所云"曩淮南三吕，天下知名"来概括——四女坤秀由于过早夭折，江湖传奇就没有她的分儿了，所以三吕仅指长女吕惠如，二女吕美荪，三女吕碧城。而三吕中最出奇的，当数三女碧城。但吕碧城所学的，就不仅仅是文才了。沈善宝的传奇人生，和她"不信红颜都薄命"的女性人生观，可能隔代传给了吕碧城。连二姐吕美荪都说："先母严淑人克俭克柔，年二十七嫔于我先君。幼怜于亲，得其诗学，亦上承其外大母沈湘佩夫人之余绪也。"其实，吕碧城的传奇，更是她太姥姥传奇之余绪，只不过时代不同了，具体内容有所变化而已！

简单总结一句：爹是大进士、大翰林、大学政；太姥姥是闺阁文学领袖，出身于这样的家庭，吕碧城的起点，已经是一览众山小了。

父亲急着退休为哪般

吕碧城虚岁4岁这一年(1886),他爹吕凤岐突然就从山西学政的岗位上退休了,时年50岁。

50岁,男人从政的黄金年岁。怎么他就不干了呢?

学政是翰林或者进士出身的部院高官才能外放的职位,全称提督学政,简称学政,俗称学台。官品虽在总督、巡抚之下,与布政使(藩使)、按察使(臬使)平行,江湖人称藩台、臬台、学台,但由于是钦命督学,所以政治地位与督、抚平行,见了对方不用行属员之礼;作为学台,一省的文风、士风、学风、教风、考风,包括考试,就都归他管了,督抚不得干涉。关键是考试,学政主要负责的是:

第一,独立全面负责院试,录取地方府、州、县官学的生员;优秀生员被选拔出来,进入国子监为监生,继续深造。

第二,对地方府、州、县官学生员进行岁考(岁试)和科考(科试)两级考试,岁考是生员学业考试,按成绩分六等;科考是选拔优秀生员参加乡试,科考一、二等者,才能取得乡试资格。

第三，乡试之年七月份，还要在省城集中进行一次科考的补考，叫"录遗"，等于给上次科考没有过关的考生，再来一次机会。

大家都知道清朝正式的科举考试分为三级：乡试、会试和殿试。但是在正式的三级科举之前，还有一个起步阶段是不能忽略的，一句话，参加乡试必得有生员（秀才）名分，相当于现在的高考生必得有高中毕业证。这名分可以捐，也可以利用父辈的恩荫获得，但更多的苦孩子得考——俗称童生试，也是三级，县试、府试和院试。知县主持的叫县试，知府主持的叫府试，由中央派往各省的学政所主持的叫院试。参加这种三级考试的统称童生，三级连跳，最后院试被录取者即成为所在地县学（州学或府学）的生员，也就是秀才。只在前两级之间徘徊的，一辈子只能叫童生！而吕凤岐负责的是第三级，终审！

不可小瞧这个秀才，凡取得秀才资格的就可以不出公差和免纳田粮了，更重要的是才有机会参加"高考"——乡试了。中国科举小道上，多少人就栽到了秀才这个关口前，一辈子都没有爬过去。其他不说，单说广东花县那个著名的高中结业生洪秀全同学，从1828年到1843年，四次考秀才，四次失败。太伤人自尊了，于是他就急性短暂性精神病了，一精神病就扯旗造反了——吕家就是因为太平军和捻军十余年的征战而家破人亡的。说句不好听的，如果秀全能考中秀才，第一不会精神病，第二不会造反。总之，学政的岗位很关键，清朝统治者为了显示自己尊师重教，派往各省的学政，打的都是钦点的名头——可谓皇帝领导下的学政负责制！

事实上，吕凤岐发家也就是在短短的山西学政任上。光绪八年（1882）上任，光绪十二年（1886）退居二线。退的原因，可以看看他自己的解释——他的行年录里留下一串串蛛丝马迹：

道光二十三年（1843）行年录：

> 是秋，九霞族叔（名朝瑞，官编修，湖南学政）举乡试，比邻而居，见贺者络绎，即心讶科名之烦人，何若是耶？

看看，族叔乡试中举，大家都前去祝贺，这个虚岁七岁的孩子就看不惯了。三岁看小，七岁看老。看看他这烦，也许就理解他50岁时的急流勇退了！

光绪十年（1884）行年录：

> 年来校阅烦劳，时欲引退。

这不是诳语。吕凤岐是个负责的学政，一上任就发现很多问题，特别是光绪三、四年的大旱，导致很多百姓逃荒在外，生员岁试耽误很多，于是他就挨次补考。这一补——你看看他的行年录就会发现，几乎一直在巡回考试中，考了还得批卷子，太累了。

光绪十二年（1886）行年录：

> 因念家本寒微，一入词垣，骤膺使命，自维寡德，已属非分之邀，倘再历资滓升，益惧弗克负荷；况赋性直傲，耻于苟同于世，亦不相宜，遂决计乞病退休矣。

用现在的语言翻译一下：

> 咱个穷孩子，一不小心，竟然逆袭进了翰林院；进翰林院也罢，

居然不久就做了山西学政,咱何德何能,摊上这么好的差事?以后说不定还要升官,这可如何是好?何况咱这人还有点小傲娇,不愿跟人同流合污,一肚子的不相宜,罢罢罢,就说生病了,申请退休吧。

光绪十六年(1890)行年录前言:

> 赖累世幽潜之德,叨窃科第,出持使节,乃赋性疏慵,不耐冠带之烦,五十归田,遂其晏逸,负疚家国,为何如耶?乞休多暇,续修支谱之余,回溯半生窘状,心犹惊悸,而君恩祖德,师友之情,尤极不敢忘者也,是不可不述以告后人。庚寅八月,吕凤岐瑞田甫书于皋城寓庐还读我书之室。

这一年,他已退休在家4年了,行年录应该是这一年整理出来的。在前言中,他除了强调自己德才不配,更强调自己天性不宜做官,但是在家这么安闲,又觉对不起家国,修家谱的时候,想到自己一路走来,君恩祖德师友之情不敢忘怀,这才有了《石柱山农行年录》。而且所谓的"还读我书之室"云云,确实可以反映出这个人真的仅是读书赋闲的料,不是当官忙碌的角儿。

所以,当几年学政挣到足够的生活费之后就退,对他来讲,应该是个不错的选择。(翰林院是著名的清水衙门,外放学政才是十足的肥差。)

这里我们可以拿鲁迅的爷爷与吕碧城的父亲来做个比较。鲁迅生于光绪七年(1881),比生于光绪九年(1883)的吕碧城大了两岁,鲁迅的爷爷周福清,文凭跟吕碧城父亲的一模一样,翰林院庶吉士,三年后散馆,选授江西金溪知县。按那时的官场规矩,翰林外放知县,俗称"老虎班",

不但得缺容易，就是上司也礼让几分。所以他这也算不错。

有意思的是，鲁迅的爷爷也有点自负——翰林院大翰林，哪个没有点自负呢？据说鲁迅的爷爷自负到连慈禧与光绪都被他骂作昏太后与呆皇帝，其他就甭提了。

问题是这种愤青官员也没啥政绩可言，两江总督沈葆桢参奏他办事颠预，最后的结果是革职，改任教职，他不愿意，且吏部也没给批下来，等于退职了。在官场同人的指点下上京捐纳，最后捐到手一个内阁中书。

光绪十九年（1893），因第二年乃慈禧太后六十岁万寿，所以光绪颁旨在全国各省举行恩科试。浙江的乡试主考殷如璋乃周福清的同科进士，于是周家亲友凑了一万两洋银，报了五个考生的名字，让周福清去打点，周福清照做了，而且往五个考生中加塞了一个，也就是他自己的儿子、鲁迅的父亲周用吉，试卷上的识别暗号也一一写明，将一张"凭票洋银一万元"的字条附入封套，差人递了上去。递的时候，恰恰副主考周锡恩也在船上，殷如璋当然知道信里有文章，所以并未拆阅，而是放在了茶几上。周锡恩呢，不知是装傻，还是故意，就是不走，所以殷如璋继续与周锡恩闲谈，不承想差人在外等急了，大声嚷嚷："一万两的银信呢，为啥不给个回条？……"事儿就这样让差人给踢爆了。主考不得不让副主考拆阅，并上报纪检委……行贿人周福清先是潜逃，后是投案自首。地方官府不管是出于私谊，还是出于官官相护，或者仅为地方脸面、政绩与潜规则考虑，也都有意替他开脱，科考舞弊乃社会常态，大家心知肚明，只不过他倒霉而已。于是地方官说他是急性暂时性精神障碍云云。但是周福清不领这个情，不但不承认自己神经有毛病，反而振振有词地列举出历届疏通关节而中举的人名，试图说明，大家都是这么来的，为啥就治我。刑部上报，也说什么"拟以斩决，未免过严"，应请于"斩罪上量减一等，拟杖一百，流三千里"。问题是咱们的好皇帝——年轻的光绪正跃跃欲试搞新政呢,何况科场舞弊历来严惩,严重者立斩呢,于是,"周福清着改为斩监候,秋后处决,以肃法纪,而儆效尤"。

斩监候,就是死缓。这缓的过程中,周家就缓不过气来了,这意味着每年秋天都得打点,否则说不定秋后就真斩了,这样候下来,居然就是七年。鲁迅的父亲受其牵连,不但没有中举,连原先的生员资格都被革了,从此脾气变坏,一病不起,还染上了大烟瘾,导致原本体面的大少爷鲁迅的主要业务就是出入于当铺与药店之间了。1896年,鲁迅父亲去世,周家这一支彻底破产。

还可以举个小例子,据《胡汉民自传》,他在1902年参加乡试中举,第二年就"为某氏兄弟捉刀,使俱获售,得金六千余"。

也不知道这里有没有吹牛的成分,只是看字意,他居然可以一替就替兄弟两个,也不知道咋替的。他当时在广州做记者,1902年广州没有乡试,他的老家江西有,那么他当是在老家中了举。自1901年清廷宣布科举改制之后,至1905年宣布停废科举,其间共举行了两次乡试和两次会试,分别是:1902年壬寅补行庚子辛丑恩正并科乡试、1903年癸卯补行辛丑壬寅恩正并科会试、1903年癸卯恩科乡试以及1904年甲辰恩科会试。另,广东、广西、甘肃、云南、贵州五个省份在辛丑年(1901年)补行了庚子恩科并庚子正科乡试,故1902年并未举行乡试。不知道胡汉民1903年秋天的替考是在江西老家,还是在广州,他能拿到六千金的替考费,要么就是一场替了兄弟俩,要么就是1903年的会试与乡试他分别替了兄弟俩。有人说这不可能,1903年是末科乡试,那么当年应该还有末科院试,也就是说,他在末科乡试与末科院试中分别替了兄弟俩。总之,不管咋替,反正赚大了。

说这么多什么意思呢？就是科举这个行业很肥，贿赂作弊也都是公开的。如果不是周福清所选跑差太笨，那一万两银子自然就会悄没声儿地进了殷如璋的腰包。

周福清、吕凤岐、殷如璋，三个进士，三种选择，人生轨迹自然大大地不同。对吕凤岐来讲，他的仕途相当于牌桌上的见好就收——常在河边走，哪能不湿鞋？不如捞两把赶紧回家！

吕家的悲剧就这样拉开序幕

问题是，吕凤岐退休回家后的日子并不好过。不是国事——他都顾不上操心国事了，而是家事——家事直接要了他的命。

退休前一年，光绪十一年（1885），他请了三个月假。请假的理由是"回籍修墓"。回家的路上，他路过六安，正好赶上过年，就在六安借了房子过年。过完年，他就在六安东南乡下买了个小庄子，并决计退休。说干就干，他马上请安徽巡抚吴子健代奏告病，然后回旌德老家，发现"里中彫敝之余，风俗益敝，踌躇一月，久住终难"。

什么意思呢？翻译过来就是穷山恶水出刁民，旌德老家不只是穷，连风俗习惯都让人不堪忍受，他犹豫了一个月，还是觉得没法住。

他没说到底是哪些风俗习惯。但至少，旌德庙首的老家放不下他了，他不会把退休后的生活安置在这里了。中国传统都是衣锦还乡，他却是衣锦挪乡——太平军、捻军的功劳也罢，原本的穷乡僻壤也罢，总之，他要逃离故乡了。逃离之前，他给伯叔两房及自己那个同父异母的弟弟也就是老六凤台各五百两银子，其他亲房至戚也都分别给了点儿，就回六安了。

退休的第二年，也就是光绪十三年（1887），他又在六安州城（六安当时是直隶州）买了宅子，并且把家从六安东南乡下的小庄子搬到了州城。可惜好景不长，一个月之后，他的二儿子贤钊上吊自杀，老大贤铭的媳妇死于娘家！在他的行年录里，是这样记录的：

> 五月，贤钊以逃学受薄责，自经而亡，年已十九，痛悔之至。七月，冢妇黄氏又卒于母家。家门不幸，至于此极，忧郁抱病者数月。

这家的悲剧自此拉开了序幕。

贤钊是个苦命儿。同治八年（1869）出生，同治十一年（1872）亲娘就死了，刚刚4岁的他做了孤儿（哥哥贤铭比他大两岁）并寄养外家。同治十三年（1874），他爹续娶同省来安县严朗轩太守的次妹严士瑜为妻，这就是吕碧城的亲娘，贤钊与贤铭的后娘。娶了新媳妇的第五年，也就是光绪四年（1878），这个当爹的见到两个儿子，居然是父子相见不相识，笑问客从何处来。用吕凤岐的话是：

> 两儿成童，各不相识，欢见之下，悲从中来矣。

总之这是两个既缺父爱又缺母爱的苦命娃。现在，二娃先走一步了。一般的撰述，都是引用吕凤岐这段话："以逃学受薄责。"这是很可疑的：

第一，这个孩子虚岁十九周岁十八，已经成人了，在那样的时代，早该结婚了，什么样的"薄责"会让这么一个翩翩公子哥儿上吊自杀？想想贾宝玉同学挨过多少厚责，那么脆弱多情的他咋就不上吊自杀呢？

第二，在吕凤岐的行年录十岁条里，他记曰，当时他跟老师学《论语》，老师当天讲，次日让他们自讲一遍，或摘问大略，"误对则受扑"。"扑"是戒尺，也就是说，这是家长授权塾师可对孩子使用的一种惩罚方式。难道19岁的贤钊还要挨这个打，或者说还会因这种责罚而自杀吗？我觉得不可能。一者是老师不会这么做；二者是，若是老师做的，吕凤岐不会这么轻言带过。所以，所谓的"薄责"当是来自家庭。

第三，吕凤岐在科举小桥上一步步走来，考中了进士，混上了山西学政，算是最后的胜出者。问题是他七岁就知道科名烦人，出仕后更知道当官不易，自己天性也不宜，遂趁早撒手了，又怎么可能会逼孩子为科举学习而丧命呢？

第四，所谓的"薄责"可能仅是导火索，也就是说，这孩子早就不想活了。

说来说去，这个后娘在里面的作用值得怀疑。吕凤岐不说，后娘也不会说，但我们这里可以举两个其他人的例子。

例一：清末四公子之一谭嗣同。谭的父亲谭继洵官也不小，做到湖北巡抚，但谭打小没少受后娘的虐待，看他自己的说法：

> 吾自少至壮，偏遭纲伦之厄，涵泳其苦，殆非生人所能任受，濒死累矣而卒不死；由是益轻其生命，以为块然躯壳，除利人之外，复何足惜。

看到了吧，从小没了亲娘，所遭纲伦之苦不是人类所能忍受的，早就不想活了。

例二：近代史上鼎鼎大名的陈铭枢，被后娘虐待得没法活下去。俗话怎么说？有了后娘，就有了后爹——亲爹受后娘的影响，闲着没事，不下雨也在家打孩子玩儿，遂导致这孩子在贤钊这个年纪，挨门乞讨了20元大洋跑到广州投考黄埔陆军小学，临考前跟老乡发毒誓曰：考不上就跳水自尽。结果当然考上了。后来进南京陆军中学，在街上听见卖唱的小丫唱"小白菜呀，叶叶黄啊，三两岁呀，没了娘啊"……当场哭瘫于地，如果不是同学架着，他都回不去了！

所以，你别看他们（这里的"们"当然也包括吕家几个姐妹）都轻描淡写的，贤钊上吊自杀，估计没有那么简单。而且，从后面吕凤岐一死，吕碧城的娘跟吕家没法和平共处——室成仇人，自休娘家，终身绝交，就可以想象得到，吕氏家族对这个后娘憋了多少愤怒！

好在，我从吕美荪的《葂丽园随笔》中，找到了一篇《蒋夫人示梦继室》。这文章太有意思了，说的是，1879年，吕凤岐携二子入京，这两个苦命的娃，一个13岁，一个11岁，才终于跟亲爹后娘住到了一起。按吕美荪的文章，她爹携带两子将入京师的头天晚上——应该是1879年的阴历十月十二夜？因为据他爹的行年录，到京是十月十三日——她娘做了一个梦：

> 余母梦一妇人，长身玉立，面含凄色，谓余母曰："汝怜吾儿，则吾亦必爱汝女。"即抱余姊于怀，旋转如风。时余姊甫周龄，余母急夺之，惊而醒。姊体即大热，竟夕啼不止。次日父携两兄至，语以所梦妇人形貌，果蒋夫人也。吾母性本慈厚，自是益恩抚前室子若己出。吾父视学山右时，延师教读，师督之过严，每夜半揭其衾扑责之，两兄必号哭奔逃于内室。吾母闻声，虽雪夜不及披衣，立开门纳之。吾父任满乞休，侨寓六安乡间，两兄怜母终岁蔬食，伺

父入城，放巨盆于方塘，乘而渔焉。盆忽翻，俱落于水，援之起，吾母婉求诸佃户，乞秘之，至于声泪俱下。由是两兄感激，益孝事继母，节庆日叩首必至地。悲夫，蒋夫人为母之心，虽死而犹勉托后人，世之为人子者，顾可不孝也？而为继室者，又乌可不善视前出之子女也？

这文章太让我惊诧了。因为里面有诸多不可解。

第一，哪里是"薄责"？大半夜的下雪天，这个后娘都进入温暖的梦乡了，那边厢，却是恶毒的家庭教师揭开两个孩子的被子拼命殴打，以至于两个娃号哭奔逃于内室？这样的家庭教师你们见过没？如果你是亲爹亲娘，你乐意不？

第二，两个兄长为了孝顺这个后娘，坐盆里给她钓鱼？钓鱼也罢，掉到塘里后，这个后娘为了求佃户给两个后儿保密，以至于求到声泪俱下？你们觉得可能不？孩子调皮，出了事故，贵为即将退休的山西省教育厅厅长的太太，还得这样求佃户？别说官民之森严了，就是普通邻居家，孩子捣蛋了，这家妈让那家妈给保密，别告诉娃他爹，用得着声泪俱下吗？那是求佃户，还是求仇人哩？我咋觉得吕美荪这文笔煽得有些妖风邪火呢？

第三，两个小伙子逢节庆日，就给这个后娘叩首至地。到底是真孝呢，还是吓成这样的？

第四，吕碧城姐妹与她们的母亲，似乎有一个共同的毛病，就是动不动就做梦，且梦在她们这里，都不是平白无故的。单说这个梦，亲娘居然能在梦里唬这个后娘。那么，后娘是先存了这心思，才心虚做梦呢，还是你越唬，她越不在乎呢？

总之，吕美荪的文章，不但没有解了我们的惑，反而让我更惑了。唯一不感的是，贤钊自杀，最痛的是吕凤岐这个亲爹。更痛苦的是，祸不单行，两个月之后，"冢妇"也死了。冢妇乃嫡长子正妻，也就是长子贤铭的原配妻子黄氏——黄楚芗之次女，可怜小两口结婚才五个月。吕家倒不会缺媳妇儿，第二年，光绪十四年（1888），吕凤岐就给长子贤铭续娶了汪氏——同邑汪萼楼（期棣）之女。光绪十六年（1890），这个汪氏给吕家生下了长孙女翠霞。

这又是个危险的信号，如果光绪十四年（1888），吕凤岐与严氏所生的第四个女儿是男丁，或者现在这个长媳生的孩子是长孙，那么这家的大悲剧还不会发生。问题是，一步一步，眼看着这悲剧就来敲门了。

光绪十七年（1891），吕凤岐 55 岁，这一年的正月，他最后的儿子，长子贤铭也死了——因病而死。不过，吕美荪的《葂丽园随笔》中有一篇《强盗误杀》，其中透露出两个信息：

第一，她认为贤铭之死是有因果的。说他这个兄长不喜读书，却富陶朱之才，十五岁就开始经商，十年之后就成土豪了，而且天性喜欢奢侈，老爹训也训不过来。某年岁末，他由六安前往旌德扫墓，"狐裘金表赫然贵公子"，夜宿旅店遇上了五个贼，把他的衣物都盗走了，于是亲往县衙报案，县令三日内擒盗五人，申文于省，斩之后始知，盗实为盗，但却不是抢劫吕大公子之盗。于是大公子很后悔。卧病在床还能看见五个盗人跟他怒目相向的。吕美荪感叹曰：无心误杀，且实为盗，人家还来找咱瞪眼，那要是有心杀人，岂能无报乎？我感叹的是，这吕家长公子能被盗多少东西，五个小偷就都得挨斩呢？

按吕凤岐自己的《石柱山农行年录》，贤铭这次扫墓当在 1890 年。其中记曰："二月，遣铭儿回旌扫墓，月余始返。"这教育厅退休厅长的长子回老家扫个墓扫了一个月，遇贼并报案，杀掉五个贼当是这次发生的了。

第二，吕美荪交代，大哥"病笃卧床，见床之里面有五人怒目相向，至为狞恶，母入则去，母去则入。兄牵母衣不放至一昼夜，终泣涕相守，终无所睹矣，而竟逝夫"。至少从美荪的独家文章里，我们可以发现，这个后娘跟前妻所生的儿子关系是很好的。那么，我前面所猜测的二儿子自杀可能与后娘虐待有关，还能成立吗？

我的意见是不确定。第一，即使是亲生的，母亲与每个孩子的关系也都不一样；第二，需要考虑的是，老大已是结婚的成人了，而老二还处于青春逆反期。而这种逆反，可能不管是亲娘还是后娘，都可能处成敌我关系的。

不管什么原因，最后的结果，简直是要老头儿的命！

吕凤岐这一支至此彻底断了传统所谓的"后"，剩下的家庭成员是：吕凤岐和继妻、四个女儿、一个寡媳、一个才几个月大但虚岁却已算是两岁的孙女儿。

有学者猜测说，吕凤岐应该有孙子，那么当是长子贤铭的原配妻子黄氏在死亡前生过孩子。但据我的推理，没有：

第一，长孙女出生，吕凤岐的行年录里都不忘记一笔，如果有长孙子出生，那他更得记一笔了。

第二，倒推，如果吕凤岐有自己的孙子，那他死后所谓的"恶族"纷抢财产根本不可能出现，所有的财产都应该是这个孙儿的嘛！

根据吕凤岐行年录前言，我们可以发现，他的行年录写于光绪十六年（1890）。两儿俱死之后，他就没心情写了。从光绪十七年（1891）开始，每年的条目内容全是空的，仅有他二闺女贤鈖事后补注的"谨按"。我们看看，两儿俱失后，吕凤岐最后的时光吧：

十七年辛卯　五十五岁条：

女扮谨按：是年春正月，伯兄贤铭以疾殁，先君恸甚，因得眩疾，体气日以亏虚，惟仍黎明即起，读书至夜分始辍，一灯青荧，不为倦也。

十八年壬辰　五十六岁条：

女扮谨按：先君自伯兄夭折，无以遣怀，日亲督诸女读，并教伯姊贤钟作墨兰。姊字惠如，年十二，已有清映轩诗数十首，至是课益勤。是年，为延徐司马（忘其名）教画百种蝴蝶及花卉，艺颇能进，先君略解忧焉。

十九年癸巳　五十七岁条：

女扮谨按：先君动触悲感，不欲城居，多住乡间田庄上。友劝筑新宅以易境，因以金四百，购六安城南地起屋，而藏书之长恩精舍建于宅之东偏，乃三载中工屡兴屡辍，终不为乐也。

二十年甲午　五十八岁条：

女扮谨按：先君秉性澹泊，故五十而致仕，惟以书画游览自娱，泊两兄继亡，颇郁郁。是年中日衅起，益居恒忧叹也。

二十一年乙未　五十九岁条：

>女鉽谨按：中年秋，新宅成，庭园花木也遍植。先迎诰轴及祖先像，主于东厅，然后入居。九月十二日，为先君五十晋九诞辰，州官及绅学就新宅为寿，辞不获，因是劳顿惫甚。旬余，独登小园假山，眺望郭外长河风帆，乃雨后山滑，偶踬。扶归疾作，十月初三日竟见背。呜呼痛哉！吾母严夫人以二子之亡，复失所天，庭帏未能宁居，茹痛弃产，挈三孤女永离六安，就食来安外家。盖伯姊于遭大故之次年，遣嫁外家为妇，来依之也。不数年，鉽等稍长，各出任女学事，得资奉母。岁癸丑，母又弃养，爰卜葬于沪之第六泉旁。哀此终天，鉽等永为无父无母之人矣。

最后五年的时光里，透露出诸多信息：

第一年，长子死亡。老头儿伤心之下得了眩疾。这应该是高血压之类，头晕目眩，老眼昏花，从此没了精气神儿。但是老头儿还能读书，而且从早上读到晚上——不读又奈何？

第二年，老头儿还不高兴，光自己读书没意思，于是亲督诸女读书——以前这应该都是严士瑜的活儿，所以刘纳所谓的由于没有儿子才重视诸女教育，也算成立。特别是大闺女——注意，这里没有独爱三闺女的意思，倒是大闺女让他欣喜一些，能诗，还能绘，于是老头又给大闺女请了专门的绘画老师，大闺女也争气，越画越好，这让老头略解忧愁。

第三年，老头儿动不动不高兴，想逝去的儿，不愿意住州城里，喜欢住乡下田间，于是在朋友的劝说下筑新宅——这是他在六安的第三处房产了，确实不差钱——希望换个环境，改善心情。工程开开停停持续了三年，老头儿还是不高兴！

第四年，老头儿不高兴，加之中日甲午战争起——终于关心了一回国事，家事国事一起忧叹！

看样子，这四年老头儿就没有高兴过。如前所述，吕碧城的二姐吕美荪所谓的"吾亲多女亦自足，聊情胜无慰晨昏"，确实有自欺欺人的意味。不说你们四个姑娘和你们的娘，只说这个当爹的，两儿俱死后，他什么时候自足过？哪年不是在郁郁中度过，而且都没有郁够几年？

第五年，中日战争以大清政府的完败而告终的同时，吕凤岐的新宅也盖好了。适逢吕凤岐59岁生日，州官及绅学都到他的新宅为他贺寿，老先生可能有些小兴奋。之后，他自己独登小园假山，天雨路滑，绊了一跤，被扶回去后竟然生了病，一生病，居然不起，撒手西去了。吕碧城的娘在吕家待不下，遂带着女儿们回了娘家。大闺女嫁给了娘家兄弟的儿子，她自己死后，也不得归葬祖坟于丈夫身旁（男人一妻可以男女合葬，二妻就左右各置一妻），而是孤零零地葬到了异乡上海。这等于自己把自己休了，或者说，与吕家彻底绝交了！

以上是我们所能窥到的信息，但是遗憾也不少——最后五年的行年录，我看得惊心动魄——不知道吕凤岐怎么想的，悲剧的因子实在是太多了，生前为什么不做任何安排与补救？

第一，后娘的责任与嫌疑。

世界上有好后娘，比如碧城的太姥姥就是。1838年她嫁给武凌云做继室后，对先夫人所生的孩子比亲娘还亲。武家次子武友惇时年8岁，对这个后娘依恋得不得了，友惇13岁生病，16岁夭折，最后的三年不离后娘片刻，不时跟这个后娘撒娇曰："母在此，儿心魂皆贴，去则心摇摇无主矣。"这孩子死后，沈善宝写了多篇诗作哭悼，可见母子之间不是一般的情深。

再比如吕凤岐自己,也摊上了一个好后娘。吕凤岐的父亲名吕伟桂,母汪氏。吕凤岐在兄弟中排行老四,派名烈芝,上有大哥烈芬、二哥烈茂、三哥烈苏,此外还有一姐,之后又有五弟烈蕙。咸丰元年(1851),吕凤岐15岁的时候,亲娘汪氏去世。第二年,16岁的时候,父亲继娶陶氏,之后陶氏又给他生了两个小弟弟,六弟凤台,七弟凤阳。

这个陶氏后娘不错,各位兄长当时各就各的学,比如老大跑到姥姥家就外舅读书去了,而吕凤岐就近选的私塾,他在行年录里自述曰:"由家致餐,继母慈劳甚矣。"

少年郎最逆反,别说与后娘(包括后爹)了,就是亲娘(也包括亲爹)都不容易搞好关系的,但是这个孩子能发自肺腑地说自己的后娘慈劳并且甚矣,说明这个后娘真心不错,而且,不说后娘坏话的孩子,也不错!

问题是,他自己的儿子,19岁了都能出于家庭的原因上吊自杀,所有族人都会首先想到这孩子的后娘,所以,他得给吕姓家族一个能说得过去的解释,否则孩子的大爷、叔叔包括吕姓族人所憋的愤怒最后都会撒到那个后妻及后妻的女儿身上!

第二,即使两个儿子都死了,吕凤岐也有完美的补救办法,那就是从近亲族支中过继一个儿子。

众所周知,中国传统的继承制度,叫宗祧制度,而立嗣,乃宗祧制度中的重要一环。宗祧与立嗣,在《周礼》中有详尽的描述。如果说周时还是局限于大宗,也就是上自天子、诸侯,下至大夫与士之贵族阶层等领域,那么封建结束,秦汉之后,它就渗透到了民间,并作为顽强的社会法俗始终端居历史舞台正中央,直到今天还没有完全断绝。这才是真正的家国同构,可以说上自统治者,下至庶民百姓,统统认同,不孝有三,无后为大,如果说"国之大事，在祀与戎"的话，那么家之大事，就在祀了，或者换个说法，上以事宗庙，下以继后世。上以事宗庙，就是男性继承人的祭祀义务；下以继后世，就是男性继承人一代一代的生子义务，子子孙孙，无穷尽也。自己实在生不出来，或者生出来了中途夭折，那么，都要采取补救措施，可以按血缘关系的远近，选择应继之人；也可以按喜欢程度，择喜爱之人。是为立嗣。

立嗣，作为宗祧制度的重要一环，如果说在西周是宗法制度，在秦汉是社会习俗的话，那么到唐朝就诉诸法律条文了。到了清朝，已形成了完备的法律条款，地方官手里更有层出不穷的判例断案。我们可以找到诸多例子：

同治皇帝死后，慈禧太后选择的皇嗣子光绪是她老公咸丰皇帝的侄儿、她儿子同治皇帝的堂弟！

鼎鼎大名的袁世凯，本是袁保中的第四子，袁保中的弟弟袁保庆无子，遂把袁世凯过继为嗣子。

至于吕家，过继立嗣也是常有的。吕凤岐的父亲吕伟桂这一辈老弟兄四个（伟槐、伟桂、伟权、伟楷），吕伟桂自己行二。老四伟楷未婚而卒，家里就把老三伟权的儿子烈护过继给了老四，传统说法就叫立嗣。吕凤岐的祖父吕成澜于道光十八年（1838）去世，道光十九年（1839）老弟兄四个就分了家，吕凤岐记载曰："祖遗资产除公存而四分之。"

什么意思呢？老弟兄四个，其中一个未婚而死，或者即使不死，但却没有男娃，那么其他几个兄弟有义务送他一个儿子，家产更是得按四股均分！

吕凤岐晚年断嗣，他知道断嗣的后果很严重，为什么不按法统与习俗给自己过继个侄儿当嗣子呢？是想着自己的后妻，还能给自己生个男娃，还是这个后妻拦着不让?

按吕凤岐的行年录,他同父同母的亲兄弟是五个,同父异母的兄弟是两个。

由于太平军、捻军的连年征战,吕凤岐的亲爹后娘全死了。更不幸的是,家业一度全部毁于战乱,连吃饭都成问题,但是不管怎么说,吕凤岐五个亲兄弟一直情深。特别是吕凤岐身为兄弟五个中最有出息的一个,不管是整个家族的婚丧嫁娶,还是其他兄弟四个找工作、看病、娶媳妇儿、续娶媳妇儿,吕凤岐能出多少力就出多少力,能出多少钱就出多少钱。先是同治五年(1866),"三兄无病殁于六安,恸甚";后是,光绪八年(1882)他接到了山西学政之任命,听说二兄死了妻,且有病,就写信让他住到五弟处,一切开支费用由他供给。做山西学政准备出京赴任时,他写信让二哥由安徽赴山西由他照顾,但是准备出发的当口,却接到了二哥死亡的讯息,他痛苦得没法上路,"为位而哭,数日不能理事";再之后,光绪九年(1883)他在山西学政任上之时,五弟挈眷到山西投奔他,投奔的原因,主要是得了哮喘之类的病,但在山西治的效果并不好,所以五弟又回了安徽,一年之后,光绪十年(1884),他又听到了五弟的噩耗。用他的话说:"三年中两伤手足,痛何如之!"

至于两个异母兄弟,老七凤阳出痘死了,老六凤台咸丰十年(1860)被捻军赖文光的士兵给掳走了,15年之后,也就是光绪元年(1875)又跑回来了,激动得一家子"喜出望外"。发现他不识一字后,老五甚至"辍业教之",估计是年龄大了,或者正如吕凤岐所言:"惟性颇鲁钝,读书终不能成,为可憾耳。"虽然读书不成,但是四哥对七弟的爱护还是显而易见的,退休前回老家那趟,给族里亲人赠送的三份五百两银子就有老七的一份。

总之，吕凤岐本人跟吕姓整个家族，是没有矛盾的。兄弟几个更是手足情深。而且他也一直是整个家族的支柱。他要过继个侄子，不管是家资身份，还是个人威望，都是没问题的。

但是，为什么就不呢？

直到我看到了吕美荪的《记先大夫葬亲事》。里面透出一个惊人的信息，就是吕凤岐兄弟多人，居然没有一个有儿子的，"先大夫昆季六人，子嗣尽绝，仅留七女，虽薄有遗产俱不得承受锱铢。余女兄弟四人既长，各糊口于四方，自食其力，同堂妹三人或早死，而不死者所嫁亦皆贫困"——老七因痘夭折，兄弟排行就没有他了。看吕凤岐的《石柱山农行年录》，至少可以发现，至少在1857年条里，吕凤岐所报的男丁，他父亲这一支是子七孙四——所谓的子七，是老七凤台在次年才去世，所谓的孙四，乃是吕凤岐的长兄有两个儿子、二兄和三兄各有一个儿子。难道这些男丁，也都统统死了？

一句话，六门共七个闺女，其中吕凤岐家就占了四个，其他五个兄弟家，才共有三个闺女，这三个还有早死的。事实上，吕凤岐家这四个闺女，活得也都不算长。贤满27岁死，惠如51岁死，碧城60岁，美荪虽不知死于几岁，但也不会长到哪里去，否则碧城死后她不会再也没有声息了。

从美荪的这个信息中，我们首先能判断出的是，跟吕家争嗣争家产的，真的只能是吕凤岐伯叔家的堂兄弟等人了，因为亲兄弟都没子孙，也就没资格了。如前所述，吕凤岐家老兄弟四门，他爹吕伟桂排行老二，老四由于早死，从老三家过继一子。那么，有资格跟他们争家产的——其实争嗣更准确——至少有三门：老大家、老三家、老四家。碧城四姐妹对他们的称呼应该是大爷爷、三爷爷、四爷爷。同样是在1857年条里，吕凤岐列出的老大家，是"子三孙五"，老三家是"子三"。没说老四家。但是，光老大家与老三家，有资格争嗣的就够多了。当然，前提是他们都没像老二这一支，六门皆绝户。

我比较惊诧的是这种罕见的兄弟六个全部"绝门绝户"的状况，更惊诧的是吕美荪对此有自己的解释，说自己十年内百思不得其解，自家前世并未丧德，怎么会出现这么一种惨况？直到她遇到一个旌德老乡。老乡对她说，她的父亲1877年中进士入翰林之后，回乡葬亲，这个老乡正好回乡应岁试小考，就跟她父亲同行了。吕凤岐购了一片坟地，问中人："下面可确保无坟否？"不知中人是为了挣中介费还是有其他原因，反正跟他说"没有"。而且工头和小工等也受了卖主贿托，总之，大家都骗了他，让他掘了人家一个古坟，当了自己家的坟。这下可摊上大事了——工头死了又活了，活转是为了让其母去找吕凤岐，说自己的死，是被阴间的执法者捉拿去的，人家原墓主在那边告状了，说不但挖了人家一百年的坟，还把人家尸头扔到二三里之外，要求阴间的执法者对他们所有人等严惩不贷。阴间的判官说："事已至此，严判也不是个事儿，这样吧，我让工头传话给姓吕的，让他们再把你们重新装殓，复归原位吧……"问题是工头重新活过来，派他娘去跟吕凤岐说合时，吕凤岐说："我当初问了，你们说下面没坟，现在又说有坟，我已埋好亲人，再迁一回，容易吗？再说你们说不定骗人哩，想让我重新买地是不？我假期已到，明天就得回京。"于是给他们一个潇洒的背影，走了。这下可好，卖主、中人、工人七日内暴死二十多人，而吕家呢，一直等到吕凤岐退休——看来对他家还算优待，一直等他到退休，十年后才开始算账，看来也是觉得人家官大，不好欺吧——两个儿子，吕凤岐自己，相继去世；其他兄弟也都绝嗣；吕母和四个女儿流落外家……

美荪感叹曰："此事实为先大夫因劳顿之故不及临时视察之疏忽所致，原不敢传示于人，但偶出无心且可警世，而余直书其事，不为先人讳，不孝之罪其能免乎？"

　　这是美荞的记载，神不？我查了《石柱山农行年录》，确实有回乡葬亲这回事，而且葬的还不少。按吕凤岐自己的说法，自己为了在外面考个功名，一家数十口的棺椁都没有落葬，甚至蒋夫人死了自己都顾不上，当时就撂挑子不想干了。但好友们不同意，商量着共出五百金帮他捐个内阁中书，且不用他偿还本金。吕凤岐的意思是，不用他还，那不成了他的负担了？他可不答应。正互相推辞间，上面有了考中书之旨，于是吕凤岐赶紧进了考场，此为1874年。没想到一考就考了个第三名，引见乾清宫，记名以内阁中书用。这官考上了，女人也就来了，续娶了严朗轩太守的次妹，也就是吕家四姐妹的亲娘。1875年，他又资助五弟续娶了妻子，他自己呢，到国史馆做了校对官。1876年，恩科会试，他正考试的时候，疾病发作，几不能完卷，勉强了事而已。1877年，再应会试，这次终于中了进士，引见养心殿，做了翰林院庶吉士，并充国史馆协修官。这下好了，科考路上，走向最顶峰了。于是告假，"回籍营葬"。这就一路风光了。

　　路过保定他看了看大哥——大哥的保定府经历一职还有吕凤岐的功劳呢，"助伯兄输粟，以府经历分发直隶"。路过津门拜见了安徽老乡、直隶总督李鸿章，天津小站拜访了另一个安徽籍大腕周盛传将军。估计是考中进士后，好友们都得送大红包吧，这两个安徽大腕，各送百金。李鸿章同时还给正做湖广总督的自家大哥李瀚章去了信，不用说，是向大哥引荐中了进士的吕凤岐老乡。江西巡抚刘秉璋更是代为张罗。于是，吕凤岐终于不再缺钱了，用他的说法是："寄金回都，稍偿夙负。"然后是上海、扬州、南京、芜湖、安庆、武昌、沙市、宜昌、南昌，总之，人生得意马蹄慢，等他到了江西的前老丈人家，已是1878年了。

　　在老丈人家待了一阵子，一是休息，二是游玩——用他的话，"遍踏百花洲、滕王阁旧游之迹,复往广信一月",这才回省买舟,让船载着蒋夫人棺椁先行,自己带着"各不相识"的两个儿子由浔阳坐船到芜湖,把二子寄于族叔九霞公的寓所寿爵堂——前面说过这个九霞公了,吕凤岐小的时候听说人家乡试中举,见贺者络绎,还嫌烦呢。这个九霞公官编修,做过湖南学政。这恰恰是吕凤岐后来要走的路径。

1878年底,吕凤岐终于回到了自己的家乡庙首。一者是他自己功成名就了;二者,用吕凤岐自己的话说,自从太平军、捻军之乱后,他们家族,"柩停累累,五服之内未葬者尤多"。自己先前曾写信给二兄,要他在家择吉地,等他措资而归再葬。现在,他回来了,家族里的兄弟们也都到位了。于是,大家一块儿吃饭,一块儿襄理葬事,"日无暇晷"。

真正启动时,已到了1879年。用吕凤岐自己的话,"在里数日,择得茔地五处,属五弟等督工营造"。他自己还去黟县、十都等地寻找继母的棺柩,不得。经黄山之汤口,入山数里,浴朱砂泉,因葬期已近,不获遍游三十六峰,浴罢题壁一绝,匆匆回返。葬事如下:

先祖考、先祖妣、先考、先妣,从旧坟里挖出来,附上先继妣,也就是没找到其棺柩的继母的木主,五人,葬于马村之龟形;

继伯祖妣、三叔考、先三兄、从堂伯妣、先二嫂,五人,葬于鸭绿溪之东瓜形;

大伯祖考、堂伯考、先师向春先生之配、堂伯妣、先长嫂(木主)、从堂兄、从堂侄妇,七人,葬于下东山铁灯庙侧;

二伯祖考、二伯祖妣、四叔考、堂伯妣、再从堂伯、再从堂伯庶妣、从弟时庸、从弟时来,八人,葬于敦睦岭之钢窑冲;

先伯考、先伯妣,两人,葬于和村之八十庙。

连挖旧坟,带葬新人,这次吕氏家族总共葬了27人。这个工程够大的。吕凤岐很自得，说："于是服内无一浮土之棺，惟蒋恭人未葬，权厝和村。"一句话，如果加上他自己的前妻，将是28人。之所以未葬前妻，估计是等自己死了再与她合葬吧。

至于这场折腾所花之费，吕凤岐也有交代："事毕捐资，倡议重建七分支祠乡堂，以及分恤亲属，在家共费二千余金，客囊已罄。"

所花不少，共二千余金。当然不用心疼，都是一路走过来，大家送的红包，就是回程的时候，也是一路有人送红包的。

除了花费，里面有个重要的信息——重建七分支祠堂！

徽人，大族，都建祠堂的。祠堂除了用来供奉和祭祀祖先，还具有多种用途与价值：光宗耀祖；各房子孙办理婚、丧、寿、喜之地；族长行使族权之地；家族社交之地；家族小学之地……

吕凤岐同辈兄弟，加上夭折的老七，总共是七门兄弟，所以他建的是七个分支祠堂，一句话，虽然老七夭折，但依然有老七的分祠，既有老七的分祠，那么，其他六兄弟肯定有儿子过继给老七，否则老七这个分祠就建不起来，或者说没有建的必要。

美荪的文章中，只说父亲这次茔葬伤及无辜的冤魂了。所以他父亲兄弟六门，只留下七女，没有留下一子。所以这七个分祠，竟然全绝了。但是，至少在吕凤岐下葬的时候，六门还没有绝丁。所以，我更关心吕凤岐是如何下葬的。直到今天，我没有从吕氏姐妹的描述中找到。因为，即使他死前没来得及过继儿子，他死后，整个家族要解决的第一件事就是立嗣子，定孝子。否则，整个丧葬没法完成。

严氏自己孤魂游于野乡也罢，吕家四姐妹也与吕家彻底绝了缘。这是一种怎样的决绝呢？那个时代，只有四个姑娘的吕家，能不遵传统？就是现代，敢不按传统丧制来的，也只冒出一个李敖。烧纸、诵经、拄哭丧棒演孝子、给吊丧的人磕头，李敖统统不做。他爹的老伙计们实在看不惯，劝曰："敖儿，你读书明理，按古礼，不能这样干吧？"他们的敖儿拧着脖子回说："按古礼？好，我就给你们按古礼——按《易经》是丧期无数；按《墨子》是俺娘要殉葬；按《礼记》是我父亲不能火葬……你们说这古礼我执行哪个？"老人们劝不了他，但他也挡不住老人们愤怒。

所以，我很想知道吕凤岐的葬仪是如何完成的。可惜的是，吕家姐妹也不屑给我们一个交代。她们只知道诉说族人的不堪，对于家庭悲剧的法理、情理、事理，似乎也没有个清醒的解释。

她们不清醒也罢，这应该是家庭教育，或者说女儿不应该关心的范畴。但是吕凤岐自己也假装糊涂，就是悲剧的总根源了。因为在中国，最难挑战的是习俗与伦理。如果你还活着，你可以自己挑战，可是你死了，老婆闺女抵抗不起。所以，他的死，并不是家庭悲剧的结束，相反，这个悲剧开始向纵深发展，甚至影响了吕家姐妹的终身幸福，也影响了现在的受众对这个家族的评价——好像族人都恶得如狼似虎一般。以至于一些学者提出疑问：吕凤岐病逝后，所谓的"恶族夺产"中的"恶族"，到底指的是哪些人？

这个真不知道！兄弟六个都没儿子，自己的儿子又没抱养男娃，那么，只能是吕凤岐的堂兄弟了？

澄彻居士的《吕碧城居士传略》里说碧城"年十二，丧父。家产被堂叔侵占，贫无以为生"。看来还真是吕凤岐堂兄弟，问题是这一堂，到底是哪一堂？其他老兄弟三门，到底有多少儿子，没有族谱，还真不好确定是哪个。

在吕家姐妹掌控所有话语权而吕家族人一方没有任何言论能让我们听到的情况下，得保持足够的审慎，有自己的独立判断才成。

恶族到底是谁

有关吕碧城母女遭遇的"恶族",典型描述是这样的:

> 吕凤岐坟土未干,一群亲族就如狼似虎地打上门来,他们眼里盯着的是吕氏两千顷的良田,以及价值不菲的家产。试想,一个孤寡妇人、几名孱弱女儿哪里敌得过?族人的子侄辈们理直气壮地强行入嗣,接下来就要求继承他的遗产。严氏带着几个年幼的孤女,奋力挣扎在这群欲把她们母女吞噬下去的人面野兽中间。最后,为了夺产,族人竟将严氏、碧城等母女们禁闭起来。这些早年的遭遇成为吕碧城终身难以抚平的创伤,也因此萌发了她对旧制度的切齿痛恨。

这样的描述有些脱离时空,并且把对方妖魔化了。

第一,别说吕凤岐坟土未干了,先说吕凤岐咋入土的。因为按乡规民俗,那个摔盆、挂孝子幡的,是吕凤岐理所当然的身后继承人,这种继承,既是身份继承,更兼财产继承!吕氏姐妹所有的描述中,都模糊处之,大家就跟在其后同声斥骂。到底是哪个族人呢？吕凤岐亲兄弟七个，不同母的那两个早夭一个，只剩一个"性颇鲁钝"读书不成的老六凤台，他应该也有一定的发言权；同母的五个在吕凤岐之前先走了三个，但是至少在光绪十五年（1889）的行年录里，还出现过他的大哥烈芬（官名鸿烈，字子晋，同知衔，直隶特用知县候补府经历，历署正定、保定等府经历），大哥当时的职位是署保定府经历。如果他还活着，当是吕凤岐身后最有发言权的；如果他已死，那么亲兄弟五个中，留下的一溜儿全是寡妇和闺女，又如何能如狼似虎呢？那么剩下的就是吕凤岐的那些堂兄弟了，他们中顶多是儿子多的，给你一个；或者即使儿子不多，与你共用一个！也想象不出他们能恶到什么状态。

第二，有关寡妇立嗣，不管是清朝的法律条文，还是地方官的判例，都是十足地保护寡妇利益的，何况严氏还是山西省学政的寡妇。理论上，《大清律》对寡妇立嗣的规定是："妇人夫亡无子守志者，合承夫分，须凭族长择昭穆相当之人继嗣。"这里面第一个规定是寡妇守节；第二个规定是，你是亡夫的代理人，你得给他立个男性后代；第三个，所谓的由族长择人云，实际上是族长与寡妇商议，按正常规矩，也就是别乱了辈分立嗣就行了。所谓的正常规矩，就是法、理、情兼备。具体来讲，寡妇可以就亲选择，就是从丈夫亲兄弟或者堂兄弟所生的孩子中选择一个嗣子，这叫血缘亲；寡妇还可以就爱选择，就是寡妇偏爱侄儿辈中某一个孩子，可以说我就要他了，那么他就是你的了。对方于情于理于法都不能拒绝。有拒绝的，比如一个穷寡妇，过继别家孩子，本生父母觉得财富上孩子没有什么可沾光的，但地方官可以一纸判决给你判过来：想让兄弟断后，还是人吗？清代的国家成文法规定了寡妇立嗣的诸多权利。

像吕碧城母亲这样良田两千顷、藏书三万卷、黄金白银无定数的富有寡妇，哪有家长不愿意孩子过继的？所以结果只能是争继了。但是她有选择权。而且即使她选择错了，事后还有后悔权与退货权，就像淘宝交易一样，无理由退货。当然也可以有理由，比如孩子和她不亲近，孩子把她的财产往其本生父母那里偷拿了，或者干脆她发现她不喜欢这个孩子……总之，盘是她的，随便操作。研究发现，清朝的寡妇立嗣真的是法、理、情，都考虑到了。比如，同样是光绪年间，江西一个23岁的寡妇，想立一个19岁的侄儿为嗣子，但是地方官就不判给她，理由是，嗣子嗣母年纪相当，"假其家庭之内，落寞自处，不足以承寡母之欢颜；假其定省温清之节——无违，亲爱殊常，反足以动旁人之物议。此非善全之道也"。一句话，嗣子不搭理嗣娘，嗣娘要嗣子干吗呢？可是嗣子对嗣娘亲热，这两人的年纪也不是个事儿，不宜。于是让她重新选定嗣子，以避免招人物议的情况出现。直到今天，这种法理人情，还在中国的抱养制度中体现着。比如单身男人要想抱养一个闺女，《收养法》第九条专门规定："收养人与被收养人的年龄应当相差40周岁以上。"如果说现在这个规定是保护女童的，那么清朝地方官的这个判案，就是保护寡妇的。

总之，吕家族人做得到底如何，完全可以按当时的法律、习俗、人情、族规，来一个完整而清晰的说法，可惜没有。所以跟在吕家姐妹身后一味地责骂吕家族人，对于我是一件很不好意思的事，做不出来。

第三，吕碧城父亲生前没有给自己立嗣，吕碧城母亲做了寡妇后也没有给自己立嗣。换个角度，他们夫妻完全可以不用给自己立嗣的。他们还有更省心、更方便的一个选择，那就是给自己两个早亡的儿子立嗣。你不要嗣子，但是可以要个嗣孙哪。次子贤钊19岁死了，成年人了，应该给他立个嗣；25岁的长子贤铭在续妻汪氏给吕家生下了长孙女翠霞之后也死了，他也需要一个嗣子。两嗣合一嗣，给兄弟两个立一个共同的嗣子——传统的说法叫兼祧。就是一个男娃，既做这个男人的嗣子，还做另一个男人的嗣子。

还是举大内的例子。比如，慈禧太后的儿子同治皇帝死后，太后就没有给同治立嗣，她是给自己的老公立嗣的——醇亲王奕譞之子载湉，承继咸丰皇帝为子，入承大统，为嗣皇帝。给老公立嗣子，她就是当然的嗣娘——皇太后了。后来发现光绪不孝——居然在康有为的忽悠下，想围园兵变，把老太后当历史上的武则天给拿下。放民间，老太后完全可以把光绪这个不孝的嗣子退回去，但由于是嗣皇帝，不好退，外国公使也不让退，于是老相好荣禄给她的主意是：退不得，但是你可以给他立一个嗣子嘛。而且光绪的嗣子，还可以兼祧同治，一举两得，多好的事儿。老太后最后还真是这样做的。她先找的是端王载漪的儿子溥儁，由于没利用好义和团，反而招来了八国联军，没搞成。等光绪死后，她才又找来了溥仪，就是末代皇帝，做光绪的嗣子，同时兼祧同治。不管是依法律，还是依宗室，甚至是依皇位继承制，慈禧太后这么做都没人能说出个不字——当然你可以说皇帝太小，但是太后可以选择就爱原则——溥仪的嗣母隆裕太后就爱这个溥仪，你有意见也是白搭！

一句话，皇家都得法、理、情方面皆说得过去，你吕碧城的母亲怎么能特殊呢？给先夫的两个儿子共立一个嗣子，立过之后，由贤铭的寡妻汪氏做孩子嗣母，这家子的问题就一揽子解决了。为什么不呢？

另外，从吕碧城母亲赌气携女回娘家也可以发现，第一，她等于把自己休回娘家了，已不是亡夫的代理人，对于夫家的财产等于自我放弃；第二，这个后婆婆心里，根本就没有儿媳特别是孙女的位置。岂止这个做奶奶的心里没有，就是吕家四姐妹，四个做姑姑的，文章著述中从来没有提过自家这个名叫翠霞的、年龄与四丫只差两岁的侄女儿。

现在的著述者，动不动跟在吕家姐妹身后，控诉族人抢她们的财产。问题是，不管是按清朝当时的法律，还是乡规民约，那财产绝对不是吕家四姐妹的——《大清律例》规定："户绝财产，果无同宗应继之人，所有亲女承受。无女者，听地方官详明上司，酌拨充公。"一句话，没了男性继承人，得在同宗也没有男性继承人的情况下，才能传给闺女。没有闺女，就得充公。吕家有的是闺女，问题是这个同宗范围大了！也就是族人中，吕家不缺继承人。

我们再看看清朝当时的判例法——杨立凡、徐立志主编的《历代判例判牍》第十一册，也就是他们根据吕凤岐同年樊增祥的光绪版本整理出来的最完整的《樊山批判》。里面不乏立嗣和财产继承，特别是寡妇和绝户之家女儿们的财产继承，判案《樊山批判》之《批翁慎修呈词》和《批翁车氏呈词》恰好是相近的案子。这个案子中，翁车氏乃翁其森的续妻，而吕碧城的母亲也是续妻；翁慎修乃翁其森前妻的儿子，而吕凤岐前妻也有俩儿子；翁车氏有两个闺女，而吕碧城的母亲有四个闺女。那么，樊大爷如何判这个案子呢？第一，寡妇改嫁，例所不禁，何况你非嫡妻，慎修也不是你生的，你想守寡，乃是正理，不想守寡，也是常情。你先明说你到底改嫁不改嫁。第二，不管改嫁不改嫁，如果和儿子一块儿过，那么"大锅吃饭，零碎用度，母女三人取其足用而止"，若该氏必欲分家，那也不能平半分，给她十分之三吧，而且这十分之三她只能取息，不能当，不能卖，并且特别提出，"不准将祖遗产业分给其女，带往夫家"……你看看，樊伯伯都没给人家的两个闺女判出一定的嫁妆……一句话，吕家的案子就是让樊伯伯判，吕家母女也占不了任何便宜。

吕家这个时候还有一招，招上门女婿。《大清律例》规定，"如招养老女婿者，仍立同宗应继者一人，承奉祭祀，家产均分。如未立继，身死，从族长依律议立。"理论上它是这样的：招上门女婿，但也必须从同宗立个上坟的应继者，只不过，财产可以一分为二，应继者一份，这边闺女女婿一份。如果没有立这个应继者，自己死后，由族长按照律例给你议立。实际上，立同宗者不一定需要执行。因为，吕家其实也可以立个异姓嗣子的。《大清律例》中虽然明确规定不得立异姓嗣子，但实践中各种意外情况层出不穷，地方官有相当程度的自由裁量权。我们还可以看樊增祥的一个判例：《批张来详呈词》。案情是张来祥控告其寡嫂，在其兄病故后，不立自己的儿子，反而立韩姓之子寄娃。樊增祥根据其呈词中的一些自相矛盾，抓住"前称尔兄病中，邀请亲族言尔嫂有自幼乳养韩姓之子寄娃，情难两离等语"，着其将自己儿子收回，强调："尔嫂之事，毋庸尔管。至称寄娃殴尔受伤，明系诬饰，姑准验伤，以穷尔奸诬之技，仍不准唤案，以安彼孤寡之生。"一句话，不但承认这个寡妇"乳养韩姓之子寄娃"的既成事实，还坚决否定这个小叔子有干涉寡嫂之事权，至于他所控告的自己被寄娃打伤一事，老樊都不愿意相信，只同意可以给你验验伤，但是就别传人家孤儿寡母到案了，叫人家安生一会儿吧。

我们还可以参见民国时期袁世凯死后的遗产分配，家产只给儿子分，女儿每人仅给嫁妆费八千元。这还是民国，遑论在大清。总之，作为闺女，吕家顶多可以在立嗣的时候给四个女儿预留嫁妆（按樊大大的案例，嫁妆也可以没有的），甚至也可以陪嫁一块地（按樊大大的案例，地更甭想），但是，主要的财产，还是得留归嗣母与嗣子（按樊大大的判词，寡母只能继承几成，还没有处分权，温饱之外，一切归前房儿子或者嗣子）。

吕家姐妹没有交代，受她们蛊惑的世人当然更不注意。其实我更关心的是吕家的善后事宜。按我的推理，这寡娘带着四个闺女与动产一走了之，那个寡媳带着吕家唯一的孙女儿往哪儿去呢？她肯定不掌握家族资产，娘家也很难把她接回去，估计只能留下来，由族中长老与吕凤岐的大哥、六弟出面（如果这俩人还活着的话），给她立一个嗣子，这嗣子是贤铭的，兼祧贤钊，名正言顺地继承吕碧城她娘带不走的不动产，吕凤岐坟前有人，身后有丁，就算尘埃落定了。

节外生枝，如果吕家不动产很庞大，族人都眼红，人人争嗣，那么乡规民约还可以帮你解决，比如立嗣的那位，把财产分一点点，给同等资格的嗣子备选人，相当于发红包，让他们退出争嗣。若乡规民约也解决不了，那还可以找地方官。吕凤岐做过山西学政，死前的59岁大寿，还是当地州官与绅学给贺的，不看僧面看佛面，地方官还能委屈了你家眷不成？

如果安徽的学者能够有空就近探访下，吕家还有没有后人，并找出吕氏族谱，那么族人到底是给吕凤岐立的嗣还是给贤铭贤钊立的嗣，立的又是何人，当一目了然；如果再有族人的回忆及口头传述，那么所谓的"恶族"也不至于这么抽象模糊！

同样的例子，还有"南秋瑾北青霞"之北、河南籍曾官至两广巡抚的马丕瑶之女马青霞（1877—1923）。马青霞作为官宦之家的白富美，嫁了中州第一豪门、河南尉氏县刘氏家族中的高富帅刘耀德。但刘耀德吸大烟，马青霞的省长千金之身份，压得刘耀德也不敢讨妾，导致两人名下愣是没有一个孩子——男娃女娃都没有。等刘耀德一死，刘氏家族当然要找上门来，给刘耀德立嗣。当时刘氏家族共分五门，刘耀德这一支数代单传，但财产却最丰厚，据说占了刘氏一族五分之二甚至一半的程度，结果自然也是争嗣激烈了——但争者皆是有名有姓有出处的，一点也不模糊。结果马青霞与婆婆杨氏玩起了马虎眼，具体讲就是玩了一出诈孕游戏，诡说自己怀了遗腹子，然后去外面住了一段，回来抱了小姑子、婆婆杨氏之女所生双胞胎儿子中的一个，跟人说是自己生的。这就是她所谓的假儿子刘鼎元，问题是大家心知肚明，这儿子长大后压力山大，无奈自请改做义子，后来发现义子也做不成，就声明与马青霞脱离关系了——其实这孩子有苦说不出，纯粹背黑锅，虽然做了嗣子，但并不掌握家庭财产，家里家外憋屈！

这期间，马青霞颇有些破罐破摔的意思，你们不是想图谋我财产吗？我就学我那土豪丈夫掷钱玩儿吧——刘耀德在世时，也是有钱任性的主儿，动不动跟人斗富，不是一包一包地把银子从城楼上撒下去，就是把一枚一枚的元宝扔到湖中，让路人下水去抢，他开心得不得了。马青霞比丈夫更任性，只不过换了一个玩法，一挥手，捐银万两去修桥；再挥手，捐银两万办报纸；三挥手，捐银三万建学堂；四挥手，捐银数万给同盟会河南支部；五挥手，同盟会都不知道得了多少捐助；六挥手，孙中山的铁路事业她要大捐……以至于陈其美、朱执信都给她牵马扶镫，孙中山更是连夸青霞是个好同志，什么"天下为公""巾帼英雄"等等，都出来啦——青霞当然乐得受用，小手一挥：我还要捐……这一切，把刘氏族人震得目瞪口呆，切齿痛恨：什么"天下为公"，简直是以刘氏家产为公，你外来的媳妇不疼俺刘家的钱哪；什么"巾帼英雄"，简直是败家娘们儿，俺刘家要彻底被你败了……纠纷与官司延续十几年，于法于理于情，刘青霞都不占上风，好在当时处于战乱中——虽然共和了，但民初有关宗祧继承和立嗣制度的法律条文还延用清朝的。马青霞用民国法律打官司也没有胜算，那怎么办？黑吃黑——在河南督军冯玉祥的引诱下，马青霞把百万家产全部捐给了他（老冯还把袁世凯在河南的房产地产全都没收了）。老冯厚着脸皮说，与其你们争，不如全给我，从此断了他们的想头——这招绝，刘氏族人全傻了。相当于一群猴子争苹果，老虎来了说：来，叫我给你们分。说着一口下去，自己全吃了，省得你们再抢！

马青霞之后回了娘家——蒋村乡西蒋村。这是我外婆家所在的村子，而且外婆家的大门离马家大门只有几步远,只不过人家富得不行,我外婆家穷得不行。西蒋村的老百姓,包括我娘(我娘出生于1935年,而马青霞逝于1923年)小时候都听到了传说,说这姑娘回娘家还鼓动嫂子们把家产捐给革命党,家人认为她是个祸害,遂下药把她毒死了……这个没人去考证了,事过境迁,维护她的革命形象,既符合革命话语系统,又维护家族政治资本。但是马青霞诈孕、立假嗣的事儿,法、理、情全通不过,则是可以确证的。

同理,吕家族人也不是无理取闹,很可能正相反,吕氏族人据法理、据人情、据乡约、据族规,都站在完全不败的角度,倒是吕碧城她娘,可能是无理、无法、无约、无情的了。为什么这样说呢?找反证。吕碧城姐妹不是有事就找吕凤岐的同年、那个在仕途上一路高歌、特别欣赏吕家姐妹的樊增祥樊大大吗?为什么立嗣与争嗣的事儿不找樊增祥?谁不知道樊增祥乃清末能吏,他的多个版本的樊山批判、樊山判牍乃当时民刑案子的案例范本?另外,除了吕凤岐自己,吕家族人甚至严士瑜娘家人在外面,也不缺当官的。吕家不说,严家,碧城光舅父就有三个,大舅严士琦(朗轩)、二舅严士管(海帆)、三舅严昭和,都是官……总之,但凡她们的母亲占了一点法理,也不至于闹到那般地步。情形可能正好相反,吕碧城的母亲带着真金白银跑回自己娘家,人家族人可不得追到她娘家,而且恰恰可能正是由于吕家官戚太多,吕族又没有抓住现行,才急得追到娘家要索回财产。吕家母女夹带出来的财产,可能远超法律能判给她们的"足用而止"。

令人纳闷的是,在吕美荪的《葂丽园随笔》中,即使到了1902年,这母女身边还有"恶戚":"母严氏及妹贤满寄居来安外家,为恶戚所厄,惨无生路,俱各饮鸩自尽,幸为邑令灌救得活。嗣因碧城姐惠如之求,江宁布政使樊增祥星夜飞檄邻省，隔江遣兵营救。其时碧城与诸姐皆糊口于千里之外……"

这个更让人纳闷了，以至于有人猜测，难道吕碧城母亲的娘家也有恶戚？还是说，是婆家的人千里追杀过来了？可是以吕碧城母亲娘家的财力与地位，以当时的公序良俗，吕家怎么也不会打到姥姥家的；何况吕家还有樊增祥这样的官官相护……另外，按中国传统，娘家人才算亲戚，而夫家人都算家人或者族人，所以"恶戚"之戚当是严士瑜的娘家人，总之这家子很奇怪，一说到恶戚与恶族全是模糊与抽象，就是不见法和理！

最受伤的女人

光绪二十一年（1895）吕凤岐去世的时候，吕碧城虚龄 13 岁。这个年龄，在当今，恰恰是小学毕业的年纪。

古代女孩子比现在的早熟，二八佳人，虚岁 16 就怀春，13 岁怎么着也进入敏感期了。我们都知道童年时代的心理创伤会影响一个人未来的身心健康——成年后有心理障碍，中年后身体不健康等等！其实，少年时代的心理创伤同样不可忽视。少女时代，敏感，多情，细腻，娇嗔，妩媚……问题是，吕碧城的妩媚还没有十足绽放，就遭遇了丧父之痛！

丧父之后是家产纠纷。不管纠纷的原因在谁吧，反正吕碧城是受伤害了。

一是财产伤害。但我认为财产伤害是有限的。毕竟，中国传统，或者父权社会，财产大都是留给儿子与嗣子的，女人财产继承严格受限。周时，中国确立嫡长子继承制，战国时期再由嫡长子继承制变成诸子有份；秦、汉、魏晋虽然没有法律明文规定，但女人事实上享有继承权；唐朝法律第一次确立妇女的财产继承地位，且须按在室女、出嫁女、寡妻、妾等不同的身份确立份额；宋代继承唐法，并扩大了在室女、出嫁女以及归宗女的继承权；元明时期，除规定在室女在户绝的情况之下可以继承财产之外，对前面朝代所给女子的其他权利都进行了限制；清承明制；民国之初也沿用清朝的宗祧制度与立嗣制度，直到 1931 年国民政府颁布实施《民法继承编》，才废除了旧的宗祧继承制度，改为男女平等的继承制度。

不过需要提醒一句的是，清末与民国虽然社会大动荡，民间有所放松，法律也最终男女平等了，但是，实践中占上风的一直是民间那套传统习俗，只不过民不告官不究罢了。直到如今，中国农民的财产还是只留给儿子不留给女儿。2015 年有一则很轰动的新闻，郑州一个拆迁户，分到了 30 套房，给女儿 1 套房，老两口留 2 套，剩下 27 套都给了两个儿子，可儿子又问了：爹妈死后那 2 套房子给谁啊？看到了吧，30 套，这是太多了，老两口才敢给女儿 1 套的，两个儿子可能也说不出啥，但是老两口名下的那 2 套，他们就要求老人有个说法了。而且，不只是农民，就是城里人，再有钱，房产也不给女儿——没有儿子就不用说了。有儿子的话，女儿出嫁时顶多陪嫁多一点，但是房产铁定是儿子的，平时父母顶多偷偷地把自己的钱给闺女一点，还只能是偷偷给。若明给，不只是儿子儿媳看不上，就是旁人也觉得不对。你说它是陋俗也好，不平等也罢，但中国传统百姓基本还是按这惯性生活着，则是不争的事实！

财产伤害虽然有限，但对吕碧城还是有影响的。那就是出道后的她很在乎钱，不管是朋友圈赞助她，还是真如她自己所说有经商之才吧，总之，她有丰厚的资产，可以支撑自己住豪宅，着异服，去外国求学、旅游，甚至定居！但是她还是很在乎自己当年失去的一分一厘，事后一逮机会就会喋喋不休、怨气冲天地诉说一番——1930 年《信芳集》三卷本印行，卷首收樊增祥题辞手书，内云："巾帼英雄，如天马行空，即论十许年来，以一弱女子立于社会，手散千金而不措意，笔扫千人而不自矜。"碧城为此附注曰："先君故后，因析产而构家难，唯余锱铢未受。"

什么意思呢？矛头所向不是吕姓族人了，指向她的母亲和姐妹了。一句话，父亲的钱我可一分没得，而且就我一人一分没得，那姐妹仨可是都得了！

在《予之宗教观》中说，自己跑到天津后："自此予于家庭锱铢未取，父母遗产且完全奉让（予无兄弟，诸姊已嫁，予应承受遗产），可告无罪于亲属矣。顾乃众叛亲离，骨肉龃龉，伦常惨变……"这又是什么意思呢？意思多了：两个兄长死了，不能继承遗产；两个姐姐虽然活着，但是出嫁了，出嫁的闺女没权继承遗产呢！小妹贤满虽然跟她一样终身未嫁，但27岁就死了，也没法继承遗产……说来说去，就该她承受遗产，但她没要，暗示她都让给别人了。高拜石的《古春风楼琐记》中云，碧城"和二姊美荪因家产涉讼"——难不成这姐俩还因为争母亲的遗产打过官司，进入过司法程序？

1937年《晓珠词》卷三手写本出版时，碧城有一首《浣溪沙》："莪蓼终天痛不胜，秋风萁豆死荒塍。孤零身世净于僧。老去兰成非落寞，重来苏李被趋承，浮名徒惹附膻蝇。"

怕大家不明白，词后专门注曰："余孑然一生，亲属皆亡，仅存一'情死义绝'、不通音讯已将卅载者，其人一切行为，余概不预闻；余之诸事亦永不许彼干涉。词集附以此语，似属不伦，然读者安知予不得已之苦衷乎！"

随后出版的《晓珠词》四卷本出版时，最后一句"浮名徒惹附膻蝇"

又改为"不闻娵訾更相凌"。

这个"情死义绝"之人，当然是二姐美荪了。与二姐有交游的陆丹林评述曰："从词中所说'莪蓼''萁豆''苏李''娵訾'等，便知道她们的情感等于水火般不和了。"

徐新韵在她的《吕碧城三姊妹文学研究》中进一步解释说：

"莪蓼"即哀悼亡亲之词，"萁豆"喻手足骨肉，"苏李"借用苏秦之典故，比喻姊妹间的无情；古代楚人谓姊为娵，此处"娵"当指吕美荪。解读词作，可以看出吕碧城和吕美荪之间的感情破裂，至少吕碧城视吕美荪水火不容。从"不通音讯已将卅载"可以推测，吕碧城和吕美荪之间的矛盾产生于1907年后。根据严复日记记载，1909年12月吕美荪曾至严复公寓，求严复为吕碧城谋出洋。可见，1909年她们的矛盾尚未激化，但至1937年，两人之间的关系仍然没有得到缓和。

需要说明的是，这种僵硬的姐妹关系完全在于碧城这一方。二姐美荪可没有这意思。1933年冬，美荪还写有一首《诗将付印自题稿后》：

负米走四方，奉母无甘旨。负土成高坟，哀悔自兹始。戴罪覆载中，愧彼婴儿子。同气共六人，二存四已死。有妹在远瀛，东西暌万里。孤走自谋活，辛苦未能已。海阔莫往视，何以对考妣。……

这诗明明白白地说明，兄弟姐妹六个，目前就剩下我和碧城了。碧城孤走万里，辛苦未已，自己这当姐的不能前去看护，实在对不起死去的爹娘——这姐姐，依然是亲姐姐的样子。

所以，姐妹俩到底为何闹崩，大家也难以确定。有家产涉讼说、性格不合说、侍母不合说、二姐劝婚说、争风吃醋说等等。我的意思，碧城若真是仅因财产就跟二姐闹成这样，那比当年她娘跟族人争财产还严重多了呢。那次好歹是后婆婆与儿媳、媳妇与婆家族人之间的事，这次却是亲姐妹之间。而且若真是财产之事，那么她娘当年带领闺女出走娘家应该是带走了不少真金白银、珠宝首饰。所以除了二姐，碧城对大姐小妹，甚至对自己的母亲也有怨气！只是不知她是想说她母亲偏心其他闺女呢，还是说其他闺女全贪了家里的钱——她母亲带着她们出走娘家，到底带走多少财产，以至于她信佛多年还放不下呢？

二是心灵的伤害。不管吕碧城的父母安排得多么不周全，也不管吕碧城的娘做得多么不地道，但是父丧之后，孤女寡母与族人天天冲突不断，肯定给吕碧城的心灵划了一道又一道伤痕，这些伤痕是终身的。比如她的情商，具体来讲，就是人际交往方面，她是有障碍的，与很多人搞不好关系，甚至与亲姐妹都会争风吃醋，与二姐吕美荪更是绝交三十年，谁也不理谁，二姐理她，她也不理对方。她最后选择佛教，也是一种自度。她对佛也不算信仰，只是没有任何归宿，好歹选一个立身之处而已；社会活动方面她又只参加动物保护会，说明这人对人类已没了关心。她不会抱养孩子，更不会把钱捐给任何人。她爱的，只能是动物了，而临终的捐献，也只能是佛院了——可怜的仙女，一生活在无爱中！来自家人的爱，没有——能跟亲姐绝交，还有什么亲人之爱；来自男人的爱，没有——爱慕她才色的人自然有之，但与爱她不是一回事儿；来自朋友的爱，也没有——最先往上托举她的那两个大哥，一个英敛之，一个傅增湘，她跟人都闹崩了。

对吕碧城来讲，最大的伤害可能还不是来自财产与族人，而是她爹给她定的娃娃亲，吕凤岐死后，汪家坚决地跟吕家退婚了。一般的说法是，汪家看吕家这个三丫头上蹿下跳地找樊增祥，认为她太有本事，怕以后驾驭不住，故而退婚的。

有些自作多情，更有些臆测：

第一，吕碧城作为吕家三丫，上有一母两姐，再怎么着也用不着她出面。事实上都是惠如出面的，据李保民先生考证，父死后，碧城母女遭遇两劫：一是1895年父死未几，"族人争继嗣，霸占家产，以至将碧城母女幽禁"；二是1902年"母严氏及妹贤满寄居来安外家，为恶戚所厄，惨无生路，俱各饮鸩自尽，幸为邑令灌救得活。嗣因碧城姐惠如之求，江宁布政使樊增祥星夜飞檄邻省，隔江遣兵营救。其时碧城与诸姐皆糊口于千里之外……"

第二，汪家之所以跟吕家定亲，首先看的是吕凤岐的身家。现在他过早地去世了，对汪家来讲，吕家的优势大打折扣。

第三，吕碧城母亲与族人的纠纷，作为同乡的汪家肯定关注，并知道详情。汪家可能不赞同吕碧城母亲的做派。因为再有纠纷，嫁出去的姑娘泼出去的水，吕碧城嫁汪家，对汪家构不成任何影响。

第四，纷争中，吕碧城也许真有什么表现，让夫家对这个儿媳不爽了？但我感觉，绝对不是她太有本事了。相反，从她以后处理人际关系的种种结果来看，她在人事方面并没有什么才能。相反，跟第一号大恩人英敛之都能闹翻，并且跟二姐吕美荪因为英敛之而争风吃醋，最后因为她母亲的一点财产闹绝交，说明这家的女娃，在家庭教育方面真的缺少了某些至关紧要的东西。这里还可以参考吕碧城的小老乡、现代著名作家苏雪林的描述，她见过吕家大姐。她说：

碧城女士家学渊深，才华艳发，清末民初，声华藉甚。我无缘识荆，但和她的大姊惠如女士倒见过一面。她于一九一五、一九一六年间在南京任第一女子中学的校长，办学以严厉著称，学生毕业出校在社会上担任各种职务，衣饰行动，尚受校长干涉。一九一八年间，我已毕业于安徽省立第一女子师范，任教母校，有一次率领学生到南京参观，与几位同事去拜谒这位有名的教育家，请教一些治学做人之道。吕校长对我们发表许多意见，完全是一种训导式。她知道她学校有个毕业生在我母校教音乐体育，竟毫不客气地对我们说："你们是我学生的学生，那么，我便是你们的'太老师'了，太老师说的话都是一辈子的经验之谈，不会骗你们，你们应该遵守。"我们那时虽算当了师长，究竟还是几个"黄毛丫头"，平日震于吕惠如校长的威名，早已心存畏惮，现在当然只有唯唯称是，按照"徒孙"的辈分，向她恭敬行礼而别。

不只苏雪林对吕家大姐印象不好，吕家大姐的学生对她印象也不好。中国近代史上一位名声绝对不弱于碧城的女大咖、赵元任之太太、祖籍安徽也算半个安徽人的杨步伟，就读旅宁学堂时一度曾是吕家大姐惠如的学生，在杨步伟《一个女人的自传》中，这位"安徽出名"的吕家大姐为人处世方面可不敢恭维："在中国学问一方面倒是琴棋书画都好，也到日本去过一年，可是对于普通的知识不很长。一到就提议给学校改为师范，与我们所希望的不同。其时英文教员和算学教员都和她合不来，都辞退了，所以我们也打算换学校。"——结果光杨步伟寝室五个人，就走了仨：一个去日本留学了，一个到苏州美以美会办的景西女校，杨步伟在学校硬撑了三个月，觉得无味，最后到了上海的中西女塾。吕家大姐还有一件事，更恶劣了。一般没人引用，二姑娘美荪专文写过——《葹丽园随笔》中，有一篇《迂拘为害》，专门写大姐的：

> 余同怀姊秉性刚直，惟过迂拘。清宣统间任南京女子师范学校校长，学生皆服布衣裙，不得施脂粉，当世称为女教育家。其校有女教员某夫人者，年已四十，嫠妇也。一日由校出购物于肆，有两江师范学校算学教员某遇之，慕其端淑贞静，询问所居，遂投书于校，日久书频至，颇涉钦仰冥思之苦，女教员虑为校长知，隐秘之。无何辞愈迫切，且立索覆，势不可隐，乃持函陈于校长，吾姊愤甚，乃语女教员如何如何。女教员出，语送函之童子曰：覆书无，翌日可请某先生亲来校。姊立赴督署谒见某制军某公，谓某人侮辱女教员，请严惩以儆效尤，否则惟有辞职以谢耳。制军不得已允之。因商于提学，及某欣然来校，而女教员不复出见，警吏已待于招待室，遂捕之去。不鞫讯遽定三年监禁之罪。迨国体变后，余在沪，心殊惴惴，以姊在宁，虑其出狱报复，乃久而寂然，询于人，以某不耐监狱之酷毒，入一年即死矣。姊心悔之，然已无如何……

二姐这篇短文，真是把吕家姑娘的典型毛病全端出来了。

没有接受任何现代教育，却要充当教育家！

充当教育家也罢，连女教职员工的恋爱都在她的控制范围！

那个女教师固然也是小寡妇，但是谁规定小寡妇就不能再恋爱？而且恋爱了还得给寡妇校长汇报？

给寡妇校长汇报也罢，做校长的，告诉员工，你自己恋爱的事，你自己做主，你自己做不了主，可问家人，你家人做不了主，学校可替你参考，你要愿意谈婚论嫁，可以，你要不想谈婚论嫁，我教你拒绝他……权责多么分明的事，她居然扯皮带蛋地去找两江总督了。

这个两江总督又是何人呢？我查了查，宣统年间，也就是清朝倒计时的两江总督有四位。

第一位是端方，任期是光绪三十二年七月己酉（1906年9月2日）至宣统元年五月己未（1909年6月28日）；

第二位是樊增祥，江宁布政使兼署理两江总督，接手时间是宣统元年五月己未（1909年6月28日）；

第三位是张人骏，时间是宣统元年五月己未（1909年6月28日）至宣统三年十二月戊戌（1912年1月23日）；

第四位是张勋，以江南提督署理两江总督，接手时间是宣统三年十二月戊戌（1912年1月23日）。

其中，樊增祥的署理时间应该是以第三位张人骏到任时截止，张人骏此前在两广总督任上，阴历五月任命，阴历七月到任，所以樊增祥的署理时间应该是两个月左右。也就是公历1909年6月到8月之间的事儿。而张人骏宣统三年十二月戊戌（1912年1月23日）丢失两江总督之宝座，是因为是年先是发生武昌起义，十二月初的时候，苏浙沪联军又攻占南京，张人骏潜行赴沪并由海道赴津，上书清廷恳请罢黜，之后避居青岛，不复问政。

张勋的署理时间应该是接替张人骏并以宣统退位为止，宣统退位时间是宣统三年十二月廿五（1912年2月12日），也就是说，张勋也没署几天。

所以，所谓的两江总督——某制军某公，最大的可能还是樊增祥。也就是说，吕家大姑娘吕惠如，利用自家和樊年伯的交情，就这样把一个给女教员写情书的别校男教员给搞死了。

利用交情也罢，直接把一个写情书的男人说成流氓，要求两江总督治其罪，不治其罪，就不干校长了。这要挟，比真流氓还流氓！两江总督碍于情面，只好按她的要求办，结果还钓鱼执法，直接把人给抓捕了。

抓捕了也罢，居然没有任何审讯，就把人判三年。

判三年也罢，做贼心虚，辛亥革命后，所谓的后台——"制军某公"保护不了她了，她又担心人家出狱报复了——这男人1909年被判，三年之后，正好是1912年——她们也知道自己做了缺德事。等打听的时候，才发现人家早惨死在监狱里了。这就是吕大教育家的故事。看了让人瘆得慌……做这么缺德的事，心理状态会如何？

不如何！

1917年，吕校长才43岁，给结拜姐妹英淑仲写信，说自己"恶病容衰"，恨不得摔镜子了："惠自三、五年来，目睹时局变迁往复，人事纷更，如电影之戏，匆匆过去几何幕矣！而人遂老于此间。发白齿摇，老态日现，几有夏侯掷镜之恨。至于心境，则忧伤哀悼，苦不可言；方寸之间，如地狱，如孽海，几见灵台月朗耶？"

惠如所谓的夏侯掷镜，说的是齐高祖萧道成的故事——南朝宋顺帝年间，萧道成为齐王，年51岁，5岁的玄孙萧昭业年5岁，玩戏于其膝前。其时，萧道成正令左右为其拔白发呢，随口问玄孙："我是谁耶？"答曰："太翁。"萧道成笑曰："岂有为人作曾祖而拔白发乎？"当即掷镜，不拔了。

惠如用这个故事，表明自己老了。同时，这女人为了老不高兴啦。1919年，吕惠如辞去了校长之职。1924年，五十岁的她得了神经病，用美荪的原话——"十三年五十忽得奇疾，日奔走于街市，且笑且啼"。美荪说她有时候清醒,会跑到美荪家哭诉,说那个算学教员隔天下午三点就去拜访她,吓得她只得跑到街上云云——这哪里是清醒,分明还是神经病。做了这么缺德的事,排解不出来呗。美荪甚至想打听一下,男教员老家是否有妻儿,然后替姐姐匿名赞助人家几个钱,后被友人阻拦——美荪也是天真,男教员这才求爱,哪儿来的妻儿?除非,人家是求外遇?总之,这算学教员倒霉,遇上这么一位"正经"的寡妇校长,就这样不明不白地死了。当然,惠如死得也很不好看,神经病发作一年后——美荪说叫"痴颠",1925年,惠如死。

惠如一死,家里又闹矛盾了。美荪说的是"所作诗词数卷,其稿为人所窃,亦不得传余";碧城在《晓珠词》附刊《惠如长短句》的跋文中说:"先长姊惠如邃于国学,淹贯百家,有巾帼宿儒之概。矢志柏舟,主持姆教,长江宁国立师范女校有年,人多仰其行谊。殁时家难纠纷,著作湮没,遗稿之求,列入讼案,盖与遗产同被攫夺,亦往古才人所未闻也……"

不得不承认,姐妹俩这里又说得稀里糊涂的。

第一,惠如婆家也要出恶族了?要知道,这可是她们舅家,她们母亲的娘家,她们大姐的婆家。他们的母亲在婆家遭遇的是恶族,她们大姐在婆家,也就是她们母亲的娘家,又遭遇恶族?

第二,惠如的老公,也就是三姐妹的这个舅表哥先死,惠如守贞未嫁。惠如与舅表哥丈夫没有孩子——近亲结婚,若生出孩子可能更发愁。

第三,惠如的身后事,应该没啥事的,难道是碧城想接收大姐的遗产与遗著?那按民国法律,怎么也轮不上她这个娘家妹子吧?

第四,惠如也是的,根本不从自家悲剧里吸取教训。当初她的父亲不是猝死,都没有安排身家后事,现在她做了一辈子"国民之母之母"(碧城哥大校友杨荫榆自称,也是鲁迅与许广平骂杨荫榆的专用语言包之一,惠如做女师校长，当然属国民之母之母，或者正如鲁迅所骂"'国民之母之母'之婆"），最后怎么还犯家传的错误呢？当然也可以说，她最后得的是神经病，或者说疯癫症，自己头脑不清楚了。问题是再不清楚，你这亲事是亲上加亲的，和亲人有什么可争的？

第五，惠如若没有生一子半女，婆家会不会也给她过继个儿子呢？按美荪的说法，惠如临死前有个9岁的螟蛉女，惠如哭着托付给美荪了。螟蛉女，应该是收养的义女，但义女与嗣子是不同的。义女在民间，就是干闺女的意思。别说干闺女了，就是亲闺女，也没有继承遗产的可能。

第六，惠如死前似乎把自己的遗稿给了某人，甚至自费出版的资金也给这人了，但她死了，这人也死了，连遗稿都没收回来。难不成是这人的后代想贪污惠如的遗稿与出版资金？或者说双方没有任何手续，对方人也找不到了？但是那时候自费出书就只有一个印刷费，能有几个钱？总之又是稀里糊涂的悲摧。事后美荪四处搜求，仅得大姐和樊增祥大大红梅诗七律四首，将其附录于父亲吕凤岐的《静然斋杂著》之后。

第七，正因为姐俩写得稀里糊涂的，所以又有人猜测了，那么这次遗产纷争，难不成是碧城与二姐美荪在争？按美荪的说法，美荪当是大姐的遗嘱执行人，特别是9岁的义女托付给美荪了，根本没有碧城啥事。那碧城又争啥呢？若真是这样，这家子可够丢人的。据碧城《减字木兰花》"题先长姊惠如词集"，则明指这个"家难"还是跟二姐美荪有关："嫠蟾垂陨，雨横风狂凌病枕；萁豆煎催，偏在尘寰撒手时。"

第八，惠如的遗稿不值钱，自己的出版资金也没几个钱，难道是所托某人死后，其家人不给了吗？但是，如果是跟外面纠纷，碧城怎么会说"家难纠纷"？难道是怀疑，美荪是遗嘱的监督人，从中贪污了？问题是贪污也没几个钱……这家子姐妹真有意思。

第九，美苏最后总结大姐的悲剧，说："此性情过方激于一时之愤之为害也。"这个说法挺好玩，因为"方"这个字可作多解。如果是指人的品行端正方直，美苏的意思当是，俺姐品行太方正了；如果是指人的迂拘一面，那么美苏的意思当是，俺姐太傻了。除了性情，美苏还解释了因果与轮回，说她母亲生大姐时做梦了，梦见自己进了一个商铺，看见一个商人正趴在柜台上拨拉算盘呢。所以这姑娘到十岁时，学习还特钝，独精于珠算，后来发愤读书，字呢？仿的是王羲之草书的代表作之一《十七帖》，画呢？唯写意。但"其貌犹梦中人，为人行事极方正，但颇迂拘耳"。意思是说，这姑娘长得都像那个商人，为人行事更别提了，还是奸商。然而，商人讲的是诚信与规则，不是陷害人。

说这么多还是想说明，吕家这几个姑娘，智商可以，情商都堪忧，不能与人共事。家里家外纠缠不断。害人不说，还老害己。

如前所述吕家大姐给苏雪林的印象，竟然直接导致了苏雪林之后与吕碧城的擦肩而过。她说：

> 后来我在报纸上时常读到吕碧城女士的诗词，我那时也学着胡诌一些旧式诗歌，可是若和碧城相比，便成了山歌村谣了。有人劝我和碧城女士通信，请她收我于门下，有她指点，也许可以渐跻于大雅之堂。我想起她令姊吕校长的威棱，未敢尝试。因为在她作品里，我觉得这位女词人性情高傲，目无余子，哪里会瞧得起后生小辈像我这样的人？写了信去，她不理，岂非自讨没趣？

一九二八、一九二九年间，我的第一部著作《李义山恋爱事迹考》在上海北新书局出版。半年或一年以后吧，碧城女士自欧洲某处写了一封信，给北新书局的老板李小峰索阅此书。小峰把那封信转给我，意欲我自己寄书给她。我想碧城女士那封信并非是写给我的，何苦去献那种殷勤？最大原因，则因吕氏"碧城"二字之名取自李义山《碧城》三律，"碧城""紫府"虽属神仙之居，但自从我在义山诗集里发现唐代女道士不守清规，惯与外间男子恋爱的事迹，便主张《碧城》这三首七律，是义山记述他恋人宋霞阳所居寺观，及寺观中一切的诗。如此，则清高严洁，迥出尘外的仙居，一变为那些不端男女们密约幽期，藏垢纳污之所，对于吕氏那个美丽的名字，唐突未免太大了，所以更没胆量把那本小书献给她。小峰是否寄了，我不知道，但我想他一定没有寄。因为不敢寄书，又一度失去与这位女词人通信的机会，引为终身之憾，至今尚懊悔不已。

苏雪林不愧也是才女。这些文字透漏出诸多信息。关键有二：
第一，为人方面，她认为，吕家大姐都那样了，三妹更是不能交！
第二，她书里考证过，碧城这词不是个好词，它不是神仙之居，乃是男女风流的地方，可不敢唐突美人、把自己的书送她，她要也不给！
总之，连苏雪林都对吕家姐妹如此退避三舍，惹不起躲得起，那么汪家选择退婚应该也是无奈之下的选择。说实话，江南那些门第之家，一般很注重名声的。退与不退，对人家应该是个两难选择。退了，门第名声受损；不退，似乎还受损。总之属于杀敌一千自伤八百的买卖。所以我们也不用过分谴责汪家。但是站在吕碧城这边，退婚则是大大的伤害，这种伤害，应该是构成她高不成低不就、终身不嫁的一个主要原因！
这不是猜测，试看碧城的大恩师严复在给甥女何纫兰的信中是如何解释的：

> 吾一日与论自由结婚之事，渠云：据他看去，今日此处社会，尚是由父母主婚为佳，何以言之？父母主婚虽有错时，然而毕竟尚少；即使错配女子，到此尚有一命可以推委。至今日自由结婚之人，往往皆少年无学问、无知识之男女。当其相亲相爱，切定婚嫁之时，虽旁人冷眼明明见其不对，然如此之事何人敢相参预，于是苟合，谓之自由结婚。转眼不出三年，情境毕见，此时无可委过，连命字也不许言。至于此时，其悔恨烦恼，比之父兄主婚者尤深，并且无人为之怜悯，此时除自杀外，几无路走。渠虽长得不过二十五岁，所见多矣。中国男子不识义字者比比皆是，其于父母所定尚不看重，何况自己所挑？且当挑时，不过彼此皆为色字，过时生厌，自尔不忠；若是苟且而成，更是看瞧不起，而自家之害人罪过，又不论也。

一般人写碧城，很少引用这段。不知他们什么意思，是觉得没用，还是想替女主人公掩饰？总之，碧城被人塑造的都是现代的独立的新女性形象，但是从信中可以发现，她对所谓自由恋爱深为不屑，甚至指为苟合。她所指望的婚姻，还是父母之命、媒妁之言，她认为这样的婚姻才比较靠谱——即使不靠谱也有借口，父母包办嘛。至于自由爱恋，她认为纯是乱来，害人害己，吃亏了还不能赖别人。

怪不得严复都赞叹她聪明，确实聪明——无限地不负责任。不想负责任，当然只能一个人玩了！

英敛之：晚清最牛操盘手

严氏带着四女回到来安娘家后，所做的第一件大事，当是嫁女。亲上加亲，她把大女儿吕惠如嫁给了自己的娘家哥哥严朗轩的儿子严象贤。时为光绪二十二年（1896）。

吕家大姑娘吕惠如生于光绪元年（1875），光绪八年（1882）吕凤岐督学山西，八岁的吕惠如随父移居山西。很多撰述者颇为轻浮地夸口吕凤岐独爱三姑娘，也不想想，吕家哪个姑娘是她爹充话费送的？只说吕碧城才貌双全，会诗擅词，但人家大姑娘能丑到哪里去？再说哪家当父亲的会以貌取女？至于才，大姑娘不但会诗擅词，还"精绘事，工书法"，一句话，大姑娘是诗、书、画、词俱佳的。如前所述，就是二姑娘笔下，两位兄长俱亡后，最能让其父开颜的小棉袄，还是大姑娘。行年录"十八年壬辰五十六岁"条里，二姑娘按语如下：

先君自伯兄夭折，无以遣怀，日亲督诸女读，并教伯姊贤钟作墨兰。姊字惠如，年十二，已有清映轩诗数十首，至是课益勤。是年，为延徐司马（忘其名）教画百种蝴蝶及花卉，艺颇能进，先君略解忧焉。

惠如嫁人的时候22岁。她与舅父严朗轩之子严象贤，就是传说中的亲上加亲的姑舅表哥结婚了。由于严朗轩时任塘沽盐课司大使（相当于盐场总管，也算肥差了），所以吕碧城也随姐在舅家住下了。舅家富裕当不低于吕家，所以一般人士推测，吕碧城在舅家享受到了优裕的生活条件与教育条件。

有关教育，具体情况无从得知——从她的《访旧记》中可以判断，她曾在天津某学堂读书。那时虽然没有专为女子设立的学校，但也有一些私家女塾，另外在津外国人也办有西式学校，这些都为她提供了机会；还有学者发问：吕碧城是否在严修于1902年创建的"严氏女塾"（1905年扩展为严氏女学）中就读过？不确。据我判断，应该没有，如果有的话，她会炫耀一笔的。

生活的具体情况也无从得知。有人猜测说，吕碧城在舅家过了几年寄人篱下的日子——这也可以成立。想想黛玉住外婆家多么委屈，简直是被姥姥、舅妈、姨妈、表姐妹、表兄弟们活活气死的；再比如鲁迅，家败后也去舅家寄居过，亲戚嘀咕一句"要饭的"，就让他的心灵备受伤害。直到今天，在乡下，外家不待见外甥还是一大传统，民间更是产生诸多外甥受气歌，"拉大锯、扯大锯，姥姥门前唱大戏。请闺女，叫女婿，小外甥，也要去，一巴掌，打回去"；"黑老鸹，胖墩墩，俺去婆家住一春。外婆看见怪喜欢，妗子看见瞅两眼。妗子妗子你别瞅，豌豆开花俺就走"——看来都是妗子（舅妈）！据我的经验，最不待见外甥的应该是妗子，而且她可以理直气壮地赶外甥走，并且待外甥吃饭时半玩笑半当真地说一些"回家背粮食去"之类的风凉话。所以民间还有"外甥哭妗子，想起来一阵子"的谚语。

吕碧城是外甥女，这比外甥要好点，因为长大终归要嫁出去，外家也就养你一段短暂的时间。问题是，吕碧城从1896年住进舅舅家，到1904年逃离舅舅家，漫长的八年时间内，她居然只字不提，全是空白！学业如何没说，舅家好歹也没说——好话坏话都没有。我感觉，实在是没法再说了，因为吕氏族人都不是东西了，到最后，严家也不是东西，又如何自处呢？

所以，委屈，也就委屈地住着吧。直到光绪三十年（1904），甥舅之间发生一次冲突。

当时，严朗轩官署中方小洲秘书的太太，要到天津去——天津是个好地方，正在直隶总督袁世凯的规划下，成为北洋新政下的模范城市。不管是政治反贪还是巡警治安，不管是市容市貌还是实业工厂，不管是新式教育还是司法独立，全部蒸蒸日上。所以当时的天津，就犹如二十世纪八十年代改革开放初时大陆青少年心目中的港台，所以，时年22岁的吕碧城一听秘书太太要去天津，马上表示说，她也要去。这里可以看吕碧城的自述：

> 塘沽距津甚近，某日舅署中秘书方君之夫人赴津，予约与同往探访女学。濒行，被舅氏骂阻，予忿甚，决与脱离。

看来，女大不由娘；另一方面，女大不中留——其实我很奇怪这个舅舅为什么不把年龄这么大的三姑娘嫁出去。直到今天，在很多地方的乡下，凡是考不上高中、大学的女娃，都是初中毕业或者高中毕业就要谈婚论嫁的。当我在课堂上跟我的学生讲"不读书的话，我们安阳虚岁24岁的姑娘就是大龄剩女，不好找人家了"之后，底下一个女生接嘴说："老师，如果不读大学，我们汤阴21岁就是老姑娘了……"

总之，22岁的姑娘，你不把她嫁出去，她只好自己往外跑——估计是舅舅看不惯，斥责几句，于是第二天，这个姑娘就自己跑出去，坐上了开往天津的火车——三丫走天下，难道还需要尔等偕行吗？

幸亏她没有遇到拐卖媳妇儿的，也幸亏她运气好，在火车上遇见了一位贵人——"佛照楼"旅馆的老板娘。还是看她的自述：

> 翌日，逃登火车，车中遇佛照楼主妇，挈往津寓。予不惟无旅费，即行装亦无之。年幼气盛，铤而走险。

年不幼了，22岁的大姑娘了；气盛倒是对的，险更是对的。万一碰到的不是佛照楼的老板娘，而是拐卖妇女的——晚清民国年间，天津妓院多发达，大家也是知道的。所以我们只能说，三姑娘运气好罢了。就是比三姑娘大了两岁的鲁迅，在北京女子高等师范学校给女大学生讲"娜拉走后怎样"，也是千叮咛万嘱咐，缺啥都不能缺钱，否则不是在外堕入风尘，就是还得乖乖地回家去。

问题是，看三姑娘的自述，居然没带一分钱似的！

实在想象不出她是如何跟人攀谈的。一般的著述者都是据她的自述发挥想象：是"佛照楼"旅馆的老板娘资助她买了火车票——我深刻怀疑这种发挥不确。原因很简单，三姑娘应该有自己的私房钱，虽然不会多，但是，一者是母亲送她到舅家，应该给她一些钱的；二者，母亲送她住舅家，也不能白住的，应该给过娘家嫂子费用的，否则她家姑娘在舅家没法长期待下去；三者，舅舅和大姐，会给她一些体己钱的。总之，姑娘这么大了，连个零花钱都没有，成何体统。再说本就不是穷家孩子，穷谁也不能穷小姐。

据我的推测，当时老板娘看这姑娘长相不俗，穿着不俗——吕碧城一辈子都是奇装异服，两人互相瞅着都不是一般人儿，在火车上就搭讪起来了，老板娘说姑娘这出去干吗呢，姑娘说我去天津玩儿呢。老板娘说你天津有人吗，姑娘说也有也没有。老板娘说，这咋说。姑娘说，我想去天津玩玩，看看，转转，家人不让，然后我私自跑出来了。于是老板娘说，大姑娘家的，跑外面多不安全，得，你住我家——旅馆吧。住进后，你再联系你熟人——幸亏这老板娘也不是《盲山》里那种拐卖妇女的人！

有人说，吕碧城通过老板娘打听到了方太太的住址。不靠谱。应该是她出奔前，方太太就告知了她地址。试想方太太的丈夫，不过是严朗轩的秘书，而吕碧城，是严朗轩的外甥女不说，人家大姐吕惠如还是严家的少奶奶，就是说吕碧城还是严家少爷的小姨子……种种身份，对这个秘书太太都是一种压力。她不诚惶诚恐地照顾好了，以后还怎么在人家严朗轩的衙门里混？吕碧城的自述中，也没有说地址是别人帮打听的，而是直接说："知方夫人寓大公报馆，乃驰函畅诉。"

这一驰函，就捅着天花板了，《大公报》经理英敛之从天而降。按吕碧城的说法："函为该报总理英君所见，大加叹赏，亲谒邀与方夫人同居，且委襄编辑。"

这里面有些细节不可追究。追究起来，首先，人家姑娘的闺阁私信，怎么能让一个陌生男人看呢？其次，方太太可能是个长舌妇——把老公官署里长官家的小姐私自出奔一事，当笑话给人抖搂出来了。当然也可以有善意的推理，比如，方太太感到为难——确实为难，一边是三小姐求带玩儿，一边是三小姐她舅作为长官与家长的双重威严，放哪一个下属太太，都会觉得棘手的。于是她向英敛之求助——英敛之与方太太的丈夫方小洲不是一般的交情，于是把信给了英敛之：你看看这信，我能怎么帮她呢？你见多识广，给个主意？

在英敛之1904年5月8日的日记里，这信干脆就是寄给他似的：

> 早九点同内人进堂至毛瑞堂处，约其夫人观戏，饭后内人偕小洲夫人去聚兴园，并邀沈绥清之夫人。晡，接着吕兰青女史一束，予遂同至同升栈邀其去戏园，候有时赴园，予遂回馆，少秋来。晚，请吕女史移住馆中，与方夫人同住，予宿楼上。

信中至少透露两个信息：第一，吕碧城根本没有住在佛照楼老板娘家的旅馆，而是住在同升客栈；第二，英敛之根本不是无意间看到信的，而是方夫人直接给他的，"接一束"。

总之，英敛之就这样闯入了吕碧城的生活——他看了信。这一看，不说书信内容，光书法就会让人眼前一亮。直到今天，书法还是中国人际交往中的一块敲门砖！

现在我们分析下英敛之为什么光看字就行了。

英敛之（1867—1926），名华，字敛之，号安蹇斋主、万松野人，满族正红旗人，满姓赫佳氏。一生经历丰富——虽是满族正红旗，但家里却很贫穷，他就是凭着一手好字，先是被一个游方道士看中，做了人家的徒弟，后是跟了一位塾师，做了人家的书童。老师每天带着他到一家没落的皇家宗室授课，最后，这个女学生——爱新觉罗·淑仲，雍正十四弟的直系传人，竟然爱上了他这个书童！八旗子弟可入军籍，所以他曾进过皇家禁卫军，"顽石可掇三百斤，弓能挽十二力，马步之射十中其九"；后来弃武从文，又开始了读书，泛滥百家，稗史提要，逮啥读啥，并且研究了各种宗教，研究的结果是成了一名天主教徒，从此同天主教及一些外国神父发生了关系，还自习了一些法文。光绪二十一年（1895），清政府正因解决不了甲午战争的遗留问题头疼的时候，英敛之与淑仲的爱情得到了对方家庭的成全；1898年康有为维新的时候，英敛之也写维新的文章，除了引用康有为的政见，还引用北京的民谣说"皇上是傻子，王爷是架子，官是搂子，兵是苦子"；维新失败康有为逃亡，英敛之吓得也逃至天津，从天津搭太古"重庆"号轮船去上海，在船上遇见了正逃亡的康有为，两人还谈过话，但英敛之不知道他是谁；1900年英敛之得到一个职业，法国驻蒙自领事馆的馆员，但北方义和团一起，惊得他和法国领事赶紧北返了，义和团把京津折腾得一片凋零，英在天津找不到工作，回京也交通有阻，同法国一位神父同行到上海，给诸多外国人做北京官话教师；1901年，他又回到了天津，命运的转折也来了，跟天津一个大资本家、天主教友、紫竹林天主堂总管柴敷霖（字天宠）凑到一块了。这人提议集股开办报馆，双方一拍即合，一个负责集资（柴的背后是北京总主教，报纸是由总主教批准的），一个负责经营，一年之后，也就是1902年6月17日，他主持的《大公报》在天津法租界横空出世，一炮打响——创刊当天发行了3800份，3个月后销至5000份，成为当时华北地区最引人注意的报纸。当时英敛之为总负责人，经理、撰述、编辑一担挑，协助他担任主笔的，先后有方守六、刘孟扬、王瀛孙、黄与三、郭定森、樊子镕、唐梦幻等。《大公报》最早的馆址选在天津法租界狄总领事路（一名六号路乙，即现在的天津哈尔滨道42号），对门是法国工部局，隔条街是法国领事馆。

《大公报》的股东也都赫赫有名，最大股东是天津紫竹林天主教总管柴敷霖和天津大商人王郅隆，其他股东还有北京的法国主教樊国梁、公使鲍渥，天津法国领事馆高级翻译李敬宇，上海的天主教徒、资本家朱志尧，贵族肃亲王耆善和当时担任京师大学堂译书局总办的严复，德国荣花洋行买办张连璧（字少秋）等。

据王芸生等人透露，《大公报》最初是法国的背景，之后居然转向亲日了。最大的标志是，1906年，法国方面都撤了股，而且，大公报馆址也于9月5日迁到了日租界之内（现在的和平路241号）。

由于背景色不断变换，所以《大公报》的办报宗旨是什么，也不容易一下子看清楚。实际执行中，它除了宣传天主教（英敛之就一直希望把碧城发展为教徒，奈何碧城不接受），政治方面，主要是保皇立宪，具体来讲，是要求西太后撤帘，让光绪主政。保皇立宪也罢，居然一贯反袁（这应该是日本的意思，袁当时身为直督，亲在天津，也管不了这报纸，只能在租界外禁止出售，却一直对他持宽容态度）。

表面上，英敛之创刊时亮明的是"开风气，牖民智；挹彼欧西学术，启我同胞聪明"。至于他自己的抱负，他在壬寅（1902年）日记的扉页上，抄录了梁启超的一首诗，可见其志向："献身甘作万矢的，著论求为百世诗。誓起民权移旧俗，更研哲理牖新知。十年以后当思我，举国犹狂欲语谁？世界无穷愿无尽，海天寥阔立多时。"

说到这里，就能明白英敛之缘何光看吕碧城的书法就行了，何况内容也不错呢！所以，吕碧城遇上英敛之，才是真正遇上了贵人。土豪大哥亲自到旅馆去见吕碧城，并把她接到了大公报馆——馆址在法租界热闹中心梨栈，还亲自给她购买香皂、化妆品等。不过三姑娘后来跟大哥闹崩了，自述里居然是这样说的：

予初抵津，诸友侦知窘况，纷赠旧衣服及脂粉、胰皂等，日用所需，供应无缺，其事甚趣，谊尤足感。

其实，那时候，一个闺女哪里来的什么"诸友"？也就英敛之体贴。但是姑娘最后与英土豪闹崩了，所以这里就把英大哥给扩而化之，变成"诸友"了。以至于方豪在他的《英敛之笔下的吕碧城四姊妹》中不无打趣地说："谊尤足感"是很应该的，但"其事甚趣"是指什么呢？

这还真不知道。我们所能知道的是，碧城之后是有不少名流"诸友"，但都是英敛之推介来的。

先说说英大哥是如何推介吕碧城的。当天晚上，英敛之夫妇和吕碧城在大公报馆交谈甚晚，吕碧城更是当场挥毫写下一阕《感怀·调寄满江红》。1904年5月10日，大哥的报纸《大公报》第四版"杂俎"就给她刊出了：

晦暗神州，欣曙光一线遥射，问何人女权高唱？若安达克。雪浪千寻悲业海，风潮廿纪看东亚。听青闺挥涕发狂言，君休讶！

幽与闭，如长夜；羁与绊，无休歇，叩帝阍不见，愤怀难泻，遍地离魂招未得，一腔热血无从洒，叹蛙居井底愿频违，情空惹。

这精气神儿，放现在都是女汉子！

吕碧城的优势就在于，用古典词诉新时代之怨。虽然把法国圣女让·贞德（若安达克）都当女权英雄了（这样说，不如直接推中国的花木兰和穆桂英呢），但毕竟是女权的口号，而且，巾帼情、民族恨、爱国仇，都有了，比男人还Man，确实让人看了热血沸腾。相形之下，比她年长8岁的秋瑾（1875—1907）也是走的这个路子。吕碧城写这首词的当年，秋

瑾开始公开着男装出现,且同样写了《满江红》,词云:

> 小住京华,早又是中秋佳节。为篱下黄花开遍,秋容如拭。四面歌残终破楚,八年风味徒思浙。苦将侬强派作蛾眉,殊未屑!
> 身不得,男儿列;心却比,男儿烈。算平生肝胆,因人常热。俗子胸襟谁识我?英雄末路当磨折。莽红尘何处觅知音?青衫湿!

再看看吕碧城她太姥姥沈善宝当年所写《满江红·渡扬子江》:

> 滚滚银涛,写不尽,心头热血。问当年,金山战鼓,红颜勋业。肘后难悬苏季印,囊中剩有江淹笔。算古来,巾帼几英雄,愁难说。
> 望北固,秋烟碧;指浮玉,秋阳出。把蓬窗倚遍,唾壶敲缺。游子征衫挽泪雨,高堂短鬓飞霜雪。问苍苍,生我欲何为?生磨折。

这些词不容易分出上下吧,而且长得还都那么像。但是,吕碧城背后有推手——英敛之把这阕词发《大公报》上时,又以他老婆"洁清女史"的名义,附跋语于后:

> 历来所传闺阁笔墨或托名游戏,或捉刀代作者,盖往往然也。昨蒙碧城女史辱临,以散蕞索书,对客挥毫,极淋漓慷慨之致,真女中豪杰也。女史悲中国学术之未兴,女权之不振,亟思从事西学,力挽颓风,且思想极新,志趣颇壮,不徒吟风弄月,摘藻扬芬已也。裙钗伴中,得未曾有,予何幸获此良友,而启予愚昧也。钦佩之余,忻识数语,希邀附骥之荣云。

英敛之炒作吕碧城，可谓不遗余力。难道真如刘纳所猜，有"报人的经营策略"？不管怎么说，从此他开始猛推吕碧城的诗文。5月10日刚发了《满江红》，5月11日又发《舟过渤海偶成一绝》：

旗翻五色卷长风，万里波涛过眼中。
别有奇愁消不尽，楼船高处望辽东。

这首诗更女汉子，直接关心日俄在辽东的战事。同日，《大公报》"论说"栏中发表一篇给碧城捧脚的《读碧城女史诗词有感》：

试读本报所登碧城女史之诗词，其寄托之遥深，其吐嘱之风雅，我中国女界中何尝无人？闻女史年二十余，博极群书，尤好新学，尝悲中国之衰弱而思有以救之。其所志甚大，固不屑以善诗词名，诗词特其绪余耳，并女史尝对其女友云，吾中国古亦多才女，而惟以吟风弄月消耗其岁月者，盖上无提倡实学之举，故皆以有用之精神耗于无用之地。今国家如提倡女学，将来女界之人才，当必须可观，此所谓时势造英雄也。女史之言如此，闻者莫不钦佩。

这捧得够高了——诗词都是供人消遣的玩意儿、无用之学，吕姑娘可是要实学救国呢——于是轰动效应来了："一时，中外名流投诗辞、鸣钦佩者，纷纷不绝"；"由是京津间闻名来访者踵相接，与督署诸幕僚诗词唱和无虚日"。我能找到的，计有罗刹庵主、铁花馆主、寿椿庐主、摩兜坚室、姜庵词人等。之后吕碧城的父执、著名诗人樊增祥，与樊增祥齐名的易顺鼎，袁世凯的二公子袁克文（寒云）、李鸿章的儿子李经羲，都纷纷加入了吕碧城的粉丝阵营。我们先看看当时与吕碧城唱和的：

寿椿庐主乃清廷外交部驻直交涉特派员徐芷生，他对着吕碧城的《舟过渤海》一口气和了四首：

鱼龙争长扇腥风，谁陷辽民水火中？
渤海茫茫百感集，放怀欲鸣大江东。
一枝彤管挟霜风，独立裙钗百兆中。
巾帼降旗争倒置，焕然异彩放亚东。
女权发达振颓风，力破卮言主馈中。
学界乾坤原一体，迷航从此渡瀛东。
下田歌子此其风，人格巍然女界中。
教育热心开化运，文明初不判西东。

罗刹庵主和了两首：

不学胭脂凝靓妆，一枝彤管挟风霜；
勤王殉国钦戎女，演说平权薄雪娘。
忍视楼船群压海，可怜红泪凄沾裳。
须眉设有如君辈，肯使陵园委虎狼？

铁花馆主是直隶总督袁世凯的幕僚傅增湘（1872—1949），除了做幕僚，他还受袁大总督委托总理天津女学事务。袁世凯重用的人，牛得很，四川江安人，他加上他的大哥二哥，弟兄三个都是光绪进士，"一门三进

士两翰林",世称"江安三傅"。傅增湘亲切接见了吕碧城,"佩其才识明通""志气英敏",赠诗曰:

烽火茫茫大地哀,斗间光气破尘埃。
危言自足惊群梦,逸兴偏来访劫灰。
始信梼笋有名世,第论词寒亦清才。
□桑望海方开旭,好去仙风莫引回。
女权何用问西东,振起千年若破蒙。
独抱沉忧托豪素,自由新籍寄天聪。
机中锦字谁能识?局外残棋尚未终。
载诵君诗发长叹,剑芒森起气豪雄。

吕碧城回曰:

风雨关山杜宇哀,神州回首尽尘埃。
惊闻白祸心先碎,生作红颜志未灰。
忧国漫抛儿女泪,济时端赖栋梁材。
愿君手挽银河水,好把兵戈涤一回。
新诗如戛玉丁东,颁到鸿篇足启蒙。
帷幄运筹劳硕画,木天摘藻见清聪。
光风霁月情何旷,流水高山曲未终。
霖雨苍生期早起,会看造世有英雄。

碧城这诗发表后,又引起新一轮的唱和。林杉为此评论曰:

在众多唱和中有的卑琐文人怕得罪清廷，投机耍滑，而用"阅碧城诗""和铁花馆主韵"，又能在《大公报》发表诗作，又不得罪清廷，这真是机关算尽，一石三鸟，什么便宜都让他占了去。说白了，在那个腐朽的社会里，鱼目混杂、泥沙俱下，各色人物应有尽有。你仔细阅读，可以看到唱和诗词中不同的人物和不同的风景。对于出道不久的吕碧城来说，也许并没有想那么多。

林杉这是明显烦了。但至少，英敛之没烦。《大公报》干脆成了吕碧城和这些人唱和的沙龙了。以至于宫中的女官、慈禧太后的代笔、清朝著名画家缪嘉惠老太太都吃醋了，诗曰：

飞将词坛冠众英，天生宿慧启文明。
绛帷独拥人争羡，到处咸推吕碧城。
雄辩高谈惊四座，峨眉崛起说平权。
会当屈蠖同伸日，我愿迟生五十年。

吃醋的不仅仅是慈禧太后的女官。英敛之夫人，爱新觉罗·淑仲也吃醋了。英敛之5月12日的日记中，居然出现这样的内容：

五点后起，写致时若一函，未得发，烧之。是日感触无限，忧怀闷感，于人情世态更进一层阅历。

时若是英大哥的亲戚。看样子，英大哥的心儿既乱且颤，碧城的到来，如旋风刮起，吹皱一塘池水！

第二天，5月13日的日记中，不但大哥更乱，且大嫂也乱得不行了：

> 五点起，信笔拟填：
>
> 稽首慈云，洗心法水，乞发慈悲一声。秋水伊人，春风香草，悱恻风情惯写，但无限悃款意，总托诗篇泄。
>
> 莫误作浪蝶狂蜂相游冶。叹千载一时，人乎天也。旷世秀群，姿期有德，传闻名下。罗袜琅琅剩愁怀，清泪盈把空一般。
>
> 怨艾颠倒，心猿意马！……内人闲谈近两点，伊欲进京读书。

这则日记很有意思。我能读出来的有：

其一，英大哥心儿乱得，压都压不住！

其二，英大嫂心儿更乱，简直是引狼入室嘛！

其三，英大哥爱才心切，切得英大嫂都肉疼了；但大嫂毕竟是大嫂，贵族，这吃醋与一般人也不相同，至少吃相很好看。她说她要进京读书去——你不是喜欢才女嘛，那么我赶紧进修下，也做个才女给你看！另外，据日后惠如与英大嫂的结盟书可以发现，大嫂无非是"不尚文章"。一句话，大嫂不会写文章，就有严重的危机感了。

5月15日，英大哥的日记中说，碧城原定16日回塘沽——难不成是跟舅父宣告自己有工作了？以碧城的性格，可能性不大。所以，最大的可能是，碧城的舅父知道甥女出奔到天津了，天天和一帮社会上的男士唱和，作为吕家三姑娘的男性监护人，他有理由把甥女叫回家。更严重的是，这个舅父遭人弹劾，官职也要不保了。这也可以是勒令碧城回家的第二个理由。但由于入夜雨不止，英大哥令她作信改期，也就是推迟到17日。

16日晚，大哥与大嫂设晚宴与碧城告别，大哥的日记中这样说："灯下与内人及碧城小酌，暂时惜别，相对黯然。"——这是两人见面的第九天，不知道吕碧城是否能发现英敛之对她压抑不住的情愫？是否能发现大嫂的醋意已影响了人家夫妻的幸福感？

5月18日，碧城才离开一天，大哥就收到了她的信件。碧城有心，函件里还夹了大姐惠如一函，这让英大哥未见惠如就喜欢上了。当天，大哥在日记里记下了这么一笔："接得碧城来函，内附其姊一函，四六文极工妥，颇为出色。"

如果是《英敛之集·下》收录的那篇《致英淑仲夫人书》的话，就是下面这一篇：

> 敬启者：舍妹月前奉谒，承授餐假馆之情，极饱德饮醇之感，加以须眉奖励，肝胆倾推，如此虚怀，难鸣谢悃。比维淑仲仁姊大人履祺百益，福慧双修，以管赵之良俦，遇孟梁之往哲，引瞻吉霭，曷罄颂言。妹七年憔悴，但读离骚，百感萦纡，久焚笔砚。茫茫浊世，畴为爱众之人；踽踽深闺，颇乏合群之乐。喜闻吾姊天晴月朗，侠气云高，潜伸私淑于瓣香，更竭微忱于寸简，敢通素好，或肯青垂。虔请钧安，敬候玉复。

不管写得好不好，应该就是这封信，一举拿下了大哥大嫂！

5月19日，大哥以大嫂的名义回碧城一函。不知道是大嫂不愿意自己的名义被大哥用，还是不愿意看见大哥与小妹这样来往。或者说，大嫂不尚文章，根本不会写。总之5月19日，大哥日记曰："内人连日作字、观书，颇欲发奋力学。"等晚上他回去了，大嫂居然没睡，等他呢："因种种感情，颇悲痛，慰之良久始好。"也不知道大哥怎么安慰的。反正安慰了很久。

其实是大嫂自己引狼入室的，怪不得别人。另外，大哥毕竟是大哥，按一般的说法，大哥发乎情，止乎礼，自己斩断了情愫。按我的判断：

第一，婚姻与一时的爱迷不是一回事，爱迷，它就是某一阵子的眩晕吧，眩晕过后就会恢复正常。

第二，吕碧城初次走出家庭，被这帮男士一捧，云里来雾里去，会更强化她家庭教育缺失的那一面。一句话，她只会更仙。身后这帮男士可以捧她，但是姑娘顶多是踩着他们去采摘自己的云彩，不会在他们面前停驻的。

关于大哥爱迷吕碧城，可查阅《英敛之先生日记遗稿》，从中可以发现，吕碧城和英敛之初识，大哥带她玩的活动主要有：到德义楼吃饭，到日租界"河野照相馆"拍照，去"孟晋书社"购买图书，去"文美斋"文具店买笔墨纸砚，去新铁桥泛舟，参观博物院，游河边花园，带她见方药雨（方若）、傅增湘（润沅）、周学熙（缉之）、高尾亨、毛瑞堂等中外大腕……日常生活中，更是一块儿闲话，一块儿散步，一块儿作字，一块儿唱和，碧城随便弄个文章，大哥赶紧编辑、润色并发表到《大公报》，甚至大哥还教碧城学法语……更关键的是，有细心的学者，居然破案似的，从英敛之日记中掂出"惠如姐"三个字，以此证明，大哥是和碧城一块的。大哥比碧城年长14岁，比"惠如姐"年长8岁。他跟着碧城叫姐，算什么名堂哪。

文化超女一夜爆红

吕碧城的成名之路可谓一夜爆红。

1904年5月8日被英敛之发现。5月10日,《大公报》首发她的《满江红》,5月11日又发《舟过渤海》,引得津京名流一片唱和之声……有些人查阅光绪三十年(1904)、三十一年(1905)的《大公报》,发现吕碧城一直是个热门话题。就连英敛之本人都承认"一时,中外名流投诗词、鸣钦佩者,纷纷不绝",所以缪素筠的"绛帷独拥人争羡,到处咸推吕碧城"和章士钊的"囊淮南三吕,天下知名"都不是诳语。

除了诗词唱和,吕碧城还在《大公报》发表一系列女权解放与女学教育之类的时评,代表作有《论提倡女学之宗旨》(《大公报》1904年5月20日和5月21日)、《敬告中国女同胞文》(《大公报》1904年5月24日)、《兴女权贵有坚忍之志》(《大公报》1904年6月13日)、《教育为立国之本》(《大公报》1904年6月18日)、《天津女学堂创办简章》(《大公报》1904年10月3日)等。

看这些文章名称可以发现,后面一篇发生了变化。前面还是纯时评,后面，已经是身谋其位，先谋其政了。什么原因呢？

很简单，大哥推的。前面说过，吕碧城5月8日得了英敛之的赏识后，5月17日她就回塘沽的舅家了。衣锦还乡也罢，给舅舅扬威也罢，总之舅舅是不同意她这样在外面云里来雾里去的。但是舅舅这次摊上大事了——用她自己的话来讲："京津间闻名来访者踵相接，与督署诸幕僚诗词唱和无虚日。舅闻知，方欲追究，适因事被劾去职。"

舅舅到底遇到什么事？吕碧城没说，但最大的可能，也许是光绪新政，反贪反到她舅舅身上了。这舅舅自身难保，也就没心思去追究外甥女的事了。但吕碧城的去留依然是个问题。

大哥慰安大嫂的第二天，也就是5月20日，吕碧城舅舅的秘书方小洲来了，带来了喜忧参半的消息——喜的是，吕碧城舅舅丢了盐场总管这个黄金饭碗，没心思追究外甥女出奔及跟男人在外面唱唱和和的事了；忧的是，舅舅家指望不上了，吕碧城得南归安徽老家——当然还是她母亲所在的来安外婆家，而不是她父亲在六安所安的家。除了这个消息，英敛之这一天早晚还连接吕碧城两函。中心意思只有一个：要么给我寻个学校读书，要么我回安徽老家，大哥你看着办！

大哥当然有能耐，而且更知道碧城不愿意回那个黑暗的老家。于是他连夜召集股东之一张连璧（少秋）和《大公报》主笔刘孟扬等人商议——刘孟扬是刘清扬的大哥，刘清扬虽然这个时候才11岁，但再等两年就可以惊人了，13岁就参与社会活动，之后更成了周恩来的入党介绍人！

商议没个结果，第二天，也就是5月21日早上，英敛之正跟老婆商量的当口，碧城突然从塘沽赶来，下最后通牒一般告诉大哥："不日即南行，兹特辞行，晚车即当回。"大哥与大嫂当然要挽留了，让她今天先住下，他们再活动下。午后，大哥与大嫂就带着碧城去活动了——找那个翰林出身的、直隶总督府的袁世凯幕僚、后来的直隶提学使傅增湘。没承想老傅不在。晚上,老傅托人来信,说第二天让老婆来接碧城,同往周学熙处商议——估计是老傅觉得活儿沉,所以又找上了"如雷贯耳"的周学熙。

周学熙(1866—1947),字缉之,号止庵,别号定吾,吕碧城的安徽老乡;响当当的大实业家、大资本家、大金融家,人称北方实业巨头,其时正任北洋银圆局总办和直隶工艺总局总办;其父乃李鸿章幕僚出身的北洋元老、大名鼎鼎的政坛大佬周馥,周馥从李鸿章的幕僚到普通的道员,再到署直隶总督兼北洋通商大臣、两江总督、两广总督,那可不是盖的……

老傅原先的意思是,让碧城在周学熙兼任总董的天津著名慈善机构广仁堂里谋个事(周夫人刘氏也在广仁堂开设有女工厂),至不济,进周家的馆中附读也不错嘛。但最后都未成。按我的推断:

第一,碧城这样的大家闺秀,哪能进广仁堂这样的针对贫下中农的女子职业技术学院?那就跟聂圣哲先生的木匠学校类似,里面收编的都是无家可归的贫弱妇孺,学的是识字、缝纫、刺绣、织布、编草帽等谋生技能,碧城这样的仙女儿到那儿不是太委屈了?

第二,周家固然子女众多(周学熙是周馥的四公子,光他自己就三子六女),周学熙固然重视子女教育,家里开设有馆学,但是把一个22岁的大姑娘放人家家馆里,跟人家子女亲密接触,你可能不委屈,但是人家可能不情愿。总之,老傅的预案一个也没成。

一般的说法是,碧城国学根底太深,国内没有学校能教得了她,所以就不读书了。但是我不明白,为什么这些朋友不给她找个出国留学的路子。是朋友们太保守?还是大哥不舍得碧城离开?总之,这帮朋友脑筋急转弯似的想道:既然没有学校能让碧城上,那咱自己能不能办学呢?

能！

所以，前面所谓的傅增湘亲切接见吕碧城就是这一回的事。见过之后，这位比吕碧城年长9岁的大进士、大翰林，对她也是深表佩服，所以才赠诗两首，吕碧城和两首，发到《大公报》，引起了第二轮的唱和高潮。

但是真正的高潮在后面，唱和只是药引子。对傅增湘来讲，由于直隶总督袁世凯这个时候正跟另一个大佬张之洞联手上奏政府，废除科举，并且为响应政府1902年颁布的"壬寅学制"，全国各地都在大搞新学呢，所以，袁世凯要求他办的天津女子学堂，他已筹办一年了。袁公一直催呢。既然吕碧城无处可放，那为什么不让她参与女学的创建呢？正好傅增湘对碧城的初始印象特别好，说她"才赡学博，高轶时辈"，自己夫人又力挺女学，那就办起来呗！

正好有《大公报》这个阵地。从5月20日起，《大公报》开始连篇累牍地刊载吕碧城有关女学与女权的文字（当然诗词唱和也少不了）。5月20日与21日，"论说"栏目连载碧城的《论提倡女学之宗旨》。同时由《大公报》主笔刘孟扬加按语：

> 深宵寂寂，蓦听破晓之钟；苦海茫茫，忽得渡迷之筏。发人猛省，动人感情，其即为碧城女史之论女学乎？

大哥力推的人，兄弟们自然要捧场。碧城是走在了时代前列，但是要说"破晓之钟""渡迷之筏"，就有些过了。在碧城之前，先行者不少了，与碧城同行的，也不少：

第一，鸦片战争结束后，外国传教士就开始在中国办女学了。

第二，在吕碧城10岁的童稚状态时，郑观应就写《女教》一文，介绍了西方国家女学与男学并重的情况，并批评中国朝野上下拘于"无才便是德"之俗谚，女子独不就学、虚縻坐食云云。

第三，吕碧城15岁的时候，梁启超在为中国女学堂（校牌名为女学会书塾，由上海大企业家经元善开办，所以又名经正女学，或经氏女学）起草的《倡设女学堂启》中指出，妇女受教育"上可相夫，下可教子，近可宜家，远可善种"。在《女学会书塾创办章程》中说，设女学可为大开民智张本，必使妇女各得其自由之权，然后风气可开，名实相副。

第四，就在吕碧城从塘沽舅家出走的前一年，金天翮的《女界钟》一书在上海爱国女学发行，这也许才算破晓之钟，因为它首次在中国喊出了"女权万岁"的口号。

如果说以上都是男士，这里再列几个女士。

百日维新期间，具体来讲是1897年，谭嗣同妻子李闰和康广仁妻子黄谨娱就在上海倡办成立了中国女学会，梁启超、郑观应以及经元善等人甚至官方都大力支持，于是她们于1898年创办了中国女学堂，校内所有教职员工全由妇女担任；并创办《女学报》，提倡女学，争取女权。该报主笔30余人全部由妇女担任，其中较著名的有梁启超夫人李蕙仙、康有为长女康同薇、苏报馆主人陈范长女陈撷芬、王春林、卢翠、蒋畹芳、刘纫兰……这些女人除了做主笔，宣扬女学女权与男女平等，有的同时还担任女学校长。比如梁启超第一任夫人李蕙仙除了做主笔，还是女子学堂提调（校长）；陈撷芬也是除了做主笔，还担任上海爱国女校的校长。

总之，考虑到《大公报》的营销目的和英敛之的私人情愫，我们读的时候，尚须自动剔除其中的广告与炒作成分！

不过，吕碧城比上述先行者与同行者运气好。一是时代不同了，义和团运动后，慈禧太后是真心要改革了，而维新期间，太后是三心二意地改革,维新失败后,经元善公开发电报反对太后废黜光绪,遭到通缉,流亡国外,女学也停办;二是个人机遇不同,吕碧城身后有个强大的《大公报》平台,还有英敛之为核心的京津社会名流与政界要人。

可以说,《大公报》这时候就推吕碧城一人了。5月22日的"论说"栏目中刊发《读碧城女史提倡女学之宗旨书后》,是对5月20、21日,《论提倡女学之宗旨》之连载的读后感;5月24日,大公报"论说"又推出吕碧城的《敬告中国女同胞》;5月25日"杂俎"推出《碧城诗一首》;5月27日,"杂俎"推出《碧城词一首》,及两个唱和的,一个是沈祖宪和他的《奉和吕碧城女史感怀原作即希指政"调寄满江红"》,一个是东吴姜盦词人尘稿和他的《法曲献仙音》;5月28、29日,"杂俎"全是《和碧城诗词》;5月31日,"代论"推出碧城的《远征赋有序》;6月13日"论说"推出碧城的《兴女权贵有坚忍之志》;6月18日"论说"推出碧城的《教育为立国之本》……这节奏,波涛汹涌,前浪还没拍到沙滩上,后浪就来了,不出名都不行,著名女子教育家就这样横空出世!

当然,光傅增湘还不够,英敛之还带吕碧城拜见了直隶学校司督办严修(1860—1929)。严修(范孙)可不是一般人:论公,严修曾任贵州学政、学部侍郎,现任直隶学校司督办,这个时候正与张伯苓一起创办了南开大学的前身——私立敬业中学堂,所以人称南开校父;论私,严修跟袁世凯的交情非同一般——如果说老傅是幕僚,是属下的话,那么严修可是友,而且还是老友。所以,严修向袁世凯推荐,由吕碧城协助傅增湘创办女学,老袁同志当然同意了。不但同意,老袁还想提携吕碧城的舅舅严朗轩一把,让她舅舅也来协助办学。她舅舅呢,本来反对外甥女来天津混——5月21日早上碧城从塘沽跑回天津,跟英大哥下达最后通牒式的不日南行、现来辞行的报告,被英大哥拦下来之后,5月24日,大姐惠如就也从塘沽奔过来了，即日就跟英大嫂成了好闺密。估计她是遵舅舅所托前来带碧城回去的，发现带不动，5月27日回塘沽向舅父汇报，汇报完毕，28日，惠如再次赴天津，随后，舅父也赶到了天津，31日，舅父与英敛之谈判，估计这舅父也服了，甥女一进天津，就打进了天津最高层，并且一干人等为了她，马上把创办女学弄成了实际行动。于是向英敛之表态：我家甥女可以留在大公报馆，我不拦她了；还有，以后甥女就拜托您老关照了。

舅舅是同意了——他甚至带了儿子严象贤与儿媳吕惠如移居天津袜子胡同，老袁也厚道；但从另一方面，这却给了舅舅一个意外伤害：你虽然给了他一个饭碗，可是那个时候的舅舅怎么好意思在外甥女手下做事？何况这还是个目中无人的外甥女。所以这舅舅干了一阵子就走了。

关于吕碧城在天津迅速红透半边天的原因，英敛之自己也做过分析：

> 诚以我中国女学废绝已久，间有能披阅书史、从事吟哦者，即目为硕果晨星，群相惊讶。况碧城能辟新理想，思破旧锢蔽，欲拯二万万女同胞，出之幽闭羁绊黑暗地狱，复其完全独立自由人格，与男子相竞争于天演界中。尝谓："自立即所以平权之基，平权之所以强种之本，强种即所以保国，而不致见侵于外人，作永世之奴隶。"嗟乎，世之峨高冠、拖长绅者，尚复未解此，而出之弱龄女子，岂非祥麟威凤不世见者乎？

这话更得打折了，直接五折吧。如前所述，从古至清，中国女性能够"披阅书史、从事吟哦者"也太多了，只是她们没遇到你罢了；至于吕碧城的新理想，我前面所列的那些女人，哪个也不比吕碧城弱。

总之，爱迷眼里出硕果，情痴眼里出晨星。我们局外人不能跟着眩晕，分析下吕碧城一夜爆红的原因：

第一，吕碧城才貌双全。这是自身条件。

第二，吕碧城来到了天津。这是直隶总督袁世凯主政的地盘，袁世凯的北洋新政正红红火火地展开呢。其他不说，单说教育这一块，据学部1907年的统计，袁世凯在直隶计办有：专门学堂12所，实业学堂20所，优级师范学堂3所，初级师范学堂90所，师范传习所5所，中学堂30所，小学堂7391所，女子学堂121所，蒙养院2所……总计8723所，学生16.4万人，人数位居全国第二；学务资产480万两，名列全国第一。这是天津当地小环境。

第三，经历了义和团之殇后，慈禧太后有了切身之痛，她这次真的要改革。如果不是她真的要改革，袁世凯的北洋新政也会大打折扣。这是全国大环境。

第四，吕碧城来到天津，遇到的是英敛之。在对的时间，对的地点，遇上了对的人！这是个人命运！

第五，营销需要。以英大哥为首的《大公报》就跟现在的网络公司一样，吕碧城是他们包装与打造"文化超女"的最佳人选！

第六，帮闲与娱乐。那些与吕碧城唱和的，有的可能是爱慕其才，有的可能是垂涎其色，有的可能是色才俱爱，但更不缺传统社会捧角儿的心理与娱乐。角儿，角色（脚色），来源于中国的伶界与娼界，两界都有捧角儿的风气与传统，更有甚者，角儿之间还有科举似的评比，什么花榜、菊榜，榜之下还分科，什么色、艺、才、情。捧角儿的更是有财的出财，有力的出力，有前台捧、后台捧，文捧、武捧，经济捧、艺术捧，等等，甚至组织化运作，拉帮结社，一呼百应。至于大哥，捧角成名，名角自然是大哥的人，大哥精神物质双丰收，心理特受用吧。

但是，若角儿不愿意做大哥的人呢？那就麻烦了。还有，若大哥还捧其他的角儿呢？那就更麻烦了。

下面，我们看看吕碧城成名后的麻烦吧。

杏坛就这样变成了醋坛

吕碧城迅速地被《大公报》捧成了亮闪闪的"文化超女"。"文化超女"原先凭的是文才。现在，筹办女学堂需要的是干才。

能干不能干呢？

能干！

傅增湘委托英敛之：你带着她们姐妹，见见津门各位要人吧，办起学来也方便。所以最后参与学堂筹办的，除了英敛之、傅增湘与吕家大女吕惠如、三女吕碧城、吕家舅舅严朗轩外，还有一系列大名鼎鼎的人物，随便举几个：杨士骧、梁士诒、唐绍仪、卢木斋、姚石泉、林墨青、工邹隆、方药雨、王铭槐……

杨士骧（1860—1909），碧城的安徽老乡，也是大翰林出身，先是直隶总督兼北洋大臣李鸿章的幕僚，1901年李鸿章死后，袁世凯接任直隶总督兼北洋大臣，他又做了袁的幕僚，他五弟杨士琦还是袁府的幕僚领袖，在袁的提携与保举下，他由直隶通永道，到直隶按察使、江西布政使、山东巡抚，1907年袁进京做外务部尚书兼军机大臣时，杨士骧就接手了直隶总督兼北洋大臣。所以袁杨两家，交情非凡。

唐绍仪（1862—1938），清政府第三批留美幼童，后进入哥伦比亚大学。在朝鲜被袁世凯发现，遂成好友，袁世凯一做直隶总督兼北洋大臣，就给了他一个天津海关道……

梁士诒（1869—1933），祖籍广东，光绪进士，翰林院编修，后来的北洋要人。1903年应袁世凯之聘，任北洋书局总办，也是袁的人。

卢木斋（1856—1948），湖北人，中国著名教育家，自学出身，被李鸿章请到北洋武备学堂担任算学总教习。著名的北洋三杰——段祺瑞、王士珍、冯国璋都算是他的学生。1903年，任直隶学务处督办兼保定关东大学堂监督。

林墨青(1862—1933)，天津盐商大公子，著名教育家，在严修推荐下，任直隶学务处参议，严修公私办学方面的忠诚小伙伴！

方药雨（1869—1955），天津名士，土豪，大腕。

王铭槐（1846—1918），宁波商帮在天津的帮主。

王郅隆（1866—1936），天津大资本家，英敛之卸任后的《大公报》总董，后来皖系的财神爷。

姚石泉（1857—1921），江苏人，光绪年间举人，多面手，做过内阁中书，还做过知县知州；做过山东巡抚李秉衡幕僚、两江总督张之洞幕僚，还做过天津练兵处军政使副使；做过陆军部左丞、右侍郎，还做过弼德院顾问大臣等……

看傅增湘的《藏园居士六十自述》，杨士骧和唐绍仪应该是他亲自领着碧城去拜访的。可见这些大哥简直是在接力捧碧城了。用诸荣会的话，"吕碧城看起来在社会上逆流而上，但其实只是借助着一个又一个男人趁势而上"。总之，没有这些大哥，吕碧城的诸多传奇得打好多折扣！

身后这么多好大哥，女子学堂的筹办当然立马可上了——袁督拨款千元作为开办费，天津海关道唐绍仪允诺每月由筹款局拨款百元，难的，无非是同人之间有关办学性质及人事上的一些分歧而已。比如傅增湘、姚石泉主张官办，甚至办成日本式的贵族学校；而袁世凯、唐绍仪主张民办，并力挺英敛之、吕碧城负责主持。还是那句话，吕碧城这样的仙女并不适合干实业。另外，这种创新性的东西，开办之初会有诸多磨难。就连英大哥都被磨得几次想撒手呢。但是为了碧城，他硬着头皮干了下去。甚至，傅增湘南下一段时间，也被袁世凯"驰书数四，敦迫北返"。终于，1904年8月24日，筹办议事会召开了第一次会议，到会有王铭槐、林墨青、方药雨、姚石泉、严朗轩、傅增湘、英敛之等人。章程、房舍、款项、女教习等，总算有了个眉目。最后举议事员八人，为严修、姚石泉、王铭槐、林墨青、方药雨、英敛之……凑不够八人，所以"拟以张印之充之"。

会议后，英敛之与吕碧城商量制订女子学堂简章，交给各议事员以及被袁世凯任命为学堂监督的吕碧城舅舅严朗轩审定。1904年10月4日，《大公报》刊登署名倡办人吕碧城的《天津女学堂创办简章》，亮明的宗旨是"开导女子普通知识，培植后来师范，普及教育"；开学日期定于10月23日。同时报纸还刊登有创始经理人英敛之、方药雨的启事，称"襄此善举，诚为开通风气，栽培国民之要图"。

快开学了，英敛之夫妇有事了，要南下上海参加三弟的婚礼。大哥是中枢，他这一说走，人事矛盾提前爆出：一是吕碧城舅舅严朗轩辞去监督之职，不干了；二是吕碧城提出如果不承认她为开办人与总教习，她也不干了。英敛之只好把具体事项委托给方药雨、傅增湘：我走了，你俩给兜着点，别出什么岔子才好。据英敛之日记，我们可以看出大哥对吕碧城是多么体贴周到：

> 此次办女学堂，因无着力人帮忙，故事多掣肘；又兼三弟姻事在迩，必须内人同去上海，故愈形忙迫。学校亦有头绪，而严朗轩忽从中辞总办职，他人因皆裹足，而予益复着忙矣。惠如、碧城因予夫妇至沪，惘惘若有所失，因失依倚也，虽经予托方药雨、傅润沅格外照料，亦恐不能及予之周到也。

英敛之离开之后，议事会商定由傅增湘出任监督（校长）一职，吕碧城任总教习，开学日期被推迟到1904年11月7日。

是日下午，天津公立女学堂在河北二马路正式开学，这是中国近代教育史上第一所公立女子学校。在此之前，天津也有女学，但都是家属制度式的私立女学——几个好友联办，只收自己的女娃，教师只用自己的父兄，资金也是好友自凑，在社会上形不成什么气候。现在横空出世的这个，用他们自己在《大公报》宣传的，叫"官绅合办"。这应该是现在中国一度流行的官助民办学校的最早模板了吧。

在开学典礼上，先由董事会董事、学堂监督傅增湘老婆凌女士代表她的丈夫致辞，感谢直隶总督袁世凯、天津海关道唐绍仪的大力支持，感谢捐款诸公的热心相助；后由吕碧城介绍师资和教学计划等。

问题是，学校一开办，人事纠纷又来了。不用说，大家也能猜出来——代行监督职务的傅增湘太太凌女士，跟年轻气盛、目空一切的吕碧城没法合作，辞职不干了。英敛之与傅增湘两位大哥赶紧碰头，碰头的结果，不只两个女人没法共事，咱哥们儿也退出吧，又跟方药雨、张连璧、王铭槐等人商议，大家全部退出董事职务，并且于1905年3月13日在《大公报》刊登广告，声明学校事不再参与，一任吕碧城独自打理。大家一走，吕碧城正式出任由天津公立女学堂改名的北洋女子公学监督。这学校成她一个人的了。所谓的"北洋女学界之哥伦布"也当出于此节。

当然一个人她也兜不好。于是大姐二姐都来了。

先是大姐来了——前面说过,1904年5月24日,吕碧城大姐吕惠如来到天津,英敛之与夫人同时喜欢上了这位大姐。英大哥对惠如夸赞如下:"极端庄浑厚,可敬之主","惠如诗词,缠绵悱恻,怨而不怒,深合古风人之旨;其命意之高,琢句之雅,足征其蕴蓄之所存","颇显一种清贵气象"。英大嫂干脆与大姐一见钟情,从此成为好姐妹,并于7月10日义结金兰——我在《英敛之集·下》中找到了《吕惠如》集,里面收录了惠如的几首诗词、惠如《致英淑仲夫人书》,特别是收录了惠如的《与淑仲二姊订盟书》。

惠如先夸英夫人"丰神散朗大有林下之风,吐属英豪岂仅闺中之秀,虽为巾帼,实胜须眉,不尚文章,自具高超,元理净抛,脂粉独明,澹泊天怀"。后赞两人的情谊"喜形迹之常亲,益交情之无间,互倾肝鬲,各诉遭逢,虽枯菀殊致,境有相悬,何声气尽同,语无不惬,君如秋月鉴毫发而皆清,我似孤云眷山阿而有托"。这情形,不结拜都不行了,而且这结拜与众不同:

指白水以无渝,共青松而不改。倘他日迹睽南北,分陋云泥,毋忘车笠之歌,致坠云霞之谊,庶友朋意气、闺阁风徽,不使古人擅美于前。今夫莺花荟萃之区,裘马联翩之地,岂无东都名媛拾翠相逢,南国佳人题红雅集?片言偶合,即云道契苔岑;一面线通,便欲名书兰籍。珠履金钗之队,相尚浮华;错刀锦段之贻,以申投赠。无何人事迁移,心情冷落,或因穷富而见炎凉,或挟猜嫌而涉怨谤，或事适难处不谅其心，或意有相违辄遭其怒，旧雨散而今雨来，利交兴而义交绝。念其始见之时情深如许，未有不怆然而悲者。如湘与淑仲，双情交映，两意相融，况世态之久谙，叹颓风之莫挽，方期力矫尘俗，共矢贞诚，诵河上之篇，鉴谷风之咏，当不至蹈其陋习，自负生平，而令女界中有曹颜远感旧之诗、广刘孝标绝交之论也。

惠如这段盟书确实写得不错，文采飞扬，且用了诸多典故，特别是最后，所谓的"曹颜远感旧之诗"乃指晋时曹颜远的《感旧诗》："富贵他人合，贫贱亲戚离。廉蔺门易轨，田窦相夺移。"这相当于"富在深山有远亲，穷在闹市无人问"吧。所谓的"广刘孝标绝交之论"，指的是南朝梁刘孝标的《广绝交论》，此论感叹"贤达之素交，历万古而一遇"。所以"素交尽，利交兴"，总其大略，可归为"五术"，即"势交""贿交""谈交""穷交""量交"云云。所以你会发现，惠如这一段盟书，豪气干云，绝对是巾帼不让须眉，不但要做古今素交的模范，还要矫正古今利交的陋俗。她能做到吗？

紧跟着二姐也来了。具体来讲，英大哥10—11月间赴上海参加三弟婚礼，吕美荪专门奔赴上海，与三妹的贵人英大哥嫂接头。这头接得很不容易，英敛之11月25日的日记载曰："午饭后，（朱）致尧处，车送碧城二姐眉生至，予与内人皆喜出望外。言昨由南京至上海，遍寻予等，未得，今日寻于中外日报馆，指向致尧处，始得之。"

可以这样说，大哥大嫂对吕美荪喜欢死了，在上海玩了几天。按美荪的文章，这大哥大嫂还带着她逛了妓院。美荪的《葂丽园随笔》中有一篇《诗妓李苹香　名妓赛金花》，说光绪年间，她二十余岁的时候，天津《大公报》主编英敛之和夫人领着去上海汕头路拜访安徽籍名妓李苹香，她与英大嫂皆着男装。结果被群妓给包围住了："英夫人忽为群妓所围，争拉之。敛之拳足挥拒，始脱众围。斯时，余时惊惶无措，见有血口恶面来牵捉者，亟逃入一小肆，始免于难。盖遭野鸡之拉客也。三人既入苹香书寓，犹笑不可仰。"看来这英哥英嫂真够贵族化的，美荪更不在话下。十余年后，再见苹香，发现人家美人迟暮年老色衰，居然动了纳人家为诗侣的心思。一帮子起哄架秧子的爷们儿马上去李苹香处当说客去了，幸亏人家李苹香没有此等意思，否则美荪比碧城风流多了，以女人之身，纳女妓为侣，当是最早的宣布"出柜"了。而且，她见了人家李苹香的老相好——光绪年间的大状元黄思永的风流大公子黄中慧（字秀伯，当年想纳李苹香，因细故而没有纳成），还跟人戏曰："吾几纳君故宠，险矣哉，鹊巢鸠占也。"对方笑曰："渠恐无此福耳。"

11月30日两口子玩够了，带吕美荪回天津，先是安排住在大公报馆，衣食住行全由大哥包办。当时美荪还是林纾的粉丝，认为这家伙翻译搞得那么好，颜值肯定也高，大哥干脆自掏路费，让美荪跑到北京拜见了偶像林纾！

1905年1月3日，英敛之送吕美荪至北洋女子公学，因吕碧城和吕惠如皆病，次日吕美荪正式代课。至此，吕氏三姐妹全打到北洋女子公学了——如果不是三姐妹互相吃醋斗气，这公学简直可以做到北洋吕氏公学呢。

前面说过，英大嫂见了大姐更欢喜，现在的情况是，英大哥对二姐更欢喜！大家这样凑一起，岂能不产醋？当然吃醋的仅是三妹。前面我说三个女人三坛醋，措意就在此处——大嫂喜欢大姐也就罢了，不碍事；可大哥喜欢二姐，三妹怎么能忍？而英大哥也越来越故意似的就喜欢二姐，却不能忍三妹了。

这一点，我们也可以从英敛之 1905 年 1 月以后的日记中发现：

> 与碧城、眉生略谈学堂情形及办法。碧城毫无定见，未尝出一决断语。……为不快者久之。
>
> 午前眉生来，见之甚快。
>
> 晚饭后，送碧城回学堂，路中略话，甚不合。
>
> 晡，至女学堂，闻碧城诸不通语，甚烦闷。
>
> 予偕美荪照相馆，只得一张，神情颇豪爽，绝似欧洲贵族妇女状，因予为其安置照法也；
>
> 为美荪抄诗。
>
> ……

从 1904 年 5 月结识时的特别喜欢，到 1905 年 1 月美荪一到就开始特别烦，大哥对碧城的兴趣这才维持了几天？

以我的分析，大哥固然可以一时被三妹的才情所迷乱，但男女之间长久的、稳定的情愫，不是靠才情，而是靠性格的。二姐没有私奔天津，否则英敛之打造的文化超女当是二姐，而不是三妹。现在二姐从上海来了，大哥发现，大姐端庄可敬，二姐乖顺可爱，就这个三妹，越瞅越不顺眼了。而三妹失宠了，可能表现得也越来越不堪了。我闺密说，心理学上有个加减原则，就是你对她，只能越来越好，如果你对另一人也好了，那么你对她的好她用减法，你对另一个人的好，她用加法，哪怕你对两人一样好，但在她眼里，却是你变相对另一个人好，对她不好了。这样一加一减，她心理只会越来越不平衡，原先的好，在她那儿，就全兑换成了怨！

老实说，大哥对二姐的这种好，对当初的碧城，也都同样做过，甚至有过之而无不及。比如天天请吃饭，经常给照相，给大嫂买衣服洋汗衫之类的，都是一买两件，大嫂一件，碧城一件，但同样的事不能做给二姐。我们发现，人家大嫂都不吃醋，倒是三妹吃二姐的醋——碧城明显是缺爱，并且性格上，完全是要独吞这种爱的！

需要强调的是，大哥大嫂对吕家三个姑娘，最初都是同样的好，最后却差不多都同样闹别扭。就说当初碧城初回塘沽吧，大哥大嫂差点哭了鼻子。这次，美荪1905年3月9日要南下上海，大哥大嫂又难受得不行。先是未走之前，美荪就一直煽情，不管干什么，就跟大哥强调恐为最后一次矣，以后不知什么时候才能再……大哥一听就想哭鼻子。大哥买了两张上等舱票，他要亲自把二姑娘送到塘沽。上船时，美荪就跟大嫂搂着"相痛哭良久"。第二天，3月10日下午5点，船才到塘沽。可以说未到塘沽前，美荪就又开始煽情了——也是没爹的孩子缺爱，小可怜装的，让大哥难受死了。等真正分手的时候，美荪哭得都说不成话了，搞得大哥也没法下船。劝了半天，姑娘跟没听见似的——这家子人不管是吸纳感情还是发泄感情，都是自顾自地自私。大哥好不容易挣脱下船，急乘车去车站，发现客车已无，想坐个货车吧又没熟人，只好找方小洲住海防府，给大嫂发电报说：明早归——见过这样送人的不？头天晚上一块儿上船，第二天晚上下不了船，误了回家的最后班车，还得在外面住一夜！我看得震惊哈。看日记中大哥是多么喜欢二姐：

> 眉生自予夫妇相遇，性情投契，俨如骨肉，相处百余日，不惟无厌意，而甚恨时日之短促。此次登船故不放心，送之塘沽。

不得不承认，大哥与大嫂真是性情中人。二姑娘回上海，人家亲大姐、亲三妹没一个送的，这俩干哥干嫂，整得事儿事儿的。更事儿的是，大哥刚回天津，大姐又来了。中心意思是：我也要走，我跟老三碧城没法共事！

大哥 3 月 11 日的日记中是这样记载的：

> 早起，小舟送至车站，搭七点车回津；午饭卧良久。晚惠如来，言与碧城口角，不欲再从事学堂矣。

大哥大嫂当然要劝大姐了，加之碧城又写来了谢罪信，于是第二天，大姐又回去上班了。

虽然对碧城已有恶感，但是这并不妨碍大度的大哥大嫂对吕氏三姐妹的继续推重，特别是大哥这个时候正在主编《吕氏三姊妹集》（其中收碧城词 15 首，这是碧城作品最早的印本了），为之写了序跋各一篇，代替夫人题诗一首。跋是忧国忧民的老生常谈，不说也罢；序则把吕家三个姑娘夸成了三朵花，感叹"何天地灵淑之气独钟于吕氏一门乎"？并强调我们两口子能认识这吕家三姐妹，实在是人生荣幸云云；至于题诗，是以老婆的口气代写的，更煽情了：

> 此事最亲惟我辈，得天独厚是君家。
> 苔芩契合神无间，水乳交融谊有加。
> ……

两口子煽情的时候，估计想不到，碧城不但与大哥有绝交的那一天，甚至与二姐闹到至死不相往来的地步！

送走二姑娘后，大哥日记中，很少出现碧城的身影，唯有与大嫂结盟的惠如，出现次数较多。

这样也不至于出什么问题。问题是，二姐1906年7月21日又打回来了，自然要重归北洋女学堂与三妹共事。8月13日，协助三妹办学并担任教习的大姐吕惠如南归上海，离开了吕家姐妹聚集一处的是非之地，之后她要应东三省总督赵尔巽之邀赴奉天女子师范学堂任教。二姐接了她的担子，任北洋女子公学教习兼总教习。

好景不长。8月22日，二姐遭遇车祸。关于这次车祸，二姐有专文记述，名叫《美荪自记三生因果》。

这篇文章透露了很多信息，反映了吕家三姐妹的家教与三观。

其一，为什么美荪说三生因果呢？还是由于她母亲的梦。说来也怪，她母亲每生一个闺女，就做一个梦，梦见这闺女的前生。比如大闺女，她母亲说梦见一个正拨拉算盘的商人。这二闺女出生前呢，她母亲居然梦见两个人，一个是"斯文败类刀笔唆讼之穷秀才"，一个是挎着针线篮子呼喊"谁有汗衣吾为浣之，谁有破袜吾为缝之"的浣衣妇及缝袜子婆。结果这女人一见她母亲，就扑过来了，她母亲就生了美荪。一句话，美荪前两世都不是好人，用她娘的话，"酸丁浣女"。

其二，正因为前两世都不是好人，所以爹娘都不喜欢她，爹甚至说"婢畜之可耳"，结果这孩子从小就淘得不得了，比男孩子还淘，干出了诸多顽劣事故，丫环婆子莫不对她头疼，不但虐待人，还毒虐鸡犬。十二岁的时候，她娘憋不住了，密告她曰：你前两世都不是好人，现在生到我家，比前两世好多了，但是若不改正，再天天损人，恐也不利己，三十岁左右就会穷困而死的。但是美荪并不相信。

其三，美荪十四岁的时候，吕凤岐死了，美荪说母亲对付不了族人，于是她偷偷地给关圣帝君和本城城隍烧了纸，发了毒誓，如果神助她们母女脱离虎口，她愿终身而为女医以养母，并誓庖厨永戒杀生，否则甘受极刑，断首都行。结果不到一年，她们母女就如愿逃到了来安外家。可是到天津就任女学职之后，看的新书多了，张狂开了，给母写信曰：你若再信神佛，回家给你踢翻香炉……结果就受了"天谴"。在北洋女子公学，早上起来就昏昏沉沉的，出校，呼街车，坐上后不说去哪儿。等车夫问了，才答曰大公报，后来就啥也不知道了，再后来，就被电车撞了，左腕腕骨，其一粉碎如尘，又其一中断，与手几微连矣，昏睡七天才醒来。醒后才知道，傅增湘给她申请的公费报销；袁世凯派儿子克文每天来医院探视；袁世凯本人，干脆把未来的皇干儿、时任巡警总办的段芝贵训得跟孙子似的。当然这都不算啥，最重要的是，英大哥心疼死了。

这种心疼首先体现在大哥主持的《大公报》上，居然如此报道曰：

> 我中国女学方在萌芽，女师通品更珍同麟凤，今海内女士求如吕氏三姐妹者未之数觏。而仲氏（即老二美荪）秉性坚强，学识渊博，尤为特出。今痛遭此惨，即谓我中国女学界之不幸也。

二姑娘出了车祸，都成了中国女学界之大不幸。报道一出，居然推成了运动——北洋高等女学堂、北京兴化女校等分别寄函《大公报》，愿联合京津女学界联名上书直隶总督袁世凯，"请严办司机之人及订定善后之法，以伸法律而重女学"。天津各学董也联名上书，搞得更煽情了：

> 自安设电车以来死伤人命之案层见叠出，今复伤害女教员，且系

清芬名门之裔，闺阁中绝无仅有之才，此番数千里航海而来，系因北洋女师范开学，经傅监督（傅润沅）三次电请，始肯就。此教员之席除充女师范学堂教员外，兼充公立女学堂教员又保姆讲习所教员，一人之生死存亡关系百数十人之家庭教育。自女士被伤后，各女生无所师承，同时荒废，当此女学萌芽之始，何堪受此挫折，大生阻力。

直让电车司机情何以堪？幸亏不是人命，否则吃不了——兜也兜不走的——其实不只电车司机，我怀疑直隶总督袁世凯训斥小段的时候，用的当是如下语言：你瞅瞅你们伤着谁啦？她是你们能伤的不？你们伤得起不？

其次体现在英敛之个人对二姑娘的看护方面。

找医生与送往医院的过程，大哥就遭大罪了。当时一听说美荪出车祸了，大哥就乘车急出，先至官医院河北医院，未见；后跑至女医院，这才看见，二小姐哭得泪人似的。大哥急奔出去找苏先生，途中大雨，衣衫尽湿。等把苏先生找了来，日本的平贺医生也到，乃决定让平贺医生治疗，需要把美荪抬回官医院。下面看大哥日记："予路中为托举其右手，折腰而行，腋下汗出如浆，痛极！至医院见毫无条理，焦急甚。"

大哥听说车祸消息是上午11点，从上午11点一直折腾到下午4点，美荪做好了手术，大哥这才携大嫂回家，吃饭，小卧。天黑的时候，大哥又来了，要看美荪。

此后，英大哥频频探视，每天多达两三次，甚至晚上都不回自己家，陪护至天明——亲哥都不带这样的，何况干哥，而且干哥公务繁忙——《大公报》在日租界的新馆落成，大家都要搬迁，包括家属，日记中大哥说："收拾打扫，连日不休。"但即使忙成这样，二姑娘还要求大哥给她拍医院的卧床小照，以资纪念。所以大哥借了天津大土豪、《大公报》大股东王郅隆的马车，邀请了河野照相馆的人到医院给尚不能起坐的二姐拍照。五天后发现照片拍的效果不好，于是又借王大土豪的豪车，邀河野照相馆给重照去——这家的姑娘都不省油啊！

好在二姑娘知道感恩。一年后大哥出版《也是集》，二姑娘作序，把大哥大嫂好好地夸了一通，什么贯通中西、稀世俊才、学问澄渊、品性敦厚、爱国热血、开启民智云云，最后强调若不是大哥，我命休矣："斯时卧疾医院，虽承名医之调治，既断使续；然尤赖英君夫妇之保持护慰，得以生全。"大哥在序后附注，解释了一大堆：大凡墨客文人，著书立说，丐人序跋，非为攀麟附凤，即希标榜赞扬。我这《也是集》当然也脱不了这毛病，但自费出版，也不会是什么畅销书，所以眉生誉扬失当，我也无须汗颜的。唯有没我夫妇，则不得生全，说得有些过了，俺可不敢冒功掠美，俺不过是闻车祸消息后第一个到现场的而已，而且，我内人曾赠诗女史，"君乃得天独厚者，我真此世最亲人"……一句话，友谊万岁，俺们就是友谊而已！

相形之下，不友谊的就是碧城了。大哥的日记中，根本不见碧城去医院。二姐8月22日出事，当天大哥急去官医院寻找二姐，未见，出门的当口，看见碧城一次。大哥日记中第二次出现碧城，则已是9月27日，距离美荪出车祸则已一月零五天了。大哥去得多，每天二至三次，碧城去得少，甚至不去，好不容易碰见，两个人也互相烦。

英大哥9月28日的日记："晚饭后至医院，与碧城数语，觉其虚骄浅薄之状，甚可恶，遂即辞归。"

9月29日："九点后至医院，与眉妹闲话极久，受其和婉之劝勉，心为之大快。伊不愿我与碧城显此冷淡之情状也云云。"

10月27日："至医院，碧城在，觉其虚骄刻薄之态，极可鄙，大不快，漠漠良久，遂出。"

美荪具体什么时候出院的，不确，但是少数的几次碰见，可见大哥对三姑娘已到了不能容忍、不能看见，看见也无话可说的地步！

11月22日的日记，则显示美荪已出院："午前眉生、碧城来，故为浮面酬应语，予未之与谈。"大哥还烦，懒得跟她们说话。

烦的结果，大哥也病了。病了十数日，二姑娘与三姑娘来探视一次。这与大哥对二姑娘的呵护，当然不可比拟。此后的日记中，大哥对这三姐妹也不再提及。不过，三个女人三坛醋：1907年的春节前后，三吕可能都与英大哥生气了。大哥1907年4月的日记载曰：

> 年前眉生、碧城皆极冷漠，惠如由奉天来信，亦大怒，颇有绝交神情。元宵节后，眉生颇从中为劝解，后亦屡来，情款如初。一日，眉生复送玻璃金彩花瓶一对，屡嘱不可再有气怒云云。

想想惠如前面所写的盟书，你会不会觉得很滑稽？看大哥日记，惠如都有绝交的意思了。这不打嘴吗？好在随后不久，二姑娘与大哥暂时恢复情谊了。4月20日，吕家四妹来津。这个妹子没啥事。5月份的时候，大哥与二姐又生气了，生气的缘故，当时二姐突然领来一个朱翰章，5月14日跟大哥说，这是亲戚，领亲戚去玩儿呢。16日，大哥才得知，原来这朱亲戚乃是二姐的丈夫。按道理讲，大哥对自己这么好，终身大事不应该瞒着大哥，都成丈夫了还说是亲戚，也不知这二姑娘怎么想的？按道理讲，二姑娘名花有主，当大哥的应该高兴才是，但是大哥不是，而是给妹夫写了封千字长信，一直写到天明。大哥说他的信，主要是劝赴奉天上任的妹夫带着二姑娘一块走。问题是，一对新人读出不对味来了，从奉天来信指责。大哥7月3日的日记载曰：

　　接眉生一函，疑予前信有意讥刺，作愤怨语，予极愤其不情，不欲与辩。既而思之，不表明此意，则彼永无悟时。灯下书数百言，作冷隽语，绝不俯首，视其动否？

　　看样子，这吕家姑娘的情商、心理都有些问题？
　　有些学者不好意思直指，委婉地指出：难道吕氏姊妹个性似均有些特殊之处？不是特殊，是乖离吧。不过，大姐二姐好歹还是可以挽救之类——大姐见英大哥的时候，就是已婚妇女了，没有恁多事了；四姑娘不嫁人，主要伺候母亲，乖顺早夭，更没事；二姐正跟英大哥热乎的时候，却瞒着大哥与朱翰章闪婚，没把大哥当亲人；相形之下，三姑娘就不行了——吕家大姐惠如由奉天转赴江苏南京任江宁国立女子师范学校校长；美荪在英大哥的劝说下，跟着丈夫赶赴奉天，担任奉天女子师范学堂教务长，兼中日合办女子美术学校教员，中间虽有误会，但不久就冰释前嫌了，之后又有摩擦，又复合好，其他并无大碍；在此前后，吕家四姑娘吕贤满由安徽来京，随碧城住女学——看看这一家棋子走的！但走来走去，这个最烦人的三姑娘始终没有走出英大哥的领地，导致两人一步步交恶，最后走向绝交。继续看英大哥日记：
　　1907年8月11日："昨午后碧城来，因得眉生函，告予以闻外间谤毁事，来探问，并痛哭良久，留晚饭去。"不知道什么闲话，让三姑娘痛哭如斯。
　　是年12月16日英敛之进京，1908年1月5日返津，25日再至汤山，

26 日记："闻予等去后，碧城搜索箱箧，如鼠窃状，可鄙可恶之至！"10 月 7 日记："碧城因《大公报》白话，登有劝女教习不当妖艳招摇一段，疑为讥彼。旋于津报登有驳文，强词夺理，极为可笑。数日后，彼来信，洋洋千言分辩，予乃答书，亦千余言。此后遂不来馆。"——碧城自此与英大哥绝交啦！而英大哥的日记，至此也中断啦！

从 1904 年结识喜欢得不行，到 1908 年绝交讨厌得不行，这难道就是文化超女与幕后推手必然的结局？不过，不只是英大哥讨厌，社会舆论也有表示不能忍的，比如著名的"女教习不当妖艳招摇"之公案——1908 年 10 月 1 日《大公报》刊发一篇署名"耐久"的《师表有亏》，文章是这样说的：

> 女学虽要紧，那充当女学教习的人尤其要紧。不但学问要渊博，而且她品行尤其要端着。
>
> 我近来看着几位当教习的，怎么打扮得那么妖艳呢，招摇过市，不东不西，不中不外，那一种妖艳的样子，叫人看着不耐看。
>
> 不能打扮的不东不西，不中不外，又是什么绸子条缎子条的弄了一头，披松着辫子，满身的香水，这是轻薄的表现，会给反对女学的人以借口。

文章立意也不是恶意，何况即使有恶意也是人家言论自由。但是碧城心虚，一看这文章就认定是指向自己了——就几个女教习，除了自己奇装异服还能有谁？心虚的时候，碧城还心实——马上怀疑是英敛之干的。于是，又是给津报写文章予以反驳，又是给英大哥写信表示抗议……结果，俩人就绝交了。碧城再不去英大哥家，再不给英大哥写信，再不给《大公报》写文章，当然《大公报》也再不报道她了！

依我的认识，英大哥与吕碧城绝交，原因不外是：

第一，性情不合。吕碧城这一辈子，都找不到能跟她性情相合的人，不管是男还是女，都没有。跟亲二姐绝交三十年，更是世上罕见。上海文人郑逸梅著《味镫随笔》，有一则《吕碧城刚愎成性》，说：

> 其姊美荪，亦有诗才，惟不多见，或谓功力在碧城上。姊妹以细故失和。碧城以倦游归来，诸戚友劝之毋乖骨肉，碧城不加可否。固劝之，则曰，不到黄泉毋相见也。时碧城已耽禅悦，空中悬观音大士象，即返身向观音礼拜，诵佛号南无观世音菩萨。戚友知无效，遂罢。其执性刚愎有如此。

碧城后来的男闺密、终身文友费树蔚虽然对碧城一直是"爱之重之"，甚至偏袒之，但心里也知道她性情不合人之常情，所以在给碧城做的《信芳集序》里如此旁敲侧击："世或以偏宕豪侈少之，殊未思君身世难屯，中情激发，非其本色也。亦或妄人轻肆，蛾眉嫉妬，采兰感帨，造作话言，守礼谨严，何须户晓。"前半截，等于是老费也承认碧城"偏宕豪侈"——拆开来这四字的意思有偏激、不羁、土豪、奢侈等诸意，虽然承认，但老费认为，是"身世难屯"导致的。问题是，你身世再难屯，也不能跟人乱发脾气吧，或者说，别人不欠你吧。后半截，老费又往回里圆场了，说，也可能是有些人嫉妒造谣的结果。这就是扯了，没见谁嫉妒过碧城，轮不上，光她们姐妹互相嫉妒就够热闹了，没人跟她们凑这个热闹。

刚愎可能是才女或者说仙女通病，而吕碧城在这方面更严重一些。看她的外国游记，跟外国孩子都搞不好关系，外国孩子调皮一下，她不是告人家家长，就是直接跟孩子打架——有孩子想玩她的镜子，她怕人家跌地上打碎，就死搂着不丢，竟至动手打砸那孩子的头顶，才把镜子夺了回来。我不知道那镜子珍贵到何种地步，但是一想仙女跟个洋孩子如此厮打，却是为了保护自己的小镜子，感觉还是滑稽了些。

这种性情，英大哥能坚持喜欢个一年半载的，也算不易。而且，也就大嫂配大哥，放一般的女人，做不来大嫂的！老两口真是一对璧人，他们是真正的贵族！

第二，三观不合。英大哥是天主教徒，不喜奢华，有限的资源大都用在文化教育、读书办报、公益交友等方面了，平时也教育她们姐妹要朴素要俭约，特别是日记中专门载有劝二姑娘"此后当极检点，朴素"等语，表明大哥对吕家老二老三不检点及性喜张扬奢侈的一面是很有成见的，但吕三姐自述都是扬扬得意的"余素习奢华，挥金甚钜"云云。

第三，吕碧城一辈子都是奇装异服——参加了动物保护协会，居然头上还插几根野鸡毛。还有一张，身披孔雀斗篷额戴抹额，脸有些太老了，衣服和抹额，让我有一些恐惧感。这让我想起，杨绛对张爱玲着装的评议，不过杨绛重在丑人多作怪一面，而我的传主碧城姑娘一点也不丑，妥妥的美女。

道理上讲，穿什么衣服，都是自己的事儿，问题是吕碧城不明白自己当时的身份，公立学校女校长。试想碧城在哥大的校友、后来的国立北京女子师范大学校长杨荫榆，穿那么低调的黑花缎旗袍和钟氏斗篷，还被许广平说成"像一个阴影移来移去"。何况吕碧城那么招摇呢？所以报纸上出现批评或者影射她的文字，也很正常。但是她反应过激，处理失当。

第四，吕碧城的实际形象与《大公报》当初所想树立的形象差距太大。众所周知，吕碧城生前身后流言很多，典型的有"妖艳""招摇""激烈""虚骄"等，但《大公报》拿她当文化超女来树立，却是有自己的定位的，那就是"相夫教子""宜家菁种""国民公母"之类的新型贤妻良母。一句话，再新，还是有底线、有原则、有要求的，但是对于碧城这样的女人，初出道时，就被男人们往知识尤物、坤角名伶的方向捧了，她自己又不擅把持，并且以为女权就是我想怎样就怎样，当然离新型男性、救国保种等视角下的新好女人形象越来越远，或者根本不是一回事儿，所以，她与英敛之及《大公报》的渐行渐远就是必然的了！

第五，出名过早，开花过烂。秦燕春的《青瓷红釉：民国的立爱与钟情》对吕碧城的一夜爆红做了精准的分析："这种过早与过于绚烂的盛开，对于少女吕碧城，实在难说完全是种幸运。无论她本人还是她的周边、包括周边的男性，对此似乎都没有准备充分。"

此话甚是。暴得大名的同时，吕碧城的前半辈子，似乎都更像问题女生一样展开了，问题不断涌现！

与恩师严复也有暧昧？

1943年1月23日,吕碧城病逝于香港东莲觉苑。1942年夏初,她作了《感逝三首》,这应该是她的封笔之作了。总之,临死之前她有意识地怀念的是三个男人:严复,印光大师,袁世凯。

其中第二首是专门感念恩师严复的:

祸水洪荒破太空,伊谁迻译徂西东。
争知饮鸩传天演,犹自伤麟怨道穷。
门仰高风曾立雪,墓埋奇气欲成虹。
惟怜燕许如椽笔,未作仁言溥大同。

诗前并有题记曰:

业师严几道先生学贯中西译述甚富,尤以首译《天演论》著名。然物竞天择之说已祸欧人,若当时专以佛典译饷世界,则其功不在大禹下。惜乎未之为此。而先生晚年有诗云:"辛苦著书成底用,竖儒空白五分头",亦自怨深矣。

看意思,吕碧诚认为《天演论》祸害了欧人且不说,其恩师祸水东流,又让它祸害了我们大中华,中国人看《天演论》,相当于"饮鸩"了。"饮鸩"也罢,碧城居然认为,师父当年应该把中国的佛典译向世界,那师父的功劳就堪比大禹了——本来应该是治祸水的,师父倒好,把祸水弄进来了!

我觉得,师父如此自怨可以,徒儿也认为师父是祸害,就失了徒儿的身份与徒品了——人之将死,其言亦善。这徒儿倒好,生命的终点站,把师父的功业贬到祸水地步了!更要命的是,她自己后半辈子却是"专以佛典译饷世界"的,难道这徒儿是以贬低恩师来抬高自己的?严老师泉下有知,将会何感?

严复(1854—1921),原名宗光,字又陵,后改名复,字几道,福建侯官人,翻译家、教育家、中国第一大启蒙思想家。先后毕业于福建船政学堂和英国皇家海军学院,曾担任过京师大学堂译局总办、上海复旦公学校长、安庆高等师范学堂校长、清朝学部名辞馆总编辑。在李鸿章创办的北洋水师学堂任教期间,培养了中国近代第一批海军人才,并翻译《天演论》、创办《国闻报》。吕碧城是1904年5月打入天津的,严复恰恰在1904年的4月底离开天津,携眷赴沪,给他饯行的正是英敛之。英敛之送走了严复,迎来了碧城,严复和碧城一直碰不上头。可能是英大哥给他推荐过的原因,吕碧城的二姐吕美荪出了车祸后,严复还专门致电探问。总之吕家姐妹当年牛得很——直到1906年10月,严复路过天津,英大哥马上把碧城带到了严复面前。这个时候严复53岁,小吕姑娘24岁。之后两人书信不断，成就一段亦师亦友的忘年交。可以说，之后两人就隔过英大哥，自己交往了，特别是一年之后，严复去北京路过天津的时候，最先知道消息的是碧城，而不是英敛之。碧城告知英大哥，英哥才带着英嫂、碧城去见了严复及严复侄女何纫兰。

又一年，也就是1908年严复与吕碧城频频见面，成就师生关系。先是，严复亲至北洋女子公学，以名学讲授吕碧城，并书"明因读本"四字于课卷，吕碧城遂以明因为字。后是，二人频频互访，赠诗送词，探病访情，到了1909年，严老师已经可以与吕碧城谈论婚姻问题并且亲自做媒了。

严老师对吕碧城这么亲昵，除了对才女的欣赏，对徒儿的挚爱，应该还有另一层关系，那就是两家是拐弯亲戚。严复的好友兼亲家吕增祥（严复长子严伯玉娶了吕增祥次女吕韫玉，吕增祥长子吕伯远娶严复堂侄女严琦为妻，吕增祥的二子吕彦直娶严复二女儿严璆）乃是吕碧城二舅父的大舅子（吕增祥的妹子吕汶嫁于吕碧城二舅父严海帆，乃是碧城的二舅妈）。

吕增祥是光绪举人，从做李鸿章幕僚起步，最高做到知府，不管是做官还是诗词文，都是严复极崇拜的，可惜1901年早逝，所以吕增祥家的事儿，就是严复的事儿，他跟吕增祥家亲着呢。只不过，1908年前后，吕汶与严海帆绝情离异（严海帆彼时做保定县令），带着女儿桂宝独立生活，经严复和杨士骧出面协调，由严海帆担任盐政官的兄长严朗轩，每月提供30两银子的赡养费用（看严复家书，杨士骧甚至动用了自己的直隶总督兼北洋大臣的特权，说严朗轩若不同意出这笔钱，就让单位扣他的工资）。吕碧城和二姐吕美荪虽然寄居在大舅父严朗轩家中，但与二舅妈吕汶交情不浅，吕汶后来去世时，遗诗一卷交给吕美荪保管，女儿桂宝又在碧城所掌北洋女子师范学堂读书——碧城她们对这个吕汶的才华赞赏有加，但看严复家书，反而对吕汶评价不高，说她"貌似有才，其实是极无用，不达事理人"，"自命女豪杰，至惹事临头，又一无主意，如此真可哂也"。看严复的意思，对这位亲家妹如此厌烦，一是因为她把婚姻弄得一塌糊涂，一是好像有个叫李真的军官学堂的学生掂着手枪天天找吕汶迫婚。搞得严复大人这个中人都跟老婆感叹"我命付之于天久矣"！

总之，碧城在严复面前，只能是晚辈的身份：贤侄女。但是以严复的名士风流与碧城的风流放诞，倒构不成两人暧昧的障碍。有人认为，严复没那意思，人家是纯正的师生情；有人认为，严复见了碧城，颇有些老夫聊发少年狂的意思，只不过人家碧城这边没回应。所以两人的亲密交往，于1909年底就断了。

严复喜欢不喜欢碧城呢？喜欢。

第一，1907年，严老师替碧城的《女子教育会章程》撰写序言。随后又代外甥女何纫兰给吕碧城写信，开头就是仰慕得不行：

> 昔岁舅氏至自北方，备述学识之优，品谊之卓，妹神驰左右，匪伊朝夕。

"学识之优，品谊之卓"可以是严复的意思，可是有人引用的时候，非得把"妹"去掉，好像成了严复"神驰左右，匪伊朝夕"了，这不是"寤寐求之。求之不得，寤寐思服……辗转反侧"的2.0版吗？也怪不得大家如此掐头去尾，硬来暧昧，实在这书信是严老师亲笔。诛你一回心也不算冤。

信的后面，就是谈共同的教育理念了：

> 自妹观之，窃谓中国不开民智、进人格，则亦已耳。必欲为根

本之图，舍女学无下手处。……妹每怀此情，而恨同声者寡。近于舅氏处得睹大著《女子教育会章程》，不觉以手加额曰："意在斯乎，意在斯乎？！"

这何尝不是严老师的教育理念呢？

综上，严老师对碧城可谓倾慕，二人也是教育理念方面的知音。

第二，1908年很少写作艳情诗的严复，居然兴致勃勃地给碧城作了首《秋花次吕女士韵》：

秋花趁暖开红紫，海棠著雨娇难起。负将尤物未吟诗，长笑成都浣花里。……君不见洞庭枇杷争晚翠，大雷景物饶秋丽。湖树湖烟赴暝愁，望舒窈窕回斜睇。五陵尘土倾城春，知非空谷无佳人，只怜日月不贷岁，转眼高台亦成废。女环琴渺楚山青，未必春申尚林际。

里面很多代指吕碧城的词语："秋花""枇杷""海棠""尤物""佳人""倾城春"……一个比一个艳。

第三，有关碧城的品性，严复在给何纫兰的信中如是说：

此女实是高雅率真，明达可爱，外间谣诼，皆因此女过于孤高，不放一人在于眼里之故。英敛之、傅润沅所以毁谤之者，亦是因渠不甚佩服此二人也。据我看来，甚是柔婉服善，说话间，除自己剖析之外，亦不肯言人短处。……

碧城心意高傲，举所见男女，无一当其意者。极喜学问，尤爱笔墨，若以现时所就而论，自是难得。但以素乏师承、年纪尚小（二十五岁），故所学皆未成熟。然以比平常士夫，虽四五十亦多不及之者。身体亦弱，不任用功。吾常劝其不必用功，早觅佳对，渠意深不谓然，大有立意不嫁以终其身之意，其可叹也。此人年纪虽少，见解却高，一切尘腐之论不屑唾之，又多裂纲毁常之说，因而受谤不少。初出山，阅历甚浅，时露头角，以此为时论所推，然礼法之士疾之如仇。自秋瑾被害之后，亦如惊弓之鸟矣。现在极有怀谗畏讥之心，而英敛之又往往加以评骘，此其交之所以不终也。即于女界，每初为好友，后为仇敌，此缘其得名大盛、占人面子之故。往往起先议论，听者大以为然，后来反目，则云碧城常作如此不经议论，以诟病之。其处世之苦如此。

两段信，透露的信息太多，也让人感叹：

其一，严复对碧城的偏爱溢于言表，甚至连英敛之、傅增湘这些老友都要踩踩，说什么碧城不服他们。问题是碧城凭什么不服两位恩人呢？没有两位恩人，有她的一夜爆红吗？知遇之恩与感恩这种东西，跟才情之高下有啥关系？就是严复你自己，也是由于碧城服你，而且这服你没发现也是暂时的，才夸她"柔婉服善"的；一年后，也就是1909年一不服你（给碧城当媒人之事），你们不是也不交往了吗？1908年英、傅二人才与碧城绝交，你是1909年底不再有啥来往，你比人家持续的时间还短呢。何况这是给外甥女的信。其实在严复日记里，对碧城的不满还是有的，比如1908年9月4日就记曰："碧城来谒，谈间多自辩之语。"哪里服呢？

其二，碧城不管是交友，还是选男人，都不知道是干吗的。一句话，友谊是靠人品与性情支撑的，婚姻是靠责任与义务支撑的，唯有才，啥也不是。交个朋友，你说我有才；嫁个男人，你说我有才。你说除了才，你还会啥？除非对方也傻，才会以才挑友，以才挑妇。

其三，交情方面，不论男女，碧城都跟人长久不了，而且最后会反目成仇。严复分析原因，不外是才高八斗，盖人风头，还有一个就是出言无忌，侧目而视。严复当然也是远观，而不是近玩。否则他也不接受的。他给太太朱明丽的家书中，直言"妇人浅度量""世间惟妇女最难对付"云云。就是严复的长子严伯玉也特讨厌当时的女性解放，认为她们走得太过了："大骂近时妇女过于出众。"严复甚至感叹，自己的儿子不过遇上好爹好娘，又遇上好媳妇罢了，自然不理解别人的苦衷。理论上，严复认为这不外是旧社会拘束女人太过野蛮，今日一旦决裂往往太过，可以理解，等时间长了，也许就能恢复到恰好状态了。问题是严复自己的女人们，没有一个敢像碧城这样的——严复一生中两妻一妾。前妻王氏早逝，严复纳江氏为妾，之后又娶南京才女朱明丽为继妻。书信中，但见他严令远在上海的妻子"非不得已不要常出门也"，跟在身边的江氏小妾由于父母迷信女儿就是小妾的命，否则不长矣，所以年纪尚幼就把她给了严复，但随着生活及年龄的增长，她发现小妾就是不好，有时候甚至冒出出走的念头，严复勒令，你是俺严家的小妾，走不走你都得按我安排来，否则俺就不客气，以后生活费都不给你，你生的孩子也不归你，你看着办吧。结果那小妾就委委屈屈地留了下来。就是子女，他也是仅让儿子们出国留学，至于女儿们，还是保守些好，长女的未婚夫要求长女出国留学才结婚，否则退婚，而严复宁愿退婚，也不让长女出国，导致其长女终身未嫁，最后走向了自杀——总之，严复与长子的区别仅在于，伯玉由彼及己，由己及彼，认为女人解放走得太远，太可怕了；而严复是彼己两分，我家女人不能解放，但别家女人可随便解放！不碍事的。

与严复交往期间，碧城受到了两次惊吓。

一是曾经拜访过她、与她有同居之谊、有信件来往的秋瑾出事，于1907年7月15日在绍兴轩亭口被处死了。虽然直隶总督袁世凯及其在法部做员外郎的二公子袁克文（1890—1931）联手保护了她，但秋瑾惨烈的生命结局对她毕竟构成了重创。

随后的宫廷内斗中，袁世凯暂时折翼——1907年8月24日，慈禧太后召袁世凯入京觐见。30日，袁世凯到京。太后赏假、赐食、召见。9月4日，下令免去其直隶总督兼北洋大臣职务，调任外务部尚书兼军机大臣。不过，不管是直督旧职，还是中央新职，袁世凯对碧城的保护能力都绰绰有余，只不过大恩人得去北京上班罢了。

二是大恩人袁世凯也出事了。1908年11月，随着光绪帝和慈禧太后相继驾崩，清朝进入了宣统时代。1909年1月2日小宣统父亲、摄政王载沣借足疾为由把袁世凯开缺回籍了。这又吓了吕碧城一跳，刚抱上一棵最粗的大树，怎么又要倒？

吕碧城病了。她想离开天津了。去哪里好呢？她想到了公费游学美国。她请严复老师去向时任直隶总督的端方打通关节，但严复老师一是要到北京就任学部的名辞馆总编辑，二是觉得碧城英文不通没法开口。吕碧城给远在奉天的二姐写信诉苦。二姐不放心，从奉天跑到天津探视，并且跑到严复寓所求严老师给碧城打通官费出国游学的路子，无奈就连端方也不做直隶总督了，被调往两湖。所以碧城出国游学的事，未成。

与此同时，严复日记中对碧城的担心更深，1909年6月13日记曰："下午，吕碧城来视，谈极久。此儿不嫁，恐不寿也。"

为了让自己的女弟子活得久些，他有意给她做媒了：胡惟德！胡惟德

（1863—1933）可不是个简单的人，浙江吴兴人。清政府时期做英法公使随员、驻俄使馆参赞、使俄钦差大臣、使日钦差大臣、外务部大臣、外交部次长；北洋时期又历任驻法公使兼驻西班牙葡萄牙公使、驻法国公使、驻日公使、外交总长兼关税特别会议全权代表、内务总长、平政院院长等。总之，连顾维钧都称胡惟德为"中国外交界老前辈"，"具绅士风度式的外交家和学者"。所以，把碧城许给胡惟德，绝对辱没不了碧城。

胡惟德的原配夫人郑夫人，应该是 1907 年或者之前去世的。因为驻荷兰公使钱恂的太太单士厘在和夫君钱恂赴任荷兰后的 1907 年的年初给小叔子钱玄同的信中说，别来半载，始抵荷兰，"自新加坡至马赛恰走了一个足月，幸不晕船，惟地中海有二日晃摇不能食，然上岸后即精神健爽矣。到马赛闻胡馨吾夫人谢世。我国上流妇女有才德无积习惟此一人，不胜痛惜。遂不复游览，即日启行，第二日到法都……"

听说胡夫人死了，单士厘都没了游览的兴趣，可见胡夫人在她心目中的分量。除此之外，单士厘这个中国新时期的闺秀提倡者及践行者，可是把胡惟德的原配夫人当闺秀懿范了，据说这胡夫人不仅通晓英法等语言，"能应酬交际场中"，在单士厘笔下，还是"不随俗，不易外国装饰，亦不狃于旧习，举止端丽，周旋适当，欧洲仕女莫不爱重之"呢。

胡惟德彼时做的是驻日本钦差大臣。由于没了夫人，便托傅增湘给自己说合吕碧城——关于这事，直到今天还是两种不同的说法。一说胡惟德颇属意吕碧城，托人向吕碧城提婚遭吕拒绝；一说别人向胡惟德提婚，遭胡惟德拒绝，后胡与一美国女学生订婚。我觉得这两种都不太完整，看我的分析。

严复 11 月 4 日给妻子朱明丽信中是如此说的：

  碧城近益多病，闻日本钦差胡惟德断弦，有意与伊结婚，昨晤直隶傅提学谈及，不识能成议否？渠苦托我向端午桥要求前往美国游学，但一字英文不识，奈何！吾尚未向前途开口。

  严复日记中，也有线索。11月12日记曰："胡仲巽来，言其兄不要碧城。"11月14日记曰："接胡电，已闻仲巽言。"

  胡仲巽，驻日本公使的胡惟德家的老二胡惟贤。第一则日记，胡老二向严复转告曰：俺哥不要吕碧城；第二则日记，胡惟德又亲自打电话，估计还是不要吕碧城的意思，所以严复日记中才会出现一个"已闻仲巽言"。

  所以这里我有深刻的理由怀疑，傅增湘在中间加言了，我猜测胡惟德跟傅增湘打听过吕碧城，甚至要求替他做媒，但傅及夫人都跟吕碧城不能相容，为了免得祸水流到人家家里，可能暗示过对方：这女人不能要，不是省油的灯，你还是另择贤妇吧。否则胡家老二不会这么直白地说俺哥不要吕碧城的。

  正因为如此，11月26日严复给妻子朱明丽的信件才会这样说：

  吕碧城亲事已作罢论，渠曾来京一次看我，闻刻病在天津，颇重也。……胡惟德有信于我，汝何把他先拆，又不将原函寄来，是何道理？

12月9日，严复给妻子朱明丽信中云：

  胡惟德信事，系我错怪。此事早作罢论，据胡老二言，乃其兄已与一美国女学生定亲，不知信否？碧城虽经母姊相劝，然亦无意，但闻近在天津害病颇重。其二姊眉生曾来寓告我，并求我为碧城谋出洋。北洋现已换人，不知做得到否？

这信里有好几个信息：

其一，胡老二说他哥跟一个美国女学生定亲了，严复居然不相信！说明什么？说明他感觉到这哥儿俩后悔了，有些躲着吕碧城，生怕吕碧城这边同意了，自己没法再说不呢。

其二，幸好人家吕姑娘也不同意，特别是人家母亲和姐姐都劝了，但姑娘还是看不上这姓胡的，这样也好。

其三，碧城出国的事，严复做不到——既然做不到，俩人的交情到这年底，也就消失不见了。

按碧城之后的发展，实在是碧城太傻了：

第一，想出国也太容易了，嫁给胡惟德呗，什么公费留学、私费游学的，你以后全是公费的公使夫人啦。

第二，你嫁了人家，人家的才华与素养自是辱没不了你，但是，能不能如人家第一任夫人郑夫人那么如意，那么在社会上和外交界深得推重，还不一定。

第三，就是这个单士厘（1858—1945），也可以跟碧城比画两下。她比碧城年长一代，但去世却在碧城后面。两人可比处还不少：一者，单士厘的老公钱恂，既是胡惟德的浙江老乡，还是外交界比胡年长十岁的前辈（1853—1927）。二者，单士厘本人也是钱恂的续弦，但这续弦弦品可好了，钱恂临终前"太太、太太"地拉住了单士厘，被他同父异母的弟弟钱玄同描述为："这样叫，真令人酸鼻。"再者，单士厘小脚伴随夫君走天下，实践上确实像个新女性，但实质上，她一直倡导的是传统的中国闺秀风范，也就是碧城仰慕的梁启超给新时期女性所框定的："上可相夫，下可教子，近可宜家，远可善种。妇道既昌，千室良善，岂不然哉！"碧城当然不愿意给人做续弦，可是，单士厘不但做了续弦，甚至，钱恂同志还往家里纳了一日籍小妾呢，名朝日，这两口子走到哪里，这小妾也跟到哪里。单士厘的旅行日记中出现过"朝日婢"，就是钱玄同的日记中也出现过"兄妾朝日"……你看看人家这闺风。所以碧城望尘莫及。一句话，即使碧城愿嫁胡惟德，也不一定合格；就是碧城仰慕的梁启超，先看看梁任公家里的那一妻一妾，再看看梁任公对新时期女性的框定，就可以判定，碧城实在是没得嫁的。她看着哪个男人都不合格，可她眼中的合格男人看她更不合格！英雄与英雌互不相就。英雄只愿意找个服他的小女人，可英雌却不屑于找服她的小男人。英雄与美女贤妇，如鱼得水，英雌与英雄人杰，一体双性，只能干瘪岸上自娱娱己了！

与秋瑾道不同不相为谋

1904年文化超女吕碧城在天津一夜成名之时,秋瑾携了丈夫王子芳前来拜见,在天津玩了四天(6月10日至6月13日),第一晚还与吕碧城同处一屋。

李保民先生想当然地评曰:"两人一见如故,同榻共寝,亲密无间";"两人此番会晤相处不足四天,却一见如故,情同姐妹。秋瑾密劝碧城同渡扶桑,为革命运动,碧城应允任文字之役,遥相呼应"。

其实远不是这么回事,两个人没有处出亲密的友谊,而是严重地道不同不相为谋,以后你走你的阳关道我走我的独木桥。一夜的相处,也无非是名人雅士之间的客气与恳谈而已。据我的分析,原因不外如下:

第一,秋瑾着了男装来的,吓了吕碧城一跳,使她感到严重不适。

第二,第二天早上起来,吕碧城首先看到床下一双男靴,又吓一跳,同时发现秋瑾正趴在桌上往脸上抹粉呢,这不男不女的,更不适。

第三,秋瑾邀碧城同去日本留学,碧城这会儿正处于天津被捧得晕乎境地,她才不去呢,岂止不去日本,秋瑾约碧城、傅增湘一同上北京玩儿,碧城都不干，英敛之大哥也不干。碧城说，也有朋友劝她入都，"有'争名于朝，争利于市'之语"，但是碧城的朝市，这会儿都在天津与女学，所以她选择了留下。最后秋瑾是跟傅增湘一块儿走的。

第四，两个人三观大大地不同：一个革命反满，一个立宪改良。一个做梦都想变性为男人，一个认为男有男美，女有女俏，干吗非得把自己弄得不伦不类？一个完全政治化，弄不清人生几何，一个中西合璧，要的就是享受生活。一个是上天入地，一定要胜过男人，并希望扬名立万的女汉子，一个认为男人言必系苍生，思不离廊庙，尚嫌矫揉造作，何况妇人。女人爱美而富情感，性秉坤灵，何苦羡慕阳德？若深自讳匿，那不是女权女尊，那是女卑女辱……总之，道不同不相为谋，两个人乃是两条道上的跑车，偶然相遇后，却是永远的分道扬镳——互相看不惯！

第五，秋瑾之前常以"碧城"为号，发现天津这个碧城后，马上让出，让吕碧城专美，但后者不无得意地对外炫耀，那个碧城一看才华不如这个，才出让的，所以事后两人顶多有两封不咸不淡的信，并没有成为好友，而且才女之间惺惺相惜的诗词唱和也没有——也许是交情不够，也许是，才女们心底互相并不服吧？特别是碧城这面，以碧城的理论度之，秋瑾的所作所为，恰恰都是碧城最看不惯的女卑女辱之类，甚至女着男装之癖好，都被碧城一棍子打死："古今中外不乏弃笄而弁以男装自豪者，使此辈而为诗词，必不能写性情之真，可断言矣。"秋瑾泉下有知，何感？碧城这不明明指着秋瑾骂不男不女嘛。什么"身不得，男儿列；心却比，男儿烈。算平生肝胆，因人常热。俗子胸襟谁识我"？人家仙女瞧你不起哩！

第六，1906年底，秋瑾在上海筹办《中国女报》，约吕碧城写稿——吕碧城后来回忆，她曾为秋瑾创办的《女报》撰写了发刊词，不过后人查1907年1月的《中国女报》创刊号，发刊词的署名却是"秋瑾"。看来，不是吕碧城记错了，就是秋瑾换上了自己的名，吕碧城给秋瑾当枪手的。同时《女报》载吕碧城一篇《女子宜急结团体论》。这是俩人后来仅有的交情。当然，如果你觉得不够，还可以再加上一次——1916 年，碧城与文友费树蔚结伴游杭州及浙江诸山，其间路过了杭州西湖西泠桥畔的秋瑾墓。留下一首《西泠过秋女侠祠次寒云韵》：

松篁交籁和鸣泉，合向仙源泛舸眠。
负郭有山皆见寺，绕堤无水不生莲。
残钟断鼓今何世，翠羽明珰又一天。
尘劫未销惭后死，俊游愁过墓门前。

"惭后死"等语，也是客气话。还是那句话，道不同，不相为谋。对于碧城来讲，女儿家家的，玩什么革命。她的价值诉求，只有自我的放飞——身体的放飞，心灵的放飞，性格的放飞。对她来讲，不管是革命的诉求，革命的手腕，革命的组织，革命的过程，还是革命本身，都是另一种奴役。姐才不跟你们玩那游戏呢，幼稚！

1907 年 7 月，徐锡麟在安庆起义失败，其弟徐伟的供词牵连秋瑾，秋瑾能跑不跑（男版谭嗣同，都是能跑不跑的主儿），并且开枪拒捕，也算求仁得仁，于 7 月 15 日在绍兴轩亭口被处死。时年 33 岁。这对于 25 岁的吕碧城来讲，惊吓不少。一是秋瑾的生命居然可以如此终结！二是与秋瑾的书信交往可能牵连到她！

有些人为了美化吕碧城，说秋瑾遇难后，无人敢为其收尸，中国报馆"皆失声"，吕碧城与秋瑾生前另一好友吴芝瑛设法将其遗体偷出掩埋，后又迁葬杭州西湖西泠桥畔云云。

开国际玩笑，吕碧城与秋瑾哪有这么过命的交情？吕碧城为人又哪有这大气与豪气？

真实的情况是，秋瑾被处死后，不管夫家还是婆家都不敢前来收尸，吓都要吓死了——秋瑾丈夫与秋瑾老公公都是被吓死的。出面的是绍兴公益机构同善局，将秋瑾草葬于绍兴府外卧龙山麓；两个月后绍兴知府贵福下台，秋瑾兄长秋誉章秘密雇人将秋瑾的遗体挖出放入棺木，迁往绍兴常禧门外的严家潭殡舍暂厝。殡舍主人得知这是秋瑾的棺木后，便令秋誉章赶紧迁走。秋誉章乃将棺木移至大校场旁，用草扇遮蔽。秋瑾结拜姐妹徐自华、吴芝瑛倒是一直在秘密行动，因为这姐俩发誓要遵秋瑾遗愿，筑石葬于西湖西泠桥畔。她们先在西湖买地，后赴绍兴秋家商议，终于1908年2月将秋瑾葬于杭州西泠桥西侧，墓碑上写了"山阴女士秋瑾之墓"，但两个盟姐感觉不符秋瑾气魄，于是重刻一块"呜呼鉴湖女侠秋瑾之墓"。10月，清廷御史上折揭发，堂堂的西湖美景居然置有女匪墓，太煞风景了，请平之，并惩办吴、徐二人，政府责浙抚查照办理。她们不服，吴芝瑛甚至发电给两江总督端方，声言自己活都不怕，还怕死吗："彭越头下，尚有哭人；李固尸身，犹闻收葬。"总之，对照历史上的吊客，你们能不能有些风度？结果还真把政府骂出些风度来，不再惩办经办人，仅令秋墓迁葬。12月，秋家人将棺木再次迁回绍兴城外严家潭。1909年秋，秋瑾夫家出面，将秋瑾迁到湖南湘潭昭山，与其夫王子芳合葬——秋瑾确实吓死了丈夫，夫家也仗义，虽然宣布与秋瑾脱离关系，但最后还是把他们合葬了。只是秋瑾会觉得憋屈，明明发誓以后出了大名不让丈夫沾光的，这次却好，死了还得躺在他身边。好在革命成功之后，革命政府与同志成全了她——1912年夏天，湖南籍同盟会员把秋瑾迁葬湖南长沙岳麓山，意思很简单，秋瑾是俺湖南的媳妇儿，湖南的骄傲。但是秋瑾的娘家——浙江的同盟会不愿意了，特别是秋瑾的盟姐徐自华 1908 年就发起成立了秋社，自任社长，除了每年纪念秋瑾，还想把秋瑾归葬杭州西湖西泠桥西侧原葬处。双方为此吵架，最后秋社胜利了。1913 年，西湖的秋瑾新墓落成，墓碑上的"鉴湖女侠之墓"由浙江都督朱瑞题写。除此之外，徐自华的秋社还在秋瑾墓旁建立了鉴湖女侠祠。这下可以安生了吧？不成，1965 年，西湖上破旧立新、清理墓葬，把秋瑾墓也破了，改迁杭州西湖鸡笼山。在周恩来干涉下，不久由杭州鸡笼山又迁回西泠桥原葬处。1966 年"文革"发生，墓被拆除，遗骸再葬于杭州鸡笼山，直到 1981 年才又归葬于西湖原处！

秋瑾泉下有知，不知何感？

如果说秋瑾是激进主义者，那么碧城就是保守主义者，而且还是那种很坚定的保守主义者，不像刘师培那样，初出道时是保守主义者，一遇章太炎，马上被感染为激进主义者，最后又复归为保守主义者。所以，碧城之于秋瑾，道不同不相为谋，始终是确定的。

来自袁世凯、袁克文父子的呵护

1904年碧城在天津一夜爆红,背后少不了袁世凯的支持。一般的说法,都认为吕碧城与袁二公子克文交好,大错特错矣,首先是袁世凯与碧城姑娘交好。就连袁二公子的《辛丙秘苑》里都有这样一句话:

> 吕璧城女士与(吾)家有世谊,时相过从。

世谊就是世交。所以至少辈分上要自克文往上延伸一代,那当然就是袁世凯了。所以,碧城是袁世凯的小伙伴,而克文只能是碧城的小伙伴,至如"时相过从",更让人浮想联翩了。

下面我们看看袁世凯是如何支持碧城的。

第一,支持她办学,办学首先缺的是钱,袁督拨款千元作为开办费。在袁世凯带动之下,天津海关道唐绍仪允诺每月由筹款局拨款百元。你可不要小看这两笔款子。碧城的女学虽然叫公学,但并不是现在所谓的公办,而是针对私塾、私家学校而言,仅是对社会公开招生。确切地说,它是公助民办，按现在的概念，恰恰叫私立学校。

私立学校首先会遇到经费问题。与碧城同年办学的，有个杭州旗城女学校，创办者乃旗人小寡妇惠兴，杭州都统又是私人捐助，又是拨公款，其他旗官也是十元二十元地捐，最后只得了三百元。比袁世凯一人千元差了十万八千里。除此之外，惠兴还没有长期经费，而碧城则有唐绍仪的每月百元，又是天上地下。更要命的是，惠兴这三百元来之不易，是她当着众人割了臂上一块肉才挣来的。一年之后，惠兴就自杀了。自杀的目的就是尸谏——我都死了，你们还不捐款吗？相形之下，碧城这边就幸福死了，姑娘何时考虑过经费问题？背后这么多成功人士，以袁世凯为首，撑着钱袋子支持她呢！

第二，支持她的办学理念。当时傅增湘、姚石泉主张官办，甚至办成日本式的贵族学校；而袁世凯、唐绍仪主张民办，并力挺英敛之及吕碧城负责主持，甚至连吕碧城的舅舅严朗轩都给提了过来！

第三，支持碧城做总教习甚至校长。澄彻居士的《吕碧城居士传略》里说："有友介谒袁项城，一见激赏，令充北洋女子公学总教习，俄而升任监督。"

看这意思，碧城1904年当北洋女子公学总教习，1906年当校长（本年春天学校增设师范科，择资质优秀者入师范就读），都是袁世凯的意思。袁世凯作为直隶总督兼北洋大臣，还是整个大清督抚交椅中的第一把，甚至不止如此——美国学者麦金诺业说："不管是在北京还是在天津，袁世凯要比清王朝的任何一个地方总督的政治势力都强大。"1906年12月22日的《大公报》，公开点明袁世凯是大清的第二政府："今年来兴学、练兵、整饬吏治，各省之中直隶为第一，而练兵处、政务处之实权，亦不在北京而在天津，此第二政府之说所由来也。"

第四，1906年吕碧城二姐吕美荪出了车祸，袁世凯把自己的干儿子、巡警总办段芝贵训得跟孙子似的，并派克文前去探视慰安。

第五，1907年7月秋瑾出事后，虽然吕碧城没有参与秋瑾安葬事宜，但之前与秋瑾有旧，上面自然会调查一下。其时，比吕碧城小七岁的小鲜肉、直隶总督袁世凯二公子袁克文在法部做员外郎，看到浙江巡抚衙门报来的秋瑾朋友圈，有自己父亲辖区内的吕碧城，于是赶紧提前告知父亲。等法部公文送到，袁世凯就发脾气了：我请来的办学人才，能有什么问题？你们说她与秋瑾有书信有往来，那我与她还有书信有往来呢，回去告诉你们尚书，要抓连我一起抓！

袁世凯是谁？前面说了，清政府的第二政府，而且这第二政府不是白来的。八国联军乱中华之时，清政府出现四根擎天柱——两江总督刘坤一、湖广总督张之洞、两广总督李鸿章、山东巡抚袁世凯，这袁哥乃是其中最年轻力壮的，其他老的老，衰的衰，李鸿章1901年死，刘坤一1902年死，张之洞挺到了1909年，唯有袁世凯，不但接了直隶总督兼北洋大臣的座椅，而且正以北洋新政为龙头，以第二政府的姿态，试图引领整个大中华区走向宪政，所以法部对吕碧城的调查也只好不了了之。

话说回来，秋瑾案对于吕碧城来讲，她虽吓得不轻，但由此却有了走进袁府面谢袁世凯的机会，并且在面谢之时，认识了袁家二公子、翩翩少年郎袁克文。所以说，那边与英敛之、傅增湘绝交，这边却与袁家父子直接接触，丢了芝麻，捡了西瓜，不赔净赚。

中间袁世凯出了一回事——1907年9月4日，慈禧太后下令免去他直隶总督兼北洋大臣职务，调任外务部尚书兼军机大臣。1908年11月，随着光绪帝和慈禧太后相继驾崩，清朝进入了宣统时代。1909年1月2日小宣统父亲、摄政王载沣借足疾为由把袁世凯开缺回籍了，这又吓了吕碧城一跳。

6月,碧城访严复,严复开始为碧城愁不嫁。7月,碧城培养的第一届师范生行毕业礼,"历时七学期,学生十人毕业"!秋天,碧城生病了,同时,冒出一个所谓的胡惟德求婚来。

本年,碧城开始图谋公费出国游学的事儿。但是严复老师没有办到——"严复有感于碧城未精英文,又当北洋换人之际,爱莫能助"。年底,碧城与严复老师不再交往。与此同时,发现袁世凯回安阳钓鱼,也没见政府烧锅烹煮,所以吕碧城渐渐恢复了。

1910年夏天,她去北戴河游玩(次年发表《北戴河游记》)。冬天,民间立宪大请愿也波及了她执掌的北洋女子公学,但并不妨事,她与常驻津沽的外交部特派直隶交涉员徐沅唱和一首《烛影摇魂》:

絮影萍痕,海天芳信吹来遍。野鸥无计避春风,也被新愁染。早又黄昏时渐,意惺忪,低回倦眼。问谁系住,柳外骄阳,些儿光线?

一霎韶华,可怜颠倒闲莺燕。重重帝纲春去,花缀灵台满。底说人界天远?忏三生,芷愁兰怨。销形作骨,铄骨成尘,更因风散。

有人把它解读为吕碧城先知先觉,山雨欲来风满楼,感觉出旧王朝要倒了。我怎么觉得乃是闲愁闺怨呢?

1911年秋天,武昌起义了。博弈的结果,袁世凯出山,按革命党设计的图纸,走向共和。

1912年,清室逊位,中华民国诞生。孙中山在临时总统的位置上坐了几天,就不得不转让给袁大总统。袁世凯居然成了大总统,这对吕碧城来

来自袁世凯、袁克文父子的呵护

讲，只能是喜上加喜！方豪《英敛之笔下的吕碧城四姊妹》中说："袁世凯也以国士礼之。"

国士，这是最高待遇了。虽然国士的含义很多，但是，一般来讲，才、德、学超于一国之上，才配称国士。而且古代知识分子最讲究那套，君以国士待我，我必以国士报之。所以，这是个了不起的、要命的待遇。虽然吕碧城之后并未报过袁君，更别谈什么以国士报之，但是，袁君对得起她就成。

所以，虽然北洋女子公学于辛亥革命后即归入了北洋女子师范学堂，但革命成功后袁世凯很快请吕碧城做了总统府咨议——其实碧城自进入1911年就想辞职了，不好意思辞，就请了六个月的病假，直到8月才辞成，所以北洋女子公学归入北洋女子师范学堂，对于她也是一种解脱。袁政府成立之初，聘请了一些外交、法律、军事等方面的顾问，他们都是中外专才。比如澳大利亚出生的苏格兰人、《泰晤士报》曾经的驻华首席记者莫理循，和辞了北京大学校长之职的严复。但是除了这些专才，袁世凯还高薪养了很多女秘书、女顾问之类。比如吕碧城就是咨议，咨议，就是咨和议的意思吧，就是我闲了可以咨咨你，你闲了可以自己议议。

有人认为，老袁弄些女秘书、女顾问，主要是安置同盟会那些老资格的女会员，比如唐群英、沈佩贞，把她们收拢笼中，免得"牝鸡司晨"，天天叫喊参政、议政、女权等等。

还有人认为，老袁是养女门客呢，鸡鸣狗盗都收，比如刘禺生的《世载堂杂忆》中，有一篇《洪宪女臣》，说洪宪帝制议起，袁世凯手下活动的女人有三派：一派是运动派，典型代表是安静生，主要搞女子参政——设中国妇女请愿会，认为请袁大总统当皇帝不光是你们男人的心愿，还有我们二万万女人呢，自署名"女臣安静生"。一派是流浪派，典型代表是沈佩贞,她不但自称"大总统门牛",还拜袁大总统两大亲信步军统领江朝宗为干爹、袁世凯的干儿子段芝贵为干叔——估计是没法弄俩干爹的缘故,只好弄个干叔了。最后一派是高尚派,典型代表就是吕碧城了,按刘禺生的说法:"其从者多名门能文女子,绝不与时髦女子往还,袁尝誉为可作女子模范,常出入袁家。"另外,刘成禺在《洪宪叙事诗本事簿注》中对吕碧城也是好评:"学位门第较高,为项城咨议。所领女徒党,别张才女之帜,在风度,不在服装也。"

一句话,吕碧城乃袁府女秘书中的高尚派,走的是才女路线。不管啥路线吧,总之都是吃干饭拿高薪的意思。用我师兄张耀杰的意见,她也没什么政治才干,只不过"充当着挂名性质的政治花瓶"。

薪到底高到什么状态,吕碧城和袁世凯没说,所以我们只能参照严复的薪水。严复1912年9月被袁世凯聘为总统府顾问,每月津贴800元。1914年7月1日,袁世凯裁撤总统府顾问及咨议共47人,并减发留任顾问薪金,从此严复成了一个挂名顾问,给朋友的信中发牢骚说:"外交顾问挂名久矣,然以无事见顾,则亦不支薪俸。"

你看严复都是闲才,大总统根本顾不上问的,何况吕三姑娘?所以我们看到的描述都是,碧城接任之后,啥事没有,恰巧二姐、四妹一个去上海的女学就任,一个去福建的女学就任,于是她借此与她们一同南下,把母亲安置到上海与二姐美荪一起生活。

碧城拿着干薪却不用工作,当然可以随便玩了。在上海,她很有雅兴,拜访从良名妓李苹香,且赠诗一首:

采芳人去楚天凉,一片闲情锁夕阳。
却喜苹花性情洁,已从风露浣尘妆。

就是这次在沪，碧城"始与西商角逐交易，数年间获利颇丰"。一不小心成了富婆。

关于碧城富起来的前因，一般人都说得非常模糊。那么，碧城做生意的资本到底来自哪里？若说做校长，做教习，至少前面两个姐姐不弱于她，她们咋就没资本呢？只有总统咨议，其他两个姐姐没有做过。值得注意的是，1914 年 7 月 1 日，袁世凯裁撤总统府顾问及咨议共 47 人，并减发留任顾问薪金的时候，连严复都被裁了，却不见裁吕碧城。但是大家要知道，碧城在没有富之前，就性奢华、喜异服的，所以工资再高，资本也是有限的。那么当有其他来源？比如袁世凯与袁克文，是否给过她赠仪？这个谁都不敢保证没有，以袁世凯的豪爽，和袁家二公子的性情，随手给碧城拨拉些金银财宝，也不是啥意外。更有人猜测，袁克文应该给过吕碧城帮助，众所周知，这公子哥儿一生花钱如流水，千金散尽还复来。传说 1918 年克文到上海游玩，一次就花去 60 万大洋，这还是袁家败落时期！回来后时任大总统徐世昌拿着拐棍要打断克文的腿，因为袁世凯临死前，曾经托孤于他；更何况克文还是青帮"大"字辈的，以青帮谱系"清净道德，能仁智慧，本来自性，圆明兴礼，大通悟学"排下来，黄金荣与张啸林是"通"字辈，杜月笙是"悟"字辈，这些大佬都是克文的晚辈，所以碧城在上海，那可是上面下面左面右面皆有人的。

可以这样说，从 1904 年天津出道，到 1912 年赴沪下海，八年时间踏上富婆之路，碧城逆袭得还算漂亮！樊增祥曾夸碧城"手散万金而不措意，笔扫千人而不自矜"，碧城解释曰："按先君故后，因析产而构家难。惟余缁铢未受，曾凭众署券。余素习奢华，挥金甚钜，皆所自储，盖略谙陶朱之术也。"按此分析，碧城应该是既做生意，还炒股票啥的。署券是股票，至于陶朱之术,有些人去她文章里寻找蛛丝马迹,说碧城可能带着洋商去安徽老家倒卖过茶叶——存疑,她们一家人谁还回过安徽老家?

谈钱庸俗,我们还是谈诗论词吧。袁世凯做了民国总统后,碧城和袁二公子有过即兴之唱和。当时克文游青岛,给碧城邮来青岛组诗,其中一首《有寄》云:

> 十三年事信依依,海右重来识翠微。
> 万劫楼台余踯躅,秉兰时节付嘘唏。
> 半城湖色迟春久,千佛山光入暮啼。
> 溱洧流风何处是,踏青逐向故乡归。

碧城回他一首《民国建元喜赋一律和寒云由青岛见寄原韵》:

> 莫问他乡与故乡,逢春佳兴总悠扬。
> 金瓯永奠开天府,沧海横飞破大荒。
> 雨足万花争蓓蕾,烟消一鹗自回翔。
> 新诗满载东溟去,指点云帆尚在望。

喜赋一律!确实,袁大大做总统,对于袁二公子是喜事,对于碧城同样是喜事。相形之下,对于吕碧城的第一大恩人英敛之就不是喜事了。

不管是英敛之本人,还是英敛之的《大公报》,对当年的袁大总统都是有看法,甚至有批评的。其实袁世凯这人,私德比较厚道,公德嘛,得放长了看,眼界不够的人看不懂,或者看歪。由于对袁世凯、对共和、对革命都有微词,所以革命一成功,袁大总统一上位,英敛之主持的《大公报》

反而走向了亲日，在舆论界的牛耳地位大幅下滑，销售量都受了影响，英敛之兴味索然，退居幕后，到北京香山隐居去了，自号"万松野人"——辛亥革命后，英敛之搬家到北京，负责清室善后事宜，主管皇家园林香山。他在香山静宜园创办静宜女中，并成立辅仁社招收教会子弟，专门讲授国学。所以他在这里隐居，也算一慰。

几家欢乐几家愁——在中国，革命之后，不会所有的家都欢乐的。或者说，欢乐的总是新贵。吕碧城与袁家父子的接近，让她沾了一些喜气。

除了上海的活动，碧城还去南京看了时任南京女子师范学校校长的大姐惠如。照例是游山玩水，写些感怀。尽兴之后，她回了北京。回到北京，袁氏民国初诞的喜气更浓，所以她诗兴也更浓了，写下一首《和程白葭韵》：

> 谁更临风忭落花，枝头新绿自交加。
> 春回大野销兵戟，雨润芳塍足苎麻。
> 几辈闻风闲继马，千秋湘水独怀沙。
> 软红尘外天沉醉，愿祝余辉驻晚霞。

这诗写得相当喜庆了。

1913年，吕碧城遭遇母丧。姐妹几个把母亲葬在了上海静安寺的第六泉旁——没回安徽老家祖坟，更没有父母合葬，这是一种怎样的决绝呢？

1914年，碧城在同盟会会员、南社创建人之一朱葆康的引介下，加入了著名的文学团体——南社。照例是诗酒唱和，不亦乐乎！

1914年，又是一丧，碧城四妹贤满卒于厦门女子师范学校。

可以这样说，吕碧城一家，没有一个能谈得上是普通意义上的长寿的。

兄弟姐妹的早殇早逝及现在的父母双亡，对她都是直接的打击，加之自己身体也不大好，动不动就生病，所以，国事家事，于她只能越来越淡，于自己，倒得浓浓地、认真地对待了。

1915 年 8 月，碧城辞去了总统府秘书。一是，如果袁世凯真的走向帝制，碧城就不能叫总统府秘书了，得改叫美人、女史、才人、宫人之类的了；二是，碧城本就瞧不起女子参政。她后来的《女界近况杂谈》先是恶心了中国的很多男留学生，说他们热衷于政法利禄之途，不屑于实业、教育、美术、医学之类，就跟钟表似的，内部机轮全坏了，外面指示针则多而乱动，终致把中国的政局搞得永无宁日。男人都这样了，女人参政就更光怪陆离了。所以她向来不敢附和中国的女子参政运动。

这是碧城的聪明之处。估计正是基于这两点考虑，碧城才转身离去的。还是那句话，她对袁世凯没有偏见，反对复辟，不是碧城的立场与选项。她后来不管在国外还是国内，力挺的是儒学、佛学，外加一个文言文。她连普及白话文都烦得不行，哪里会有革命信徒的立场与选项？

总之，离开袁世凯之后，碧城在上海迅速变成了富婆。这个物质基础决定了她以后的独立与漫游欧美。正是由于这些，碧城去世前，真正怀念的还是袁世凯。《感逝三首》中最后一首就是献给袁世凯的：

> 髫年曾识九方歅，回首前游黯析津。
> 纂史何妨存魏武，筑成终见有嬴秦。
> 黄花晚节留余恨，碧海于今又几尘。
> 何处归辽问神鹤，西风残照下崑岷。

诗前题记曰：予早岁受知于项城为办学务有年时公方开府北洋也。

看题记，还有感谢袁世凯的意思。但是看诗，却难免有借别人夸自己的嫌疑。里面的"嬴秦"和"魏武"是借着秦始皇和曹操夸袁世凯的，这个我们都知道，袁世凯不比这俩人差。问题是"九方歅"，乃春秋时的大方士，一说善相马，一说善相人，总之，碧城俺这千里马遇到了袁世凯这个伯乐——你说这是夸袁大总统的，还是自夸的？自夸也罢，还"髫年"！"髫年"是指幼年与童年，这得多自怜，才能把二十几岁的自己说成"髫年"？"髫年"也罢，"黄花晚节留余恨"云云，跟感念严复那首一个档次了——居高临下、俯瞰点评这些曾经的恩师和恩人。

"留余恨"，这个可以有，因为袁世凯确实是留余恨。"黄花晚节"有些过了。因为，洪宪帝制也是一种政治试验。吕碧城后半生周游欧美，难道不知道，君主立宪制在英德日都是大行其道的正当的宪政制度？

被袁二公子拉进了微信群

袁世凯做了民国总统，高歌凯进的同时，玩得最爽的其实是袁二公子克文。克文，前面第一公子是他哥克定，后面，当仁不让的，他就是天下第二公子啦，何况就是克定也怀疑他爹偏爱老二，有意让老二做接班人呢。所以克文这身份与角色可不是盖的。

1913年的冬天，克文与易顺鼎、何震彝、步章五、梁鸿志、黄秋岳、罗惇曧、闵尔昌等七个小伙伴在南海流水音结成诗社，还请画家汪鸥客作"寒庐茗话图""流水音修禊图"，梁鸿志题诗其上，人称"寒庐七子"——寒庐七子自然比拟的是建安七子，而建安七子是建安年间(196—220)七位文学家的合称，包括：孔融、陈琳、王粲、徐干、阮瑀、应玚、刘桢。这七人代表了建安时期除曹氏父子（曹操、曹丕、曹植）外的优秀文人。而克文没有包括进去，自然是位高一等，只能是曹植的地位了。

袁二公子结社，当然是天大的雅事，所以不管是线上，还是线下，都是一片热捧。碧城当然不能例外，先是写了一首《齐天乐·寒庐茗话图为袁寒云题》奉了过去，后又写了一首《和抱存流水音修禊十一真韵》……

不消说，袁大总统女秘书的角色，以及和袁二公子的这种诗文唱酬，把她从天津以英敛之为纽带的老微信群，拉进了北京以袁二公子为纽带的新微信群，这是明显的升级换代。他们是：费树蔚、徐蔚如、易顺鼎、樊增祥、步章五、叶恭绰等。

费树蔚（1883—1935），江苏吴江望族出身，柳亚子表舅；最早是袁世凯幕僚，清末做到邮传部员外郎，袁氏时代做到政事堂肃政史；同时还是袁家大公子袁克定的连襟，后来干脆进一步做了克定的儿女亲家——与克定同为吴大澂的女婿，吴家六女吴本娴嫁克定，生女袁家第；吴家七女吴本静嫁费树蔚，生子费巩。关系交叉，可见费、袁两家的交情非同一般，亲上加亲！

徐蔚如（1878—1937），居士，刻经家；浙西世家，世世奉佛。

易顺鼎（1858—1920），字甫，别号哭庵。前清做过张之洞两湖书院的经史讲席、广东云南等地道台，袁帝制时做印铸局长；著名诗人，与樊增祥合称"樊易"；克文亲密老伙伴，两人经常结伴纵情于歌楼酒肆；常以贾宝玉自况，涂脂抹粉，征逐花业，为人为文都是纵横豪放，品评一个美女，不是说人家长得鲜，就是说人家长得艳，惹出过诸多公案！

樊增祥（1846—1931），吕碧城父亲的进士同年，前清做过咸宁知县、渭南知县、陕西布政使、江宁布政使、署理两江总督；袁氏时代做参政院参政；曾诗事张之洞、李慈铭，为同光派重要诗人，诗作艳俗，人称"樊美人"——樊增祥给碧城写的艳诗也不少，有些文字被刘纳斥为"相当烂俗"！不过对人家来讲都是雅事。估计是风格相近的缘故，诗界经常把樊增祥与易顺鼎并称"樊易"。吕碧城不是加入过南社吗？南社创始人柳亚子1914年有《论诗六绝句》，其二云："郑陈枯寂无生趣，樊易淫哇乱正声。一笑嗣宗广武语：而今竖子尽成名。"郑是郑孝胥，陈是陈三立，这首诗不仅狂,还把"樊易"说成"淫哇"之邪声。

步章五(?—1933),精诗文,通艺术,甚至会医术,袁氏时代任总统府秘监、清史馆协修,与袁克文义结金兰,袁克文视他为亲兄弟,真名士自风流,喜捧角,据说前后拜他为干爹的女伶超过百人!

叶恭绰(1881—1968),书香门第出身,清末历任邮传部路政司主事、员外郎、郎中等职。民国历任路政司司长、交通部次长、总长、交通部长,并兼理交通银行、交通大学等。

……

这是袁二公子的朋友圈,有些干脆成了吕碧城的终身好友。吕碧城结交这些潮哥诗友,不会像原先的天津朋友圈那样闹崩绝交。原因很简单,这第二个朋友圈无非吃喝玩乐,吟诗唱酬,没有办女学之类的实业活动与名利纠纷,所以很难发生什么冲撞!

下面我们看看这些朋友圈都干什么。挑两个人吧,一个费树蔚,一个易顺鼎。

有关费树蔚,有学者认为,除了袁二公子袁克文,碧城与费树蔚的关系更暧昧。这观点我认同:一是碧城与费树蔚终身亲密,两人除了结伴出游之外,碧城1918年染上时疫以为自己不久于人世,以及1928年在巴黎做胃部切割手术时,后事都是交代给费的;而费赠送碧城的诗词里,情绵意长的暧昧字眼很多。二是碧城的暴富应该更脱离不了费的支撑。碧城是1915年8月辞总统府秘书的,而费是7月做了政事堂肃政史,11月辞职退居苏州后,创办过苏州电气厂、江丰农工银行、信孚银行,还做过吴江红十字会会长等。他与碧城的关系,远比袁二公子还要亲近;他庞大的财力与人脉,应该也是碧城暴富的主要支撑。

有关易顺鼎,袁二公子克文有一篇《易顺鼎惹祸》,很有趣。说的是,京中贵妇名媛，假荣禄的园子筹资济赈，易顺鼎与方重审（袁二公子的书记官）拉着袁二公子前往凑热闹。到了园中，袁二公子发现诸妇女都在，他认识的有唐在礼夫人（二公子称她为盟嫂，唐乃袁世凯的贴身老部下，这个时候是总统府机要处处长、陆海军大元帅处总务厅厅长）、潘连璧女士（吕碧城北洋公学的学生，据说还是校花）、章以保女士（北京女子传习所学生），于是他掏钱义买一大堆，易顺鼎与方重审争相帮他携拿。唐在礼夫人为签谢义买，给每位献绢花一枝。于是问题出来了，易顺鼎乞一枝，唐夫人予之。问题是易顺鼎手上掂着义买来的东西，缺手，遂要求唐在礼夫人给自己亲别衣襟上，贵妇当然不在乎这个，就给他别了。之后潘连璧女士领着三个风流公子哥儿（以易顺鼎的年纪，只能叫风流大爷了）游园子，薄暮始散。然后三个家伙又窜到了城南一家妓院，招来擅长昆曲的名妓雪印轩和石曼君前来喝酒唱曲儿，尽欢始散。

第二天，易大爷的纪事诗六绝句就出来了：一是《遇熊希龄夫人》，二是《唐夫人为簪花》，三是《誉潘女士》，四是《记鬻物诸女士》，五是《赠雪印轩》，六是《赠石曼君》。序中还说，袁二公子跟俺一块儿去的——这一下炸锅了，唐在礼夫人、潘连璧等女士都怒了：把我们跟俩小妓女并列，成何体统？特别是唐在礼，我家夫人居然亲往你个流氓大爷衣襟上别花，这是啥意思？唐气得住进了医院，要跟夫人离婚，事儿都闹到了总统府。有意思的是，倒没听说江湖名声最好的熊希龄夫人——朱其慧女士跟着她们一块闹，倒印证了我一贯的看法，只有闺范不好的人，才容易装，何况人家妓女怎么就比你们低一等了？我们的传主碧城与她的二姐美荪，又是访妓，又是打算纳妓的，自己还出来写文嘚瑟。你们又装什么呢？特别是这个筹资济赈的发起人，唐在礼夫人，在当时被人称作社交之花呢。后来据说还做过张学良的常年舞伴！

所以你也完全可以理解为，丑人多作怪，并且怪到袁府了。袁二公子不得不亲自出面，替易大爷赔罪，并且允诺，让易大爷再写新诗矫正错误。唐氏夫妇这才罢手，和好如初，潘连璧亦放手。问题是还有不服气的——袁二公子没点名，难道是第三位，章以保女士，或者其他诸女子中的某一位？据说还有内务总长家的朱三小姐朱淞筠呢。总之二公子记曰，"后闻有某某女士"，想找人把易"捶扑"一顿，被潘连璧劝止了。斯时方设参政院，易大爷本来能混个参政的，却被唐在礼挡住了，说：这种人，能让他参政？于是，易顺鼎的参政就给撸了！这家伙不知悔改，据说后来又有人推荐他做肃政使，任命状已下了，他却在报纸上发表《赠津妓》诗，中有"臀比西方美人臀"之类。袁世凯阅后说如此轻薄放荡，如何做得肃政使？于是收回成命。

这是吕碧城新的朋友圈——有财大气粗者，有真名士自风流者。至于核心人物袁二公子，那更是没的说。据说小子很小的时候，就有名士范了。袁世凯做了山东巡抚后所写《示次儿书》的家书中，对这个时年十岁的少年小子教育曰：

尔前次寄来之史论，立议尚新，议论也畅，唯字体太奇特，非少年所宜。当多临欧柳法帖，以资矫正。近闻尔行事喜效名士，此非具有真才实学者，不克幸享盛名。而尔之记忆力薄弱，安得将所读之经史子集，尽记脑中，以充腹笥？惟有勤动笔免思一法：于读书时，将典故分门别类摘录于日记簿，积久汇成大观，或备临时检查，或备随时翻看，则所作文件必能出人头地。

为此，袁世凯还给二小子专门列了一个课程表，何时起床，何时习字，何日读经、何日读史、如何作文、如何静坐……包括慎言、运动、省身、日记等事项，全给孩子列下来了。袁世凯做直隶总督时，除了家里设馆，还创办北洋客籍学堂，不惜重资聘请严修、方地山、董宾古等名师奇才前来给自家和北洋子弟授课。扬州大才子方地山很欣赏袁二公子的聪明隽秀，专门教育他曰："五经、二十一史藏十二部，句句都读便是书呆子；汉魏六翰三唐二宋诗人，家家都学便是蠢才。"

克文既不呆，又不蠢，他太聪明了，而且深受师父方地山之影响，这里可以看一则方地山的自描诗："说破庙风雪甚么，不五鼎烹，当五鼎食；有醇酒妇人足矣，先天下乐，后天下忧。"

这一对师徒关系太铁了，后来居然打破师徒界限，成了亲家——方地山的四女，大才女方根(字初观)嫁给了克文的长子家骃，成就了一段佳话。克文当然不下其师、其亲家，博闻强记，俊雅风流，一辈子名士路线，也是把什么都看穿了，先天下乐，后天下忧，甚至父亲最后所走洪宪路径，大公子克定迷在其中，他却来一句："绝怜高处多风雨，莫到琼楼最上层。"

克文的这种清醒，以及对政治的逃离，也有其父袁世凯苦心教育的功劳。克文稍长后，袁世凯曾给他另一封家书：

> 字谕次儿。收到五月十五日所发家禀，知尔有做官之意，讶甚。
>
> 尔素好虚声，学步名士，何以忽作此热中妄想？大抵尔以为自身秀才也，父亦秀才也，父以秀才而跻高位，自身亦可以秀才而跻身高位也。殊不知余之际遇，非尔所可幸邀，余得荣、李两故相之赏识，太后之宠遇，始有今日。然而愈跻高位，倾跌愈危，前月在政务处与醇王冲突，余几饮弹而死。宦海风波，瞬息万变，余手握兵柄，身居要职，尚且朝不保暮，岌岌可危，屡谋急流勇退，无如太

后倚重偏殷，难违懿旨，一旦冰山倒，余便即夕辞职归隐。

小子无知，亦思投入此旋涡中，不智甚矣！余不望子孙得高官厚禄，但愿能俭朴持家，能得一秀才，诗礼家声历传不替，于愿足矣。

尔当谨遵训言，芟除干禄之念，唯以改过迁善，戒奢除骄，入则笃行，为诸弟作则；出则由言得社会信用，便是袁氏佳子弟也。

看了这家书，感动死了。袁世凯确实不是一般的人，一般人达不到他这高度。至于克文，生来就与众不同。小子出生在朝鲜，母亲为朝鲜人金氏，由于大姨太太沈氏无子，所以克文生下来就过继给了沈氏，这样自小就得到了两个娘的宠爱，尤其是沈氏，极其溺爱他。克文十一岁就被大哥克定领着逛妓院，十五六岁就成常客了，且养成了花钱如流水的习惯，亲娘金氏不愿意，但嗣娘沈氏放话了，谁敢管我儿，我就跟谁拼命。至于父爱，据说，克文出生时，袁世凯梦见朝鲜国王用金锁牵来巨豹相赠。袁世凯系巨豹于堂下，食以果饵，豹子却猛地窜脱，闯入内室。袁世凯吓醒。就在这时，下人来报，金氏生子。金氏说，她也梦见一个巨兽自外奔入，朝着自己猛地一扑。大惊醒来，腹中剧痛，孩子诞生。所以这孩子名"文"（因豹子身披锦纹，文乃锦绣文章之意吧），字"豹岑"，号"寒云"，别号"抱存"云云。

据克文《辛丙秘苑》，他六岁识字，七岁读《诗经》，十岁习文章，十五岁学诗赋，十八岁授法部员外郎……法部员外郎，是清政府以荫生授之，也是他唯一做过的官。在任期间，他所做的事估计就那两件：一件是把秋瑾案提前告知父亲，救了吕碧城一把，免得她受牵连；一件是一件命案，部里派他参与验尸，虽然他把眼镜涂了黑墨，并且离尸首现场八丈远，但还是被吓病了，自此再也不去部里上班。民国后，赵尔巽曾请他做清史馆纂修，但是袁世凯规定他只能任职，不能拿工资，所以他这工作也是挂名的了……总之，克文的使命不是当官，他倒真正实现了父亲诗礼传家的期望，问题是，小帅哥太吸引女人了。

1906年直隶总督兼北洋大臣袁世凯带着克文进京觐见太后，太后一看克文那么帅的一个小鲜肉，就问克文有媳妇儿没，我家有个侄女儿，可以配给他呢。袁世凯一听吓毛了，赶紧说可惜克文没这福气，已有定亲，太后听了只得撒手。在此之前，袁世凯本想给克文订天津书香之家严修之三女严智娴，但严修老师不同意，所以克文的亲事一直没有订下来。这次为了回绝老太后，袁世凯一回津，就赶紧给克文选订一个刘梅真。刘梅真，天津著名的刘家之后。刘梅真的祖父刘瑞芬，徽人，曾做过驻英、俄、法、意、比等国公使，后任广东巡抚；刘梅真的父亲刘尚文，天津著名盐商，写得一手好诗文。出生在这样的家庭，刘梅真当然不弱，填词、赋诗、弹琴、绘画，没有不精的。

1906年，17岁的翩翩少年郎袁克文娶了如花似玉的刘梅真，克文当然很欣赏妻子，两个人也过了一段幸福的初婚日子。问题是，克文这样的天下第二公子，怎能专注于一枝一叶一花一瓣呢？一辈子到底纳过多少妾，成为一个算学问题。据知情人讲，娶进袁府的有五人，她们是唐志君、薛丽清、于佩文、小桃红、亚仙；没有娶进袁府的，数不清，留下名字的据说有：苏栖琼、小莺莺、花之春、眉云、无尘、苏台春、高齐云、朱月真、花小楼、曹金宝、富春六娘、圣婉……看着这一串真假艺名，你可不要以为克文粗细都下，没啥讲究，非也。克文太讲究了，凡是能入他法眼的女人，必得"色、才、艺、德"四全。稍微不全的，不是入不了眼，就是一时入眼之后再分手。寒庐七子之一步章五对此的总结是：

> 尹去邢来，并时常少，何哉？新人初至，宠爱方浓，有所欲为，不忍少拂，恃宠而骄，逞骄而悍，勃谿诟卒，渐不能堪，始而甘饴，继如饮鸩，一旦决裂，无可挽回矣，又诸姬多乐籍，淫佚性成，自其始合，或别有所为，非出情感，反颜为仇，不足怪也。

而克文自己的总结是：

> 或不甘居妾媵，或不甘处澹泊，或过纵而不羁，或过骄而无礼，故皆不能永以为好焉。

按克文淘汰女人的标准，吕碧城这四条可都中了！这里我们可以拿克文娶进府中的薛丽清为例。之所以拿她做例，一者，她是后世著名科学家、克文三子袁家骝的生母；二者，她可做嫁入袁家的某类代表。

薛丽清本为清吟小班的名妓，长相一般，但气质肤色上乘，克文为之迷倒，强娶进府。但是小女人表示受不了，生了儿子后就出去重操旧业了，用她的话说是，一时高兴，想跟克文进宫，看看宫中啥滋味。谁知道没啥滋味，闷也要把人闷死了，宁肯做胡同先生，也不能做什么后妃娘娘。

试想克文在外可以放诞风流，吕碧城如果嫁入袁府，别说放诞风流了，大门不出二门不迈，得当贞淑女人，试问她能做得到吗？

所以，当费树蔚试图撮合吕碧城与袁克文之时，这个比克文年长七岁的老大姐，笑而不答，过后很明智（知人者智，自知者明）地点评曰："袁属公子哥儿，只许在欢场中偎红倚翠耳。"

总之，克文看不上她——试问她站在这些红翠中能赢得几分？她也看不上克文——能给她做老公的，这个世界上没有！

有人认为，吕碧城是中国的第一位娜拉——碧城是 1904 年从舅家出走的，1914 年易卜生的《玩偶之家》才开始在中国上演，后经过新文化运动特别是旗手胡适、鲁迅等人的推介，《玩偶之家》风靡全中国，剧中的娜拉，甚至成为中国妇女解放的灯塔，多少女人走出家门，成了所谓的"出走的娜拉"，以至于鲁迅 1923 年在北京女子高等师范学校文艺会做的讲座，题目还是"娜拉走后怎样"。周老师给出的答案是，从事理上推想起来，娜拉或者也实在只有两条路：不是堕落，就是回来。鲁迅说这话的时候，还没有跟许广平恋爱，更不认识萧红。但是，这两位也都算出走的娜拉了。我们可以发现，许广平算是回家的娜拉了，至少是从一个以学潮为能事的学生运动骨干分子被鲁迅改造成了一个居家女人。而萧红本人呢，则永远在路上，与那些男人的同居或者婚姻，也谈不上回家，只能说是路上的客栈。

但是既做了第一位，就既有好处，又有坏处。诸荣会的意思，好处是，由于是第一位，所以抢得诸多先机；坏处是，赶得太早了，"早得与社会上多数男人的思想认识的水平高度不成比例"。说白了就一句话，虽然"到处咸推吕碧城"，但仅是往外面推，没有男人想把她娶回家，或者说，越是成功的、有地位的、有身份的男人，越是不可能娶她。也许还可以这样分析：一是她年龄剩得，同年龄的男人都要当爷爷了；二是文化超女身份，弄得她只能高置供台了；三是这姑娘本人的心性及男人的起哄架秧子，导致她越来越不往"淑"的方向走了。

闲话少说，碧城与克文的交情也不长。因为 1916 年以后，以袁世凯的死亡为标志，袁家从中国第一家急速跌落尘埃，克文再也不是天字第二号公子了！克文最后落魄到在上海卖字为生。吕碧城听说后，登门拜访，却被克文拒绝了。分析原因，不外是：第一，落魄之中的小帅哥再不愿见自己当年曾经恩典过的大姐大；第二，碧城作为富婆也不够意思，拜访前应该让仆人提前给小帅哥送笔赠仪的，小帅哥接不接是他的事儿，但是你送不送，则是你的事儿！

1931年3月22日克文猝死，年仅42岁。4月24日大殡，据说送葬队伍多达四千余人，大都是他青帮内的徒子徒孙，另外还有千余妓女头系白绳儿，胸佩袁克文像之徽章，在送葬行列中自成一个方阵。从住地到墓地，沿途搭出许多祭棚，各行各业都来吊祭，交通为之堵塞……

克文泉下有知，应该满意了；跟碧城的交情，亦毕竟是浮云！

天主和道家,都不是碧城的菜

1916年,对碧城的老少恩人袁世凯及袁克文而言,是历史的拐点,一个黯然逝去,一个再不是第二公子啦。对于碧城,又何尝不是呢?碧城一是身体不好——性格乖异的才女,没有身体好的;二是已成三十多岁的老大剩女,既然不愿按常规嫁人,就更得给自己的立身处世、前身来世等问题,找一个理论支撑。碧城这样的仙女儿可以不在乎世人的偏见与白眼,但是,她得过自己的心关,一句话:我得看得起我自己,我得给我自己一溜儿青眼,我得站住!我是谁,我来自哪里,我将向何处去?

1916年,碧城遭遇两个信仰选项。一个是天主教,一个是道教。

先说道教。1916年碧城遇到了道学家陈撄宁(1880—1969)。陈老道比碧城年长三岁,安徽怀宁县人,清末秀才,打小习的是儒,但因病走向了中医与仙学养生。民国初寄居上海,研究道宗——上海老西门外白云观所藏《道藏》共计5480卷,据说从明朝正统年间刊版到当世,几百年间向来没有人看完过,只有他一人费了3年光阴从头到尾看了一遍。后来又研究佛学,最后三教合一,儒道佛、中医养生、哲学史学、天文地理,甚至外国翻译过来的科学书籍他都涉猎，就成了一大仙儿。1916 年，陈老道与西医吴彝珠结婚，在上海合办中西医诊所。遇见碧城后，陈老道满心欢喜。一是安徽老乡，二是年龄相当，三是美女养眼，四是才女堪造，五……稍一拨弄，说不定就成了自己的女弟子兼女搭档呢？

陈撄宁很用心地为碧城选了孙不二元君派的道书《孙不二女丹诗》作为教材。孙不二，金代的道教仙姑，被赐号清静渊贞顺德真人，道派名清静派。该书是由她亲自撰著而成，乃女丹修炼论著中的权威教材，问题是一般人瞧不懂。陈撄宁费了很多心血为吕碧城编写了《孙不二女功内丹次第诗注》，包括事略、次第诗及其诗注凡例、诗注等内容，从历史沿革到诗文理解，给碧城讲解了收心、养气、行功、斩龙、养丹、胎息、符火、接药、炼神、服食、辟谷、面壁、出神、冲举等一系列仙家修炼功夫。除此之外，陈道还手订《女丹十则》一并让碧城阅读。

好在碧城没着了他的道儿，最后拥抱的是佛。这对陈老道影响很大，长期难以释怀，乃至 14 年后（1930 年）吕碧城在瑞士皈依佛门，他还给友人写信表示遗憾："当日吕女士对于道学实无所得，若果有所得者，后来必不致而学佛。"

这是碧城与道教，失之交臂。与此同时，碧城的第一恩人英敛之也有一个大动作，他把《大公报》转手卖给了天津大资本家王郅隆，自己彻底隐退了。夏天，他的《万松野人言善录》出版，这是反映他晚年人生哲学、道德宗教观的一本著作，以语录体的形式向中国的知识分子宣传推广天主教。出版后，英敛之寄赠一本给吕碧城，不消说，这个大恩人想在信仰与人生方面，给碧城一个引导。问题是佛教怎么说——只度有缘人？天主教当然也不例外。你引，她不到，也是白搭。书寄出三个月后无消息。大哥急了，给碧城写了一封信。信中云：

诚以我辈谊同骨肉,又以年来人事之阅历,学识之经验,光阴则诚过隙之白驹,无法延驻;而生命之脆薄,又诚泡影之不可把玩也。静焉思之,不能无惊怛。此吾人所以不能不寻此生靠得着者,而一探讨之,故请高明以拙著言善录作研索之嚆矢也。乃至今三月之久,竟未蒙只字下颁。岂此书作洪乔故事耶?抑以鄙言为不当耶?然祝祷之私,固未尝一日惢置。山中读书作字之外,万事尽付悠悠,所惓惓不能去怀者,惟故人参证之一大事。忽复岁暮,敬致问询,尚望便中示我数行,以释企仰之怀。

碧城接到信后,不但回了信,还去香山看了大哥与大嫂。但是,曾经的亲昵再也没有了,而且,大哥大嫂仍然想以自己的天主教信仰来影响碧城,但碧城不接他们的球,还是那句话,人生可以碰撞交叉,但路径不在一个轨道上,双方只能渐行渐远!

从英敛之的文稿里,可以发现,碧城回信给大哥时,首先强调自己心情不好:"百忧铄骨,万念灰心。"

这得从两方面分析,一是三个月没给大哥回个音儿,她得找个借口呀!二是姑娘可能真不高兴,老大嫁作商人妇固然可悲,可是老大没有嫁出去,也不是个事儿。另外我们可以发现,碧城这个时候已有些向佛了,估计跟大哥也交代了,所以大哥对佛说了很多不以为然的话。但是,英敛之与吕碧城,正像吕碧城与秋瑾,道不同,不相为谋,暂时欣赏一下,是可以的,长久地并肩同行,亲密合作,不可能!

1917年春,碧城与张默君、陈鸿璧等一干才女文友游邓尉。张默君(1883—1965),湖南人,民国大才女,大教育家,大记者,大革命家,同盟会会员，南社成员。陈鸿璧（1884—1966），也是民国大才女，大教育家，大编辑，大翻译家。

这里需要补充一下碧城与南社的关系。南社发起于 1907 年，三大群主是柳亚子、高天梅、陈去病。1909 年，南社成员在苏州虎丘首次线下集结，算是正式成立了。

有人说，南社是个革命团体。这个可以有，文人嘛，口头说些高昂的话，这个反对，那个也反对，才是中国文人的常态，可以理解。

1913 年，南社成员在崇效寺集结。很多人把矛头对向了袁世凯，并且鼓吹二次革命。二次革命失败后，一帮子成员又悲愤不已。当然，革命这种高昂情绪与立场，可能是浮在水面的泡沫。1914 年 6 月 1 日，反袁气势正高昂的时候，朱少屏把碧城拉进了南社群。彼时，碧城还是袁世凯总统府秘书呢。由此可以发现，这群也是一个散漫的群，大家可以随便表情。入社之后，1914 年的 8 月，南社同人在上海线下集结，碧城参加了。同时参加的，有比较革命的张默君女士。

之后的两年时间里，南社举行了四次集结，碧城都没有参加，这叫群内潜水吧。其间，1915 年的 8 月，碧城辞去了总统府秘书之职。还好，之后的她并没有学着别人的小样儿，写文大骂自己的恩人袁世凯。

1917 年 4 月，碧城再一次参加南社在上海徐园的线下集结。这是她第二次也是最后一次参加南社集会。与会者还有她的文友张默君等人。所以她们结伴游邓尉，最大的可能是在这次集会之后。

碧城的文学成就，在南社女人里应该是数一数二的。虽然文风与文质依然是我行我素，但是，似乎也受了一些革命的影响。比如，从不写政治时评的她，居然对着万寿山上慈禧太后当时的庆典朝贺之所——排云殿所挂美国女画家卡尔所画的慈禧画像，写下了如许《百字令》：

排云深处，写婵娟一幅，翚衣耀羽。禁得兴亡千古恨，剑样英英眉妩。屏蔽边疆，京垓金币，纤手轻输去。游魂地下，羞逢汉雄唐鹉。

　　为问此地湖山，珠庭启处，犹是尘寰否？玉树歌残萤火黯，天子无愁有女。避暑庄荒，采香径冷，芳艳空尘土。西风残照，游人还赋禾黍。

我能说，碧城这词写得真好吗？

第一，她这是模仿南社某些革命文人的革命主题，以词的形式，写政治时评呢。时评批评的对象，却是早已成历史人物的慈禧太后。

第二，如果把这首词稍变变，同样的词语，用到碧城姐妹和她娘的身上，是不是严丝合缝呢？家国同构，你说你母亲连个家都没守住，又怎么好意思指责慈禧太后没守住国呢？同样还是百字令，我们把画像改成碧城她母亲的，你听听：

　　排云深处，写婵娟一幅，翚衣耀羽。禁得家破人亡恨，剑样英英眉妩。屏蔽家乡，闺中金币，纤手轻输去。游魂地下，羞逢夫君翁姑。

　　为问此地家园，珠庭启处，犹是尘寰否？玉树歌残萤火黯，夫子无愁有女。六安庄荒，采香径冷，芳艳空尘土。西风残照，族人还赋禾黍。

这百字令如何？好在碧城参加了这次集会之后，就再也没有参加南社的其他集会了。而且，进了这个群后，以后保持明显私人联系的，只有张默君、陆丹林、陈无我等人。从中我们似乎可以看出，碧城一路交朋友，一路丢朋友。且看看这次的朋友抱团旅游吧。行前，吕碧城给苏州镇守使朱琛甫写信，要求对方派人护送。信中云：

兹有恳者，鄙人拟于日内偕诸女伴探梅邓尉，同行者约四五人，皆女学界知名之士。惟于该处途径生疏，弱质旅行，尤虞阻险，尚荷饬人护送，纫感何亟！

私人旅游，还要动用当地官兵护送，放现在，怎么也是纪检委要查处的行为。所以，不论道教与天主，碧城都还离得远呢。就是佛，也是时光尚远，我们且耐心等待，等她心里的繁华往下落一落才行！

这次游邓尉，碧城还闹了个典，太有意思了，所以必须说一下。碧城见田间有牛拉水车在浇灌田地，乃随口出了一句"两岸桔槔牛戴镜"，并请同行的苏州老名士金松岑（1873—1947）对下句，老名士看一眼碧城的拖地长裙，对曰："一行荇藻鳖拖裙。"

呵呵，对得太妙，也太形象了，大超女就这样被大名士调戏了一把。不知道同行的人如何爆笑的，也不知道碧城心里是否恼过。反正，文人雅痞，互相调侃一把也算正常！

碧城游邓尉的主要产品，乃是邓尉探梅十首——据说邓尉梅花甲天下，所以邓尉探梅一直是文人雅士的癖好。游邓尉之后，碧城专门写了《探梅后谢苏州朱镇守使琛甫》：

管领幽芳到远林，旌旄拥护入花深。

虬枝铁干多凌厉，中有风雷老将心。

这诗有意境：

第一，四个不同年龄的老少才女结伴同游看梅，身后跟着一干当地兵爷护卫！

第二，中有风雷老将心，明显是夸朱镇守使的。朱熙（1879——？），字琛甫、申甫，日本陆军士官学校毕业生，时为陆军中将，江苏苏州镇守使。虽然仅比碧城年长四岁，但年届不惑，在碧城眼里就算是老将一枚了。

至于碧城的探梅十首，我看着也没啥意思，其中第九首有些意思，特此展示：

笔底春风走百灵，安排祷颂作花铭。
青山埋骨他年愿，好共梅花万祀馨。

看意思，她喜欢上邓尉这个地方了，希望死后埋葬于此——跟秋瑾倒是有一拼，秋瑾生前相中了西湖，而碧城相中的是邓尉。不过碧城没有想到，1917年对邓尉一见钟情，1918年就安排后事了！

1917年夏天，碧城还游了庐山，并写有《游庐琐记》。琐记里有很多美丽的故事，比如"白衣西人"给她作"引导"，伴至旅馆门下，"并以所采之紫花一握赠予而别"；比如一"美妇"每日入餐必易服装，"其衣也诡丽无伦"，甚至有一天还模仿碧城的发式，"一日，忽鬓云低弹，斜覆其额，若有意效予之梳掠者，尤饶风致，但予较彼实自惭蒲柳耳"，最后感叹吾友有"西方终觉美人多"之句，可谓知言。

但我提到这次旅游，不是想说美丽的故事，因为还有几个故事，谈不上美丽，也很少有人提起。我这里之所以想说它们，在于碧城的情商，即她与孩子所能处到的关系：

故事一：

予室前有长廊，装以玻璃窗，左右隔以板壁……顾壁不甚高，其上皆通。一日，邻室西童数人架叠桌椅，欲跨壁而入，予止之曰："勿尔！否则余将告知尔母。"一童答曰："吾无畏！盖汝不识我母为谁。我母乃密昔斯台乐耳也。"予为失笑，乃按铃呼侍者，告以故。侍者往该室，吁长声叱之，如驱逐鸡犬。一阵履声蹴蹋，已群向林中奔去矣。

这个故事里有很多信息。其一，碧城似乎不喜欢孩子。喜欢孩子的话，不是这么个应对方式。其二，碧城的应对方式，不是告其母，就是告侍者，孩子对于她确实是个麻烦。其三，天真无邪的孩子令碧城失声笑了，但她笑的是孩子没有心机，对付不了她：你不知道我娘是谁，我娘叫啥。其四，侍者驱逐孩子如鸡犬，在她也没有什么不适，反而记了下来。这些信息能透露什么呢？一句话，与碧城的不婚不嫁不育，以及一生的孤寂，都属同一个逻辑范畴。

故事二：

爱格德有子，年甫七龄，憨而多力，每见予则拖曳而走，强于嬉戏。予力不胜，则随之往。一日，夺予妆镜，予恐其碎之也，力持不与。镜有机括，予左指适夹机中，彼力阖其机，指如被箝，痛甚。予呼其释手，不顾也，乃以右拳痛捶其首，始释去，而予指肿且破矣。恚极，奔告其母，戒以后不许入予室。彼虽不敢入，然每遇予，必拈糖饵举示，呼予嬉戏。

这个故事里的信息更要命了。其一，碧城是小脚，且身子向来弱，她连一个七岁的孩子都对付不了。其二，体力不行，心机也不行。你说一个孩子拿你的镜子玩玩，值得你拼了命地往回夺吗？好歹是富婆，一个镜子值多少钱？再说即使心疼镜子，也不是这么个解决方法，直接来一句，这个镜子不好玩，我有更好玩的……七岁孩子你都哄弄不了，还能哄弄谁呢？其三，与七岁孩子奋战的结果，是自己受伤，于是她奔找其母，告状去了……我无语，不知说啥好了。其四，告状的结果，这孩子真不敢进她屋了，但孩子毕竟是孩子，可爱得不行，一见她，还要拿着糖果诱她玩儿呢。可惜，姐姐不敢跟你玩哩。

可以说，碧城的庐山半月游并不快乐。所谓的"白衣西人"威尔思本是山中偶然相遇，之后约碧城出游一次，再约的时候，碧城就拒了，并且，转与俄国茶商高力考甫同游了。游归，晚餐后碧城与旅馆司账爱格德夫人闲话，高力考甫来索纸笔，并且就着案头作书。爱格德故意用胳膊肘阻挠高力考甫，并且告诉碧城曰：他是写情书哩。碧城乃失声而笑。这一笑，爱格德不愿了，说：你笑啥哩？你是不是觉得，他年老了，不该写情书了？碧城说："予顿悔冒昧，乃亟辩曰：'否，予乃笑汝之善于雅谑耳。'"

看样子，跟大人也玩不好。住的时间长了，碧城觉得无聊了，于是准备游了传说中风景最佳的三叠泉就走。出游的时候，碧城是由舆夫抬着上路的，但是山险路滑，碧城在舆上吓得不行，老想着舆夫一失足，自己脑袋摔碎了咋办。抵一寺后，舆夫等入厨为炊，碧城为风寒所袭，颇感不适，就佛堂假寐，这一寐，梦就来了：

一西人面白皙，微有短髭，因兵败国破愤而自戕，由巨石跃下，头颅直抵于地，有声砰然，即委声不动，盖已晕矣。须臾，勉自起立，予视其颅凹陷，盖骨已内碎而皮肤未破。予知其已无生理，钦其为殉国烈士也，乘其一息尚存之际，遽前与握手为礼。其人精神立焕，且久立不仆。予讶之，因问曰："汝将何如者？"意盖谓生乎，死乎。其人答曰："我为汝忍死须臾。"言甫竟，血从颅顶泛出，鲜如渥丹。予大骇，立时惊醒，则一梦耳。舆夫问欲观三叠泉否，距此已不远矣。予曰："天尚未霁，白雾迷漫，即往亦无所睹，日暮途远，宜早归也。"乃复忍寒下山，薄暮抵寓。或问此游乐乎，予惘然无以为答。次日，即理装返沪。

可怜的碧城。一个连七岁孩子都对付不了的小脚女人，如何单身去做驴友？做单身驴友也罢，胆小气弱如斯，这不是游山玩水，简直是游梦玩命。总之，高高兴兴地去，黯然失色地回，这次第，怎一个无聊了得！

且慢，无聊背后也有深意。我把这段发给了我们河南大学中文系的高才老韩，让他给碧城把把脉。结果他报告说："我只能嗅出，吕敬佩西洋英雄，且觉得自己受英雄垂青，而英雄又不可得。"我回他："高。我以为女人太寂寞，想男人哩。难道不可以是春梦？"老韩惊问："哪里有春？从哪里可以看出春来？"

这就是老韩的笨了——虽然前面断得很精准。所谓的笨，就是他不知道，以碧城这样的文艺女青年，做起春梦来，也是文艺范儿的，纯情版的，心灵版的，绝对不是一般的那种春梦。

于是我求助国家二级心理咨询师巫笛姐姐。巫笛姐姐的意思，解梦不是玩的，不见本人，不能解透。我说见不到本人了，这是历史人物，民国剩女，我们只能纯文本分析了。巫笛姐姐说：

> 那只能按一般套路解了。她心生无聊，想去出游三叠泉，被脚夫抬着滑竿上山去看，她看山路陡峭，脚夫深一脚浅一脚，她便担心起自己的安全了。生怕脚夫失足，想想都后怕……心生恐惧不安，焦虑，一路担心……到了寺院，疲累小憩，便在梦里接着担心害怕了……梦里，有了具体人物。美女自恋，感觉世人都是围着她转的，都愿意为美女服务，甚至去死。也许，那个愿意为她而死的，是她的情人，或者暗恋过她的人。再或许是她暗恋过的美男子，皮肤白皙的西方洋人，还是个有气节的男人，充满正义的人，因兵败国破而愤怒自戕的人……如深层分析，她一个守身如玉的老处女，内心其实还是对异性有爱慕的。白天矜持不露，梦里潜意识里就不由她了。而且细节还那么具体，从相貌到举动，细节很丰富很具体，梦里的那个西人，是她理想中的异性模板。

我能说，这就是我要的答案吗？巫笛姐姐的解读中，打动我的第一个亮点是"自恋"。老韩也嗅出了这意思，但没有直接提炼出概念。我认为，碧城岂止是自恋，简直是病态的自恋了，自恋到，连一些可爱的西方儿童都没法与之相处了。第二个亮点，就是碧城心目中的佳偶形象了。潜意识里，犹如中国男人把女人视作洪水与祸水，碧城对男人既有渴求，但是对自己的这种渴求又是恐惧与排斥的，所以她只好安排他自杀，而且是自杀成功后，忍着死才能表白，表白完立马儿死去……一点也不好玩！

老韩与巫笛都不知道威尔思的存在——其实，碧城梦中所谓的西人面白皙,就是她对威尔思的纠结想象嘛!下面我们看看,她与威尔思的所有交集。

之一:

午后予散步山麓,山花作蓝色,娇艳可玩,散于山隈。寻而撷之,渐忘路之远近。偶一回顾,则千峰夕照,又易原境矣。欲行迷路,欲伫立以俟行人,既足音杳然而日堕崦嵫,悔惧交并。方彷徨间,忽山麓之翠丛微动,一白衣西人款步而出,向予致辞曰:"予睹君于前山,为时久矣。君必迷途,愿为引导可乎?"予欣然谢之。询其姓氏,为威尔思。彼语予时操英语,然予固辨其为德人也。伴予至旅馆门外,并以所采之紫花一握赠予而别。

之二:

遇威尔思于门次,盖为谒予来也。遂同行溪畔,于途间谈话,抵御碑亭,止而小憩,已暮山凝紫,一丸赤日艳如火齐,渐匿于湿霭间,返射作奇彩。威尔思嘱予瞩目视之,时丹轮尚余半规,其堕力甚速,倏乃无睹。予慨然曰:"是不啻送人易箦也,我亦何乐乎视此。然彼固万劫不磨者,伊古以来,先我辈来此凭眺者,不知几千万人,皆逝而不返矣。"威曰:"君言固当,然何感慨之深也!"时欧战方启,威尔思日盼捷音,而不知德意志帝国之命运同此将沉之旭日耳。予兴辞,威仍送予返寓。

之三:

> 阳历九月半，计予别沪寓亦已半月矣。是日，威尔思约予出游，予辞谢之。向晚，天气沉霾，亦犹予意之不适，未进晚膳，颓然就寝。次日，偕同寓俄国茶商高力考甫游鹿岭……

从这些交集中可以看出，威尔思很有绅士风度，只是不知碧城为何拒绝人家。拒绝之后，自己并不高兴，第二天改和别人游玩了，游玩之后，又做梦让威尔思这个战败国的德人，为她而自杀……不得不说，姑娘的心思不能猜，老姑娘的心思更不能猜了！

1917年的夏末秋初，京直发大水，总统冯国璋特派熊希龄督办河工水灾善后，熊希龄到职后在北京自己的私宅设立了督办处，向全国发出赈灾通电，并约中外慈善团体到督办处开会商讨赈灾办法。与会的上海红十字会一回沪，上海的绅民就都动起来了，碧城与上海仕女们发起成立了京直水灾女子义赈会，并代拟赈灾通告，至于她本人，则捐了十万银圆。估计是给樊增祥写信说了自己的壮举，惊得樊大大回信大赞：

> 碧城贤侄如面：得手书，固知吾侄不以得失为喜愠也。巾帼英雄，如天马行空，即论十许年来，以一弱女子自立于社会，手撒万金而不措意，笔扫千人而不自矜，此老人所深佩者也。……

问题是，虽然富有，不缺友，亦不缺社交活动与社会活动，但随着年龄的增长，碧城"何所托"的焦虑感与虚无感还是日益增加。1918年春天，她应老友徐蔚如之邀，上京听谛闲法师讲经。

谛闲法师（1858—1932），俗姓朱，出家后法名古虚，字谛闲，浙江黄岩人。幼年丧父，曾入塾读书，不数年以家贫辍学，到舅父的中药店做学徒，稍长即渐达医道，娶妻生子，自设中药店于黄岩城北门，兼理方脉。越两年，以先后妻死子亡、慈母见背，感悟人生无常，即剃度出家，这一出家就成了大家，除了四处讲经说法，还历主慈西狮子庵、永嘉头陀寺、绍兴戒珠寺、上海龙华寺、宁波观宗寺等。这次北上北京讲经，是徐蔚如居士邀请的。这次主题活动据说进行了两个月之久。其间，碧城得以向谛闲法师诉说自己的苦大仇深。于是谛闲法师问碧城："你来这里，是向我求福、求寿还是求法？"

碧城当然不能那么俗，什么福和寿，俺求的只有法："碧城近年读经，甚感百忧铄骨，万念灰心，终逃不出造化之外，惟愿割舍平生之苦乐，追求菩提大道为旨归。"

谛闲法师曰："好，既为学法而来，那我就告诉你，欠债当还，还了就没事了；既知道还债辛苦，以后切不可再欠了。提起话头来，参吧。"

据说碧城听后若有所悟，跪在地上，口诵"阿弥陀佛"，并且上前谢过谛闲法师。

我觉得大家还是有些迷信大家了。谛闲法师说的这些，还没有我一中专毕业的朋友说得妙，当然，我这朋友悟得也够深的了。比如碧城诉了身世之苦，我朋友也能告诉她，那是你欠这个世界太多，或者说前世欠债太多，所以就甭诉苦了，赶紧还吧，还完就没事了。这朋友个性独特，她老公是事业成功的男人，对她的要求就很简单，当然这种简单对别的女人来说也不好做，就是贤妻良母、相夫教子。但是我这朋友不愿意，虽然是家庭全职妇人，但闲了就往外窜，导致孩子放学了她没接，老公回家了她没做饭。两个人难免搁气。但是这朋友有了佛性，她一点不生气，跟我说：唐僧西天取经都九九八十一难到处妖魔鬼怪哩，你说佛祖给我这样的一个老公，不就是让他给我造点障，陪我修炼让我消业吗？我得感激人家哩。

朋友以这样的心态对付老公，真是气死老公没得商量。碧城没有老公，但是，有老公，就有有老公的愁；没老公，也有没老公的愁。碧城前拒基督后拒道，最后奔向了佛，你可以说是个人根性的缘故，也可以说是谛闲法师的"狮子吼"吼住了碧城！

为了理解碧城，我这个只读过《圣经》却从不读佛经的人居然读了下《心经》，朋友还介绍了《坛经》与《楞严经》等，可我一看那长长的阵势，就害怕了。而读《心经》的感受是，自己如果心里有经，不读这个也罢；当然，如果自己心里没经，有根性，或者说有慧根的话，读了这个，心里也会有经的。世上很多事，需要外在的启悟；但世上也有很多事，靠自悟也成。

谛闲法师在京讲经两个月，有人说碧城最后皈依了谛闲法师，受了三皈五戒——我觉得不确。第一，谛闲法师是天台宗泰斗，碧城最后皈依的是净土，不是一宗的嘛。第二，对于碧城来讲，听一次经，问一次法，就跟我们去找心理咨询师谈了谈心一样，还谈不上皈依吧！第三，这个时候的碧城，还正年轻气盛，吾心飞扬呢，她的皈依，怎么着也得等到体弱多病、年老色衰的时候。一句话，甭急，不到时候哩。

哥伦比亚大学的自费旁听生

　　前面说过，1904 年，秋瑾曾邀请碧城一块赴日游学，被碧城所拒。

　　这个可以有。我的意思是说，拒对了。

　　一是，碧城与秋瑾不是同道人，即使同到日本，两个人也处不到一块。因为秋瑾不是为了留学，而是为了闹革命的。秋瑾那种"读书即是不革命""不革命即是反革命"的架势，与碧城的三观严重不合。别说碧城了，就是同在日本留学的浙江老乡周树人，也很看不惯秋瑾的，秋瑾 1906 年即回国闹革命了，周树人却在日本继续留了下去。

　　二是日本也不是留学的正经地方。那个时候的日本，为了挣中国人的学费并且影响中国，办了很多速成性质的野鸡大学，学制短则六个月，中则一年，长才两年，而清朝很多留学生游学日本，也没有几个是正经学习的，吃喝嫖赌外加夹带革命；相对认真留学的周树人，虽然没有跟着秋瑾回国搞革命，而是选择继续留在日本，但基本上不去上课的，仅是在学校挂个名拿个公费助学金而已。

　　总之，真想学东西，还得去欧美！

回国后的秋瑾因革命事发，于 1907 年被处斩，这把碧城吓得不轻。1909 年袁世凯被摄政王载沣以足疾为由赶回家抱孩子去，又让碧城受了惊吓。她病了，并且想弄个公费游学美国的名额出走他乡，但出于种种原因，恩师严复愣是没有给她弄成，就耽搁了下来。

碧城的公费游学一直弄不成，我分析原因如下：

第一，碧城没法走庚款留美。庚款留美生始于 1909 年，从 1909 到 1911 年，每年考选 100 名（其中第三批中就有碧城的安徽小老乡胡适之）；女生庚款留美，始于 1914 年，虽然名额很少，只有十名（第一批中有一位叫陈衡哲），但是碧城条件严重不符，当时给庚款女生的规定是"体质健全，品行端淑，天足且未订婚，年在二十三岁以内，国学至少有中学毕业程度，英文及科学能直入美国大学校"。这里面，除了一个品行端淑，一个国学，其他全不符。其一碧城 1914 年虚岁 32 了；其二碧城的英文及科学不行；其三碧城是小脚。《民国日报》前辈叶楚伧写诗调侃晚辈成舍我："面庞爱看马君武，身段还慕吕碧城。夜半时闻学苏白，小东门外认前生。"其中第二句说的就是当年《民国日报》的小伙计兼报社记者成舍我，年纪轻，性诙谐，喜模仿人家吕碧城小脚走路的姿势，学得惟妙惟肖，又带点夸张，惹得报社同人直乐。以至于直到现在还有人猜想，吕碧城到底是跛脚，还是很厉害的外八字、内八字，抑或鞋子里塞了棉花，走路有点一摇一摆，好像踩高跷、拄着两根棍子在移动？

第二，地方公派、官绅游历或贵胄游学，碧城不是错过，就是够不着。在庚款女生留美之前，就有各省官派女生留美了，始于 1907 年，是由两江总督派出的，三个名额。1908 年浙江也学两江，开始选拔女生留美，总之，女生资格是由地方官来把关的……可惜 1909 年袁世凯靠边站了，同年袁世凯的好友兼亲家端方虽然坐上了直督的位子，但旋因在慈禧太后丧葬仪式上拍照被罢免归家。否则，不管哪个人，都可以帮碧城实现留学愿望的，即使不能留学，以公立中学校长身份，也能弄个官绅出国游历——清政府的官绅游历是考察兼游学性质的。至于贵胄，则必得王公子弟、宗室子弟才能摊上。

第三，民国后，政府开始有意识地对留学生，不论官费自费皆有资格的要求了，因为留学生不讲留品，直接影响咱大国形象，碧城就更不好办了。1916年教育部对官派留学生的资格要求是本国或外国大学毕业生、本国大学教授或助教、本国专科学校或高等师范学校教授，可惜碧城当年仅被举到公立中学总教习及校长的位子上。1914年教育部对自费留日生的资格规定是中学毕业生，或中学以上各校教员，1924年又把中学以上各校教员改为办理教育事务2年以上者。由此可以看出，公费，碧城是永远够不着了，只能自费了，且自费也得讲资格，好在她的北洋女子公学总教习及校长的资历，怎么也够格了。

有心人总结中国的留学史可分三期。第一期1872—1906年，资格无定规，唯由派出方决定。也就是说，碧城要公费出国，应赶在1906年之前。第二期1906—1916年，资格乃中学毕业。碧城有资格，但她1909年才有想法，那时上面却没人了。第三期，1916年之后，碧城只能自费了。

自费就自费，与十年前相比，碧城早已不差钱了。北京听经结束后她回到上海，找寰球中国学生会的朱少屏，办游学事宜。朱少屏的寰球中国学生会应该算最早的留学中介了吧。

寰球中国学生会给碧城弄了个美国哥伦比亚大学的自费生加旁听生，并且碧城还有同龄女伴，前面出现过的张默君，此君在教育与媒体方面，不弱于碧城，革命与资格方面，不弱于秋瑾。不过这次相伴没有伴成，1918年夏天，张默君进了哥伦比亚大学学了教育学，碧城却因染上时疫，迁延达两个月之久，没有成行。

病有多重不知道，只知道她遗嘱都写了。

遗嘱是写给老友费树蔚的。这里我们可以看看遗书内容：

> 辱存问，感甚。今夏料理西渡诸事就绪，忽染时疫，迄今两月，二三日辄一反覆，至为倦厌。今春曾两次梦入一室，状颇坚固，甫入其门，即戛然闭。余知自此与尘世永隔，皇急而醒。又数年前，寓沪上法国医院，梦得七律半首云："九莲华烛烂生光，玉女苍龙递守防。廿载沧桑成一笑，百年短梦费平章。"又初建沪宅时，梦得一联云："生死流转两相守，华屋山丘一例看。"又儿时梦有人示以画册，云余姊妹之事迹，初展数图不甚记忆，后阅余一己者，则画荒草中有绣被裹一尸，旁有人持锄瘗之，题云："青山怜种玉，黄土恨埋香。"又梦立丛竹中，影为夕阳所射，修瘦几与竹等，得长短句云："看竹里、微阳泻尽，淡黄颜色，渲染出、幽惨人间世。"虽云春梦无凭，然合而观之，殊非佳谶。四舍妹未亡之前，梦其对余诵诗两句云："浪花十丈波十围，日月倒走山为飞。"后得其噩耗，所殁地名鼓浪屿，亦异矣。今春诣崇效寺，看牡丹已谢，率成一律曰："才自花城卸冕回，零金剩粉委苍苔。未因梵土埋奇艳，坐惜芳丛老霸才。却为来迟情更挚，未关春去意原哀。风狂雨横年年似，悔向人间色相开。"语气颇颓丧，然彼时游兴颇浓，且拟海天破浪，固出之无心也。果不久物化者，拟葬邓尉，购广地于湖山胜处，碑镌客春探梅十首于上，植红绿梅多本，使常得文人酹酒吟吊吾魂，慰矣！拉杂作此，助君诗话之资，可一笑也。

针对这遗书，我问老韩："佛道兼修，你冲突不？"他回答如下：

佛道在深层次上不冲突，道以身体为道具，步步修炼，层层攀升，性命双修，最终修出阳神与道合一，追求长生不老，得道成仙。佛则以种种法门直接修炼心性，以明心见性成佛为指归。两者关注重点和修行路线不同，但最本质上是一致的。道家理论不够丰富，但修身技术很丰富，甚至鱼龙混杂，须明鉴，但总身心互动、性命双修比较可靠。佛家理论宏阔、完备，但总关心性，鄙视色身，根器低劣之人修佛法，如不得法，可能空度一生，毫无收获。

那么，我能总结为，道是身心并重，而佛偏重心性吗？而碧城躲道向佛，当是心性使然了？老韩说：我若开方子，应先强身，再修道。

针对这遗书，老韩给出的观感是，疑难杂症都是"身+心+文化"病，并分列如下：

其一，体质差，心神不宁，故多怪梦纷纭；天生聪慧，常习诗文，故梦中也有佳句，梦醒记忆犹新。

其二，孤身女人，阴气重，心气郁，故梦境消沉凄苦。

其三，有自命不凡之心，受古典灵异文化熏染，疑神疑鬼，故对梦境自作异想异解。

其四，从轮回角度猜测，她可能是野狐妖类转世，带有一定宿慧善根，故有向佛之心。

总之，身心俱见病态，身病多恶梦，心病疑神鬼，恶性循环。

最后，老韩写了一首《判吕》：

如山慧才寄弱舟，碧海漂荡载沉浮。
愁城无奈风云乱，屡向青灯托自由。

第二句中的浮，按唐韵读音是 fóu，别学我，读成 fú 了，还怪人家老韩韵脚押得不对。另外，对尾联中的"屡"字，我表示严重不适。老韩说，诗中已嵌了碧城的名字，再嵌个"屡"（吕）字显得全乎。我说，明知道它是谐吕，但还是不适。于是老韩说，你可以改为"却"或者"终"。嗯，这俩字都好，可备选用。

看了碧城的信，就是看到一个孤寂的老姑娘——36 岁了，多病多梦，没有家庭，没有亲人（与二姐绝交，只有大姐）。看到这信可以确定了，老费与碧城没有暧昧关系！不过，真不如有点呢，也算是一种慰安。你看看姑娘都这么苦了，都不敢跟老费撒个娇，最后一句，"助君诗话之资，可一笑也"。

碧城立遗嘱都跟他如此客气如此见外，当是没有什么暧昧了！

不过，这里我还有一个大大的疑问，这个疑问居然没人发现，也没人表示质疑。就是，碧城的信中，所谓的《崇效寺探牡丹已谢》与碧城当时的《崇效寺探牡丹已谢》并不是一个版本，也就是说，碧城写信的时候，把原诗改动了。我们现在看看原诗：

才自花城卸冕回，零金剩粉委苍苔。
未因梵土湮奇艳，坐惜芳丛老霸才。
却为来迟情更挚，不关春去意原哀。

长安惯见浮云变，又为残红赋劫灰。

首联未改，颔联"湮"字改为"埋"，颈联"不"字改为"未"，无伤原意。尾联由"长安惯见浮云变，又为残红赋劫灰"改作"风狂雨横年年似，悔向人间色相开"，这变化就大了。不改之前，是纯粹咏牡丹的，虽然也有托物言志的成分，比如什么花中之王，什么奇艳，什么老霸才，难免有自喻的成分，但纯粹是不走心的，矫情地为花王伤感叹息一下而已。但现在自己病得都要立遗嘱选墓地了，岂不比残花还要残？所以尾联强烈地变为托物言志，自伤身世，幽怨人生了：姑娘我都被风雨摧残成这样了，我真后悔，人世间走这么一遭！

既然要走了，你看看遗嘱葬地，果然是邓尉。不但是邓尉，而且还要求把自己去年游邓尉的探梅十首刻到墓碑上。

老费接过这信后，自然吓一跳。自然，是一番诗词来往的慰安。

着急的还有大姐惠如，听说三丫病重，特地从南京赶到上海，把她接南京治疗，有所好转后，又把她送到离南京七十里之遥的汤山温泉疗养。这一疗养，身体好了，心情也好了。碧城的《绮罗香》里，不知是夸温泉呢，还是夸自己赛过杨贵妃呢，居然有了如此欢快的词句："兰汤谁为灌就？也似华清赐浴。"疗养一阵子之后，碧城回上海，上海的冬天也不好过，碧城转战香港疗养，其间，主要还是与费树蔚诗词互慰！

1919年春，姑娘终于回了上海。

1920年，姑娘终于可以赴美了——其实说姑娘早已过了，姑娘今年虚岁38岁了。启程前，1920年的春天，姑娘值得记录的事情有三项。

第一项，体现在她的《访旧记》中。说1920年的春天，客居京师的她曾有事赴津，闲暇时去某小学访同学女友：

驱车入僻巷，茅屋土壁，与惨淡日光同色。小家女三五踯躅于短檐下，多着红布衫，足小如糭，而泥污殆遍……已而抵校，屋宇稍整洁……径至吾友处，相见凄然，几不能语。风韵犹似当年，而憔悴骨立。盖女士以侯门丽质，赋绿衣之怨，大归后为某小学校长，菲衣粝食，与村娃伍，断送韶华于凄风苦雨中，已不知几历寒暑矣！

从这段描述中，我们可以看出碧城的三观及诸多意思：

其一，姑娘很少见过穷人，甚至僻巷茅屋都没怎么见过，所以同学所处的环境，深深地刺激了她；

其二，所谓的绿衣之怨，典出《诗经》之《邶风·绿衣》，意思是说，由于二奶上位，她同学被休回娘家了。

其三，休回娘家也不怕，居然天天跟村娃为伍，美好年华断送于凄风苦雨中，真不值矣！

确实不值！碧城当天晚上回北京，回到自己住的饭店——碧城特别强调自己住的北京饭店，"华灯如雪，方张乐跳舞，如春潮之涨也""诸银器为灯光反射，照眼生缬"云云，于是碧城睡不着了，即兴出诗一首："又见春城散柳绵，无聊人住奈何天。琼台高处愁如海，未必楼居便是仙。"

这里反映出碧城矛盾的心态：同学女友所过的那种日子，自然是她不愿意过的；但是自己这种日子，也不是神仙的日子。一句话，低处有低处的悲哀，高处也有高处的哀愁！当然了，如果翻译成现在的流行语，当是，宁在宝马车里哭，不在自行车上笑吧！

第二项，去苏州会老费。自然又是游览苏州名胜，诗词唱和。她送老费一则《满江红》：

> 旧苑寻芳，尚断碣、蝌文未灭。石湖外，一帆风软，碧烟如抹。蒩叶正鸣湘云怨，葭花犹梦西溪雪。又红罗、金缕黯前尘，儿时节。
>
> 人有天，凭谁说。征衫试，荷衣脱。算相逢草草，只赢伤别。汉月有情来海峤，铜仙无泪辞瑶阙。待重拈、彩笔共题襟，何年月。

老费送她一则《送碧城之美国》：

> 吹云和笙董双成耶？蹑远游履褚三清耶？
> 霓裳独舞赵玉容耶？玉鞭一往李腾空耶？
> 子今告我适异国，仙乎仙乎留不得。
> 此心久逐苍浪去，世人那得知其故。
> 风城歇浦感苍凉，车鸣扰中梦不长。
> 戒坛昨夕微风举，大横庚庚画沙语。
> 是谁认得凌波痕，佥名凤纸双温馨。
> 旧时仙侣若相忆，雪中小点惊鸿迹。
> 况我痴首非仙人，惜子之去子莫嗔。
> 天涯处处花开落，去往飘然莫泥著。
> 送子为天河浣沙之行，赠子以阳光咽笛之声。
> 鹤书早寄珍珠字，百年会有相逢地。

一般人也都承认，老费的这首《送碧城之美国》，显示出了他对碧城"缠绵悱恻的深情厚意"，不过有人据此认定，两人之间不但没有暧昧，且凡认为他们有暧昧的人"不过是庸人自扰罢了"。老韩对此不置一言，只说："据吕词，他们可能是少年就认识的故人。据男诗，又有游仙诗的味道，多用道家语。"

第三项，碧城给当时正牛哄哄的直系大将吴佩孚写信，寄诗集。碧城信件内容不得而知，但知吴将军回信如下：

  接诵惠函及锦集二卷，端庄、典雅非末流俗辈能步其后尘。足见我黄祖流泽之远，国粹涵濡之深。巾帼之章不减于文人学士也。时局变幻，国势阽危；佩孚匡扶无状，过蒙推许，盖滋愧歉耳。祇肃鸣谢，顺颂碧城女士莲祺。吴佩孚顿首。

王忠和据此评价说，碧城既不进官场，以免一身污秽；又不愿意触怒当局，而是保持一种超然的独立地位。"她更多地是与文人、名流来往，始终保有着一种'无官一身轻'，可是'说话又有人听'的微妙境地。"

确实有些微妙，站在文人的角度，碧城居然还有这种低俗的功夫！站在名流的角度，碧城居然还有这种心机！

吴佩孚是中国军阀中难得的秀才将军，作为直系军阀首领曹锟的第一战将和智囊，作为首位登上美国《时代》封面的中国人，除了能打仗，会带兵，还醉心佛老，能诗善画，彼时正虎踞洛阳，处于其政治军事生涯的巅峰时期，名震中外。连他的老大曹锟都说："只要洛阳打个喷嚏，北京天津都要下雨。"碧城又是寄诗集，又是写信，跟我们在网上转自己的帖子给网络大咖一个意思：不打赏，至少点个赞给转发一下嘛！而且吴将军确实也点赞了。不过从回信中我们可以发现，碧城也拍吴将军的马屁了，以至于将军说"过蒙推许"。可惜具体怎么拍的，吴将军与碧城都没有保留下来。

碧城终于走了。船在旧金山登陆,同行的一百多名留学生由于天气下雾,不能出游,都愿意多住几天,然后结伴同行。碧城说自己住得不耐烦,便请中国的王领事陪同出游;王领事有公事——当然不能随便陪一个富婆旁听生出去玩了,但还是派一个陶书记,和碧城坐一部汽车,游图书馆和金门等地。碧城没说汽车是谁派出的,还是自己雇的,总之她也不差钱,只说民国时的领事馆人员,还有陪留学生游玩的义务,在我听来如天方夜谭。

用碧城的话,在旧金山游玩够之后,"一意孤行,不肯等候众人,独自往纽约去"。有人劝,她也不耐烦听,总之,她改乘火车,四昼夜的时间,打到了纽约,入住当时号称世界第一的宾夕法尼亚酒店(Hotel Pennsy–lvania)。正式开始了富婆旁听生的生活——在哥大主修英语与绘画,学期两年,兼《上海时报》特约记者。

值得一提的是,两年前约的那个女伴张默君已经毕业回国了。而她新结识的校友中,有凌楫民与杨荫榆。凌楫民,浙江人,与碧城也算文友,后因事先碧城回国,先做法学院教授,后在上海做律师。杨荫榆(1884—1938),比碧城小一岁,江苏人,杨绛的姑姑,但历史上的名声比碧城剽悍多了:1907年官费到日本东京女高师留学,回国后到北京女高师任学监,1918年获教育部资助来哥大,获得硕士学位后于1923年回国,1924年2月任北京女师大校长,11月身陷许广平等学运分子的驱杨运动中,被搞得灰头土脸。鲁迅更是把杨校长骂得狗血喷头,杨校长无处立足,跑回苏州老家去了。

碧城给《时报》写了什么文章,不得而知,1921年《申报》则发有碧城的几则《旅美杂谈》。

《旅美杂谈一》，感叹了一下美国的义务小学教育、美国的一夫一妻和中国的妻妾制、美国崇尚白由、女子吸烟问题、美国排日问题等。

《旅美杂谈二》，感叹了一下美国不分冬夏的时令及纽约一下雪上等人士皆出动扫雪的风情，还有，不是美国不见蚊蝇及赤膊人士，倒是女人，可以随便赤膊露背，让碧城心生艳羡，并且一下子就学上了。

《旅美杂谈三》里，碧城感叹纽约汽车很多，但伤人之事则不多见，因纽约车主开得极慢，且行人优先。碧城由此感叹中国人命贱，就是供蹂躏的，车主们开车伤人，乃是自贱其类云云。碧城还感叹了纽约地铁吐痰于车中就罚五百元并监禁一年的规定。至于美国的街市，也让碧城生两种感叹，一种是美国行人皆衣冠楚楚，袒背跣足者，蓬头垢面者，你想找一个都找不到。一种当然就是回忆故国了，"每值暑季，贩夫走卒，多赤膊跣足。即店铺中商人，亦成群袒背，密入肉林，极不雅观，彼等居之自若也"。除此之外，就是中国街市的人声喧杂，相形之下，美国街市但闻车声不闻人声，虽然法律没有规定路人不得喧哗，但人家美国人就是默不作声……最后碧城还讲了一个例子，就是有女人羡慕碧城的中国衣服太土豪了，叩门来访，碧城就是不开门，事后来个侦探，告之碧城：她是来抢你衣服的……

《旅美杂谈四》谈了下纽约旅游业的发达，主要内容是自己某日乘船浏览各海港，没等跳板放好，自己就跳了出去，至被缆索连板拖载而过，吓得船主大呼"万能的上帝，你不能等待耶"。同游之客告诉碧城，其友乃兵舰人员，中国义和团运动时，英法美各二艘军舰直驶扬子江，江上民船甚多，千百计，首尾相接，都是以船为家的船民。兵舰人员指挥民船闪避，一是语言不通，二是仓促间无处可移，于是这些军舰就直接闯进去了，于是船毁声及哭吓声一时并作。碧城听了，难得民族主义一回，说：万能的上帝，彼不能等待耶。于是赢得了讲述者的掌声。

《旅美杂谈五》碧城讲了下美国的黑人问题。

有关碧城的学业。英语方面，她翻译了《美利坚建国史纲》。我特意读了她的《美利坚建国史纲序》，没有发现亮点。说到这里我想再提一下碧城的那个小同乡胡适。胡适比碧城小8岁，但是来美国留学比碧城早了十年——1910年考了庚款公费留美，进了康奈尔大学，1915年进了哥大，1917年回国，成为新文化运动的旗手，是我推为标杆的中国近代史上最健全的自由主义者。说到这里又得提根性这个词了。同是留美，同是走过哥大，这走向也太不一样了。另外补充一句，1914年考取庚款公费留美的那个比碧城小7岁的陈衡哲在美国硕士毕业，被蔡元培拍电报，请回北大做教授了。

圣诞节的时候，中国驻纽约领事馆举行集会。碧城看到了美国社会所谓的交谊舞。这个她喜欢。所以要说碧城留学最大的收获，当是这个交谊舞了。

碧城专门有文章《说舞》。理论如下：

> 人类无分文野，本天性而为歌，舞则同也。唯文明愈进，跳舞愈成为巍然有统系之仪式。迂拘者目为恶俗，每禁戒其家属，勿事学习，此无异哀乐发于心而禁其啼笑。拂人之性，古圣不取。舞之功用为发扬美术，联络社交，愉快精神，运动体力。

下面我们看看实践。前面说过，碧城一到纽约，就住进了世界第一的宾夕法尼亚酒店——她没有住哥大。不知道是哥大不给自费生旁听生安排宿舍，还是碧城自己不差钱，不愿意去公共宿舍，总之，她长期住在了豪华大饭店。豪华到什么状态呢？其一，客人多。寓客几千，加上外来的客人，每日总有万人出入。其二，地方大。碧城说，每天坐在旅店楼上的环形游廊看楼下大厅里的客人就看不够，花花绿绿，形形色色，万头攒动，仆役奔喊于其中。其三，宾馆里应有尽有，饭厅、茶室、药房、照相馆、理发室、杂货铺、服装店，应有尽有，甚至就连火车站都在旅馆的地道下，直接由纽约的下市，通到上市，把纽约都贯穿了。其四，《晓珠词》里有人夸碧城在美国的阔绰："居纽约大旅舍，宏壮甲一都，房金最巨，西人寓者多不逾七日，居士竟淹留至六月。居士乍御锦衣，虽日赴数宴，衣必更，未尝一式。"

据碧城1921年夏秋之际写就的《纽约病中七日记》，我们可以窥到诸多信息：

其一，日子很无聊。参见碧城文中这些片段：

> 近来我很心灰意懒，仿佛是参禅的人，大彻大悟。
>
> 无聊极了，……无事可做，倒楼栏间，看看广厅里往来客人，真是形形色色，也不知道他们忙的是甚么。回想到我自己，也是如一粟漂在沧海，也不知道生存的目的何在。
>
> 我的病差不多完全好了，但是精神很为郁闷，又无事可做，不知道如何是好。举头一看，倾耳一听，无非是缤纷色彩，悠扬音乐，真所谓锦绣丛中，繁华世界。然而以我这样枯木死灰的人，置身其间，又与墟墓有何分别呢？大抵一个人，万缘参透，便无希望。一个人无宗旨，就成了行尸走肉。那么一举一动，一衣一食，都觉是多事烦扰。

其二，无聊到死。

本来就无聊，一生病更无聊；无聊也罢，居然一直做恶梦。恶到甚至"一恸而绝"。她说："我或者要和这可厌的世界告别么？"于是摇响电话，把旅馆医生请了来。医生长得很帅，碧城说他"仪表俊爽"，至于特护，也"很是和蔼"。不管是出于职业素养，还是旅馆售后，医生与特护的到来，几句问询及玩笑，就温暖了碧城孤寂的心，用她的话："我们又叙谈了些闲话，幽寂的斗室里，当时就融融如有春气……他们去后，我觉心身畅适，就酣然睡着了。"

可见碧城多么缺爱。

其三，碧城在旅馆的舞场里有个固定的舞伴，名叫汤姆，可惜是个工人。大家都知道碧城是个富婆，甚至传言她是中国的公主，而且是真公主，不是假公主云云。这多少让汤姆这个工人有些发怯，当然再发怯人家也是有自尊的。虽然是固定的舞伴，但是碧城由于曾在国内问一个外国人，跟中国丈母娘审问相亲女婿一般，导致对方认为她很冒昧，跟个律师一般，有了这个教训后，碧城跟汤姆经常跳舞，却对人家的情况一无所知，用碧城的话"不过是逢场作戏，除了互通姓名之外，也不作深谈"。一句话，汤姆是碧城打发无聊的一个工具而已。但汤姆很自卑，有一次跟碧城说："我猜你的地位很高，我不敢瞒你，我是个工人。你须酌量，要是你的富贵朋友知道你跟我来往，他们就不跟你来往了。就连这个跳舞场，也不是上等地方，全是穷人来的。"碧城回答说："我并不是势利人，别人的富贵，与我何干？况且我是经济独立的，不靠别人生活。"汤姆回曰："你既不怕，我便心安了。"

这里可以发现，碧城在处理男女关系上，还是欠一点。她回的那话，有些答非所问，一句话，并不是汤姆最需要的。后来，碧城处理得更欠缺了。某次，一个据说是塞尔维亚首相侄子的银行经理约她跳舞，她便冷落了汤姆，没想到鸡飞蛋打了——过后听说那银行经理不过是纽约一个银行外国汇兑部的退职经理，之后也跟碧城断了联系，而汤姆自尊受损，再也没找过碧城，甚至在跳舞场都再也见不到他了，这让碧城很失落。

其四，碧城值得夸耀的一件事，可能是纽约大富婆席帕尔德夫人对她的一次宴请吧。当碧城为参加宴请而去整头发时，负责给她整头发的侍女道亦尔听说自己的客人要去大富婆席帕尔德夫人家做客，又惊又羡，先是说席帕尔德夫人岂是容易接近的，如果能得她的欢心，她的势力大呢，什么事都能替你办得到的，后是教碧城如何与富人周旋。碧城说：

> 我听着只是不开口，等她说完了，我从容地对她说道："你知道么，我比席帕尔德夫人还要富呢。"她听了，怔了一怔，随说道："那么我失敬了。"

1922年，碧城的哥大自费旁听生生活终于结束了。总结起来，碧城这两年的收获不外是：第一，学会了跳舞；第二，炫了炫富；第三，国外固然灯红酒绿，但碧城并不是乐不思蜀，相反，她很想回国，但是国内一团乱麻，很让她头痛；第四，由于自己是富婆，固然遭遇外人的歧视少些，但清寒的中国男学生当受多少刺激？这个碧城当是知道的，她说，中国一个官僚对她说："外洋回来的留学生，多有神经病！"

其实，碧城也病得不轻，虽然不是由于贫穷——1922年4月碧城学成回国。据碧城1924年的《横滨梦影录》，船路过横滨时她与同舟的几个美利坚妇女登岸游览，居然发生了艳遇：

方徘徊间,倏一少年趋前款客,衣欧式礼服,佩金章,缀以红缎小绋,仪止楚楚。予等告以停泊参观,幸蒙不拒,复加引导,殊为感谢。该少年操其倭音之英语,殷殷询予行踪暨学业甚详,予略答以肄美术于哥伦比亚,此行归国而已。彼出其名刺授予,加注住址,谆以别后通讯为请。予默念同行者众,彼何不悉与周旋,而独眷顾于予?讵所谓唇齿之邦,谊应亲善耶?予年来浪迹天涯,盍簪之雅,遍于各国,唯于东邻缺如,此盖因外交机陧,而私谊亦以隔阂。兴思及此,不觉微慨。予等兴辞,诸美妇中,唯一年长者与少年握手为礼,余皆避去。予仅颔首,亦即迅步趋廊外。少年则急引手穿槛花(时槛上遍置盆花),招余曰:"此别未必重逢,请一握为幸。"余从之,塞德尔女士睨予鞿然,余亦匿笑,遂跟跄出。登舟时蹑渡板,予投其名刺于海,默祝曰:"沉者自沉,浮者自浮,余某某,不友其雏。"

厥后遂忘之,迄今已二载。乃昨夜梦与家族聚处如旧时,燔灯闲话,其乐融融。忽一僮款扉,投以名刺,视之,则横滨所邂逅者。方诧愕间,僮复扛一巨箱入曰:"此某君所遗者,请检收。"而箱面之邮券及旅馆之封标,皆来自东瀛者。启之,内满储美术用品,尤以图画、颜料、毛笔等居多。吾母顿严霜幂面,怫然曰:"不肖儿!予纵汝游学,竟滥交若此,友及木屐儿耶!"予欲辩,而格格莫致一词。家人环视,虽不明加指斥,但或努其唇,或嗤以鼻,鄙夷之情,有甚于语言者。吾母检点各物,一一掷之于地,一物一詈,而不或爽。予惶愧无以自明。方窘迫间,工厂汽笛齐鸣,遂蘧然而醒,如释重负。追忆曩年情境,犹历历在目。横滨经地震奇灾,全境陆沉,谅其人已罹此劫。

余今于寒雨潇潇之夜，濡笔为记，白骨有知，于圻岩硝烬中，或亦破涕为笑。嗟乎！人事沧桑，瞬息万变，而余当日以国雠为芥蒂，殆犹未参佛氏戒嗔之旨与？
　　　　　　　　　　　　中华民国十三年三月三十日圣因书于沪西寄庐

　　旧作浣溪沙一阕，移题此篇，似亦切合：
　　残雪皑皑晓日红，寒山颜色旧时同。断魂何处问飞蓬。
　　地转天旋千万劫，人间只此一回逢。当时何似莫匆匆。

这里又得猜猜姑娘的心思了：

其一，1922年的姑娘，虚岁40了，但是，在横滨遇上一个仪止楚楚的日本少年郎，此郎明显对碧城有好感。碧城对人家，表面上是国仇家恨，甚至不惜搬出全家人出面抗议，但是，内心里是有好感的，并且这都过去两年了，还对人家念念不忘，既让少年进入自己的梦境主动给自己写信送情物，更是感叹"当时何似莫匆匆"，就差说后悔死了。

其二，碧城对少年的惋惜之情跃然纸上。1923年9月1日，日本关东发生百年不遇的大地震，横滨是重灾区之一，但是，那个少年郎不见得会死于地震，但是碧城揪心得不行。可惜，艳遇未成。

上海的败犬女王

从 1922 年回沪,到 1926 年再度赴美,碧城在上海的日志,泛泛的有这么几项:

1922 年的 5 月,哥大校友康同璧的母亲张妙华去世。碧城与友人前去吊唁,得以认识中国妇女界的大姐大康同璧同志(其实同璧年龄比碧城还要小三岁)。康同璧(1886—1969),字文佩,号华鬘,康有为的二女儿。她在中国妇女界一直是大名鼎鼎。其一,1901 年康有为病卧槟榔屿,年仅 16 岁的康同璧只身赴南洋探望,并留在父亲身边照料,由此成为"第一个到过唐僧西天取经之地的中国女性"。其二,1902 年 12 月,17 岁的她还港省亲,并受父亲委托,赴欧美演说国事。之后留学美国,先后就读于哈佛大学与哥伦比亚大学,不但成为中国留美女生第一人,还陪同父亲漫游欧美,成了漫游欧美第一人:"若论女子西游者,我是中国第一人。"其三,她是中国第一份女性期刊《女学报》的编辑与撰稿人。其四,她反对缠足,与其他女权主义者一块儿成立了"天足会",并担任过万国妇女会副会长、山东道德会长、中国妇女会会长等。其五,陪同父亲漫游欧美时,遇上父亲的得意门生、正在牛津大学读书的大才子罗昌，姑娘有了自己心爱的夫君……一句话，同璧有一个牛哄哄的爹，还有一个风度翩翩的夫；同璧名扬国内外成就大姐大地位的时候，碧城还没冲出舅家门槛呢；碧城举目无亲时，同璧已儿女双全了。

1923年的春天，得知康同璧姐妹携子女前来上海与父亲康有为度岁，碧城即去愚园路三十四号"游存庐"探望。不知两人到底谈了啥，生活遭遇虽然不同，但共同语言应该还是有的；最后，康同璧送了碧城一本自己的诗编《华鬘集》，碧城回去后以一首《春闺杂感和康同璧女士韵》和之：

> 翻手为晴覆手阴，韶华草草百愁侵。
> 桃花潭畔行吟过，怕指春波问浅深。
> 飞絮飞花遍锦茵，色身谁假更谁真。
> 春秾慧镜多渲染，不信灵犀可避尘。
> 英气飞腾荡绮思，亦仙亦侠费猜疑。
> 锦标夺取当春赛，肯惜香骢足力疲。
> 花在南枝太俊生，仙都弹指有枯荣。
> 和羹早荐金盘味，零落何伤今日情。
> 倦绣惟求物外因，自锄瑶草傍云根。
> 而今蕙带荷衣客，谁识天花散后身。

诗中对大姐大当年的非凡经历挨个点赞，但是，对大姐大现在这种海外漂泊的社会活动家生活也心生怜惜，当然更有自怜的意思。按碧城的意思，当什么侠呢，还是做仙吧。

碧城就够仙的。只不过现在还是尘仙，还没上升到天仙的境界。她还要在尘土俗世中,再经受一阵子的吹打与非礼!

1924年,碧城搬家。从上海静安寺路(今南京西路)二十号移居同孚路(今石门一路)八号。碧城的家,当然都是豪宅了,室内陈设俱为欧式,钢琴油画点缀其间,极其富丽堂皇。把门的是两个印度巡捕,一大一小。吕碧城出入皆由汽车代步,并时常出入舞厅。

1925年春,碧城到南京看望生病的大姐惠如,同时结识镇江的沈月华女士,两人结伴到苏州,探访碧城的老友费树蔚,与老费纵谈时事,碧城流露漫游欧美不复返之意,老费在庞氏鹤园设宴接待,并作诗相赠;饭后一干友人放船吴江,碧城漫歌西曲以助兴。

夏,大姐去世。

冬,《美利坚建国史纲》译毕,交上海大东书局出版。

是年,《信芳集》三卷本出版。

1926年,夏初,上海新闻学会和文艺界借碧城寓所集会,欢迎哥大新闻硕士张继英学成归国。欢迎详情不知,只知一个名叫钱化佛的人前往参加了,事后跟人口述,一是碧城家太豪华了,二是碧城与著名外交家陆宗舆和丝绸大亨庞竹卿为邻,他去参加时,发现碧城雇用的那个印度小巡捕面目神气,好似当时鸳鸯蝴蝶派作家之一的陆澹安(1894—1980),让大家为之失笑。

9月,袁克文由天津来沪,碧城访之未晤。碧城所有的诗文中,对这次没有成功的拜访没有片言只语的记载,不知何故。是觉得被拒没脸,还是觉得此事不值一提?倒是克文的《丙寅日记》专门记了一笔:"初十日,吕碧城女士见过,予犹未起,谢之。"

一个"予犹未起"颇有意味,一句话,克文赖在床上,懒得见尔。碧城当然知道何意,所以她对克文的拜访,就此终止,再也没有第二次。两应该就在这前后，碧城给灰头土脸、被鲁迅和许广平骂回老家的哥大校友杨荫榆写了《柬同学杨荫榆女士》：

> 之子近如何，秋风万水波。
> 瀛嶰怀旧雨，乡国卧烟萝。
> 吾道穷弥健，斯文晦不磨。
> 狂吟为斫地，重唱莫哀歌。

《柬同学杨荫榆女士》里看不出碧城的政见，只能看出碧城对校友的同情与互勉。但是我们可以从其他文章里找找。比如碧城的《女界境况杂谈》，就透露了一些意思。碧城认为女界越来越不如意。碧城的意思，女界留学，多学教育、医药、美术等，又实用，又适合女性。但归国后不为政府奖励，且中国政局几经剧变，导致学法政的那些家伙得以附潮流跻要位，天下都成他们的了。基础较深的学校，"又为少数所把持，成暴民专制，一校犹一国之缩影焉。远道归来无援助之教育家贸然就职，率被驱逐侮辱"。这明明就是替杨荫榆抗议嘛，抗议许广平那帮造反学生把持了女师大。

碧城是不傻的。我的感觉，碧城当年做文化超女是被动的，被人炒作的，但是随着她欧美阅历的增加，她在某些方面清醒多了。

还是9月，碧城起程赴美。这是她第二次流放自己了。

为什么碧城在上海待不住，或者说，不想在上海待了呢？

老实说，国内真没什么可待的。站在国事的角度，一天比一天不如意；站在亲人的角度，大姐死了，二姐绝交了；站在自己的角度，碧城回上海后，一者是天性中的刚愎自用及生活中的奢华，二者是完全西化的生活观念，每天袒胸露背地出入舞厅，交际花一样周旋，被上海舆论定性为"放诞风流"——郑逸梅《人物品藻录》品曰："碧城放诞风流，有比诸《红楼梦》中史湘云者。且染西习，常御晚礼服，袒其背部，留影以贻朋友。擅舞蹈，于蛮乐琤玐中，翩翩作交际之舞，开上海摩登风气之先。"

碧城是徽女，不得不承认，这个徽姑娘走得太远了。人们不戳你戳谁哩？这里举几个旁证：

第一个，1920年3月的《申报》，三期连载了一个徽州人的返乡体作文《徽州杂述》。在《徽州杂述三》中，这个仅署"乡人投稿"的徽州老表说：

> 徽州妇女，今仍缠足。天然之足甚稀，女界黑暗或谓为全国之冠。六县之大，无一女学，女子读书者万不得一。男女之界最严，夫妻姊妹而外，虽戚属皆不得晤面。然而男子一面，淫风颇炽。江西省之流妓，在屯溪者无数。官场贪得钱财，提倡卖淫征收花捐，公开为娱乐之场。以官吏作卖淫之业，可耻敦甚。江西流妓，亦皆缠足。闻潘某著论于《新安报》曰："屯溪之妓皆缠足，故良家之女亦缠足；反之如江浙之妓不缠足，故良家之女亦不缠足。是故，我谓女子缠足者，皆为将来作妓计也。"恶谑狂论，激起众怒，报旋停刊。

从文中我们可以发现，安徽女人还是传统的样子。当然也有激烈如潘某者，拐着弯儿骂缠足女是为了做妓，但是激起众怒，连累《新安报》都被叫停了。以碧城的新形象，敢回老家试试？

第二个，安徽人胡适之所谓的表妹曹诚英——哪门子的表妹？是他哥哥的小姨子，若按胡适老婆江冬秀的叫法，那就是"呔，哪里来的妖怪"了。"曹妖怪"最后做了精，杭州女师毕业后，先是被胡适安置到东南大学（后改名中央大学）学农科，后是赴美国康奈尔大学深造，回来到安徽大学做了农学教授。1929 年的《农学杂志》刊载有"曹妖怪"一篇调研文章：《安徽绩溪旺川农村概况》，写的是自家故乡绩溪旺川村的情况。她说：

> 女子求学者极少，因村民皆以"女子无才便是德"为金科玉律；曾记我幼师入学，曾引起无数毁誉，直至今日，虽渐开通，然女学生全村不上二十人；即入学者至初级毕业即辍学，非但出外入中学无一人，即高级小学毕业亦无一人；村中女子至今仍老守旧习惯，十余岁则拜师父学针线生活，做小脚花鞋预备陪嫁，或在家助理烧饭做菜；故村中女子只知做花鞋烧饭做菜，非但不会写信记账，即裁剪衣服也不能。

这是 1929 年，曹诚英的老家。这里举的例子都是农村。问题是，唯有农村才代表传统，才能对比出碧城跑得有多远。而且，中国新女性的这种跑，谈不上带跑，也就是说，你带不跑社会，只能带着自己愈跑愈远。身后一堆社会负面评价。

现在我们看看《新闻画报》1925 年第 3 期一篇文章对碧城的讽刺与恶心：

> 吕碧城停舞余闻（无我生）
> 我中华的须眉听着。

八月十一的《申报》。登在封面第一项的，便是吕碧城女士的启事，大致说她杜门谢客。此次因激于义愤，始允援工游艺会之请，与某飞行家爱君同问舞。因为地板不合欧式跳舞，所以作罢，并非游艺会假借名义，请众原谅。又谓此实本当与国人同舞，无奈皆却避不敢登台，不得已，商之爱君，即蒙慨允……啊哟！中华的男性朋友。吕女士请你们同舞，怎么推推却却，不敢登台。她自己是个女流，够多么大方。中国人不肯，就是外国人。而且那位爱君，真也不错，非但答应，据吕女士说是"即蒙慨允"，可见他的身份必高（阿牛按：飞行家飞在数千米高的空际，怎么不高），架子必大。要非吕女士的面子，辄恐不肯应允。吕女士本来要和国人同舞，奈何她请的那几位男跳舞家，太不争气，怨枉吕女士卖了面情，去求外国人同舞。幸而当时地板不好，否则一中一西，不中不西的舞一阵，恐怕吕女士的啧啧芳名，也要因此损坏了。记者在法都有年，彼邦交际场中，只有男子向女友要求同舞，从没有女子向男友要求之理。吕女对于欧式跳舞，想是内家，不过欧洲地大物博，对于吕女士的欧式跳舞是哪一国的，这个要请吕女士，声明声明。免得别人要讥吕女士做了啊。

这文章对碧城夹枪带棒。这是1925年，甚至到了1934年，张发奎旅游国外，与碧城跳了一回舞，都上了中国新闻。《摄影画报》1934年第10卷第20期有新闻《吕碧城与张发奎跳舞》云："吕碧城女士为当代须眉才女，诗古文词皆能成家，尤嗜跳舞，曾在沪创办上海跳舞学校。近来旅居欧洲，此次张发奎漫游至德，女士闻其名，与之相偕跳舞云。"

这个新闻没有夹枪带棒的恶心，算是正面报道，但里面透露几个信息：

第一，碧城嗜舞；第二，碧城曾在上海创办跳舞学校；第三，这次跳舞，居然还是碧城女邀男。

至于女人的袒胸露背，前面说过，早在碧城在哥大做旁听生时，就羡慕上并且学会了。我们先看看碧城在《旅美杂谈二》中对彼邦女人的描述："赤膊妇女可见于晚餐会、跳舞场等，轻绡一幅，仅束其胸，背膊几乎全袒，显其玉雪，如《洛神赋》所谓皓质呈露，非若吾国之车夫苦力，赤膊如酱鸭也。日间街衢往来之妇女，衣裙极短小，袖不蔽肘，裙仅从膝，自矜时式，似欠雅观，殆文极而野欤。"

从中可以看出，碧城认为袒胸露背的西女，俨然是曹大才子曹植《洛神赋》中的神女，美极；碧城认为这种美，跟中国车夫苦力那种赤膊如酱鸭的国情不在一个层面上；碧城还认为，如果女人自矜时式，似欠雅观，但是，文明到了顶峰，反而野性了。

不用说，先天就性傲且喜异装的碧城，最容易不矜时式了，回到上海的她，首先带回的就是西式交际舞和文明到顶峰的野性着装。一句话，我放诞我的，你们甚至连我的裸背赤膊都看不见的。老娘才不在乎哩。但是，碧城还惹出几起公共事件，让她有些站不住。

第一起，碧城养了条名叫杏儿的宠物狗，宠狗宠得比人还厉害，可谓感情的替代吧。某天这感情的替代被一个洋人的摩托车子给撞了，碧城不依不饶，讹对方到最好的宠物医院——戈登路兽医院，给杏儿完全瞧好才作罢。这件事给了上海洋场才子、鸳鸯蝴蝶派写手王小逸以灵感。他遂写了一篇《李红郊与犬》，署名"捉刀人"发在了《开心报》上，时间当在1926年的3月。

王小逸(1895—1962)，名次鑫、鑫，字榕生、雄声、小逸，上海南汇县川沙镇人。笔名很多，大要有捉刀人、春水生、爱去先生、伺家支、乙未尘等。1912 年，17 岁的王小逸还是上海东亚法科大学学生的时候，就写出了小说处女作《痴情花》。大学毕业，他没有找到与法律相关的工作，而是成了一个小学的教书先生，业余时间与同人写文编报，遂成著名才子写手。报人金雄白对他评价曰：

> 洋场才子中有两人确是值得钦佩的。其一为王小逸，他以"捉刀人"笔名每日为大小报纸十余家写小说。下笔如春蚕食叶，顷刻而就。他的容貌恂恂如三家村学究，但笔下旖旎风流，近乎淫秽，而布局每多想入非非，引人入胜。我办《海报》时，他为长期撰述者之一。有一次，我特地请他写四篇中篇小说，笔调要一学《红楼》，一仿《西厢》，一追《三国》，一效《水浒》。十日之内，居然全部交稿，虽未必能说完全可以乱真，但一读即可脱口而出曰，这是《三国》笔调，这有《红楼》韵味。可见其不仅生有才智，亦可见学有渊源。他每日写十余篇，向壁虚构，而书中情节，能丝毫不乱，不可谓非奇才也。

其实所谓的"旖旎风流，近乎淫秽"，概括得并不完好，用台湾学者蔡登山的评价，是这样的：

> 王小逸更熟稔市井的语言，他将市井小民即兴的谐谑"生动"地作为人物的对白，充满了"性"暗示，也就是范烟桥所说的"'语带双敲'的'风情'描述"。

由此可以看出，碧城让王小逸瞄上，那就完蛋了。现在我们看看王小逸的文采：

> 上海有一位女文豪李红郊，她每天的清课，总是一早拿了她的一本诗集，叫汽车夫往各处文人家里拜访，同时送诗集，请求指教。直到晚上回来，亲自把她的一条心爱的苏格兰种洋狗放入浴缸，替他洗澡。

"李红郊"对应"吕碧城"；碧城的杏儿不是苏格兰洋种，据碧城自述乃"燕产也"；与碧城交往亲密的租界领事团首席领事卓领事倒说"哈哈，纯洋种也"，卓领事又在会审公堂当裁判官……碧城拿了《开心报》就去找卓领事了。据一位翻译事后说，碧城去哭诉时是这样的："有《开心报》的记者，名'捉刀人'，他在报上骂我；还连带骂你，说你是一条苏格兰的洋狗，我替你洗澡，还有种种不堪的话。……"于是卓领事下令巡捕房严办。

前面已经介绍了王小逸，下面该说说《开心报》了。《开心报》名义上的编辑是平襟亚。平襟亚是鸳鸯蝴蝶派名将，琼瑶丈夫、台湾皇冠出版集团老总平鑫涛的堂伯。但是当时还不是很出名，只是上海一个小报编辑。上海世界书局创始人及总经理沈知方慧眼识人才，为拉拢平襟亚为其帮手，拿出两万元另设"共和书局"，让平襟亚和李春荣主管业务。与此同时，为了给世界书局、共和书局的出版物做宣传，他们出版了《开心报》。平就做了《开心报》名义上的编辑。王小逸的《李红郊和犬》一发，碧城就跟编辑较上了，用的是和当年《大公报》发表"女教习不当妖艳招摇"时一样的套路。当年她不去找作者而是找英敛之算账，这次她找的是编辑平襟亚。不同的是，她上次顶多是写文反驳，并且向英敛之抗议并绝交，这次则直接动用租界势力与所谓的法律了。

平襟亚上面也有人。文章刊出三天后，与书店颇有交情的一个探员气急败坏地前来书店报告出乱子啦，章领事亲自给局里交下一份《开心报》，说报上骂他是条洋狗，着捕房立即出拘票，把主编的负责人和写稿的"捉刀人"拘案严办。现在拘票已出，怕立即要来捉人，三十六计走为上策。你们快跑吧。

"捉刀人"可能捉不到了——1926年3月，王小逸弃文从军，担任了北洋政府淞沪警备司令部办公厅参议。1927年随军到赣、粤，1928年随军返沪。不久脱离军界，到天津做了中华电讯社的分社主任。总之，王小逸逸了，平襟亚还没逸。

当时平襟亚还不知为了哪一篇文字，正在对最近出版的刊物进行仔细检查。突然有外国人探长萨乃文，带领了探员二人到书店里捉人，平襟亚来不及逃避。其中一个名叫薛子良的探员认识平襟亚，他却装作不认识，气势汹汹地问平襟亚："这里有个叫平襟亚的人，现在哪里去了？"平襟亚也马上对上戏了："你问姓平的吗？他今天早上到苏州去了，有什么事情呢？"薛子良假作信以为真，不再问下去了。他们三个人抄查出许多报纸，满载而去。临走之时，留下一张拘票，上面写着平襟亚第三天上午九时自行投案，到会审公堂刑一庭审问。

第三天早上九时，平襟亚躲起来，由李春荣代替上堂，说明平襟亚到苏州，等他回来后投案。"捉刀人"是一个投稿的，一时找不到，请庭上改期再审。

庭上陪审官正准备改期，吕碧城在一旁说，都是假的，昨天还有人见到平襟亚呢。卓领事于是给陪审官写了一个纸条递过去，于是陪审官照着纸条宣布：李春荣以欺骗公堂关捕房三个月。一看好朋友栽进去了，平襟亚就想替李春荣投案，但是朋友们替他分析，你这一投，不但解不了李春荣的欺骗公堂之嫌，甚至连探员薛子良也要跟着倒霉，不如将错就错，你真去苏州躲避吧。躲避三个月后，平襟亚从苏州潜回上海，把老婆孩子带到苏州落户，还不敢出面，憋在家里写小说《人海潮》。

逮不到平襟亚，碧城咽不下这口恶气，遂自费在各大报纸上发个人通缉令，上悬"吕碧城悬赏缉拿逃犯平襟亚"，下写"如有人通风报信，因而捉到该犯，本人愿将珍藏已久之慈禧太后亲笔所绘观世音菩萨像名画一幅奉赠"。

这就做得有些过了。富婆再有钱有势，也不能如此碾压一个小报文人。平襟亚苦笑着跟朋友表示，本人与吕碧城未谋一面，素不相识。她这广告，做得和我有杀父之仇似的，真是何苦呢？想我一个穷书生，身价居然值慈禧太后亲笔所绘观世音菩萨像名画了，真是异数。沈知方劝慰说，吕的靠山就是卓领事，因此，你只要足不进租界一步，便毫无危险了。如今你身在苏州，她的势力范围所不及，莫说观世音画像，便是玉皇大帝的画像也吓不住咱，你且把心放到肚里。

平襟亚自是感激不尽。藏在苏州，继续憋自己的《人海潮》。

官司最后的结局，据郑逸梅回忆，是由报界老前辈钱芥尘做中间人了结的。老前辈既认识碧城，又熟识襟亚，于是热心出面说合，双方前嫌尽弃，讼事遂告和解。襟亚欣然返沪，租得李家圈一屋，办起书店，发行《人海潮》。另外郑逸梅还指出一点，就是他自己的大舅哥这个时候正在安阳给袁家做家庭教师，教袁克文的诸子读书，因此倒索寒云为《人海潮》题签。出版后，平襟亚一炮走红，赢得十万加。遂把书店迁至福州路，大事扩充，名中央书店，出版了很多图书，成为上海民办书商的巨擘。

平襟亚因祸得福且不说，只说这里的亮点，袁寒云克文。碧城与平襟亚的官司，当年轰动整个上海文坛，克文不会不知道，既知道，不但没有站在曾经的红粉知己一边，反倒替平襟亚题签站台了。联系到半年后碧城对克文的访而被拒，这里面是不是还有一点信息呢？

但是据平襟亚自己的文章，似乎不是这么个说法。说的是，1927 年 5 月，北伐军伐到了上海，上海的会审公堂收回了，改作临时法院，领事裁判权同时取消。上海变天了，于是平襟亚挺起腰板也打到了上海，把《人海潮》交给沈、李二人去出版。同时又由老友钱芥尘介绍，委托郑毓秀女律师写信给吕碧城，信上说："平襟亚前曾通缉在案，你是原告，有案可稽，现在此人在本律师事务所当秘书职务，如你要涉讼，可催法院传讯，倘一星期内不经催讯，本律师得向法院请求撤销以前的通缉命令。"蔡登山先生为此评价曰：

> 吕碧城此时因为靠山已倒，接信后置之不问。郑律师当向法院声请，撤销了前项通缉平襟亚的命令。一场"狗官司"经过了一年又三个月的时日，至此总算结束了。而《人海潮》出版后轰动一时，短短七个月内，狂销达五万余本，一举奠定了平襟亚在文坛的地位。平襟亚可说是因祸得福。

但碧城则损上加损，赢得一个败犬女王的名声——这可是货真价实的。

最后我们还可以说说杏儿的后事。1926 年 9 月吕碧城离沪赴美时，将小犬杏儿赠予好友尺五楼主。后来每次通信，必询及杏儿。终于有一次，得知杏儿死去，遂悼以如下诗文：

> 小犬杏儿，燕产也。金发被体，状颇可爱，余去沪时赠诸尺五楼主。昨得来书，谓因病物化，已瘗之荒郊，为怅惘累日，赋此

答之：

　　依依常傍画裙旁，灯影衣香忆小窗。

　　愁绝江南旧词客，一犁花雨葬仙庞。

　　前面说过，钱仲联把吕碧城称作"近代女词人第一"，但是，我们只截了个尾巴，前面还有长长的一截呢。在《近百年词坛点将录》里，钱仲联给碧城点的将是这样的："地阴星母大虫顾大嫂吕碧城圣因近代女词人第一。"还说她"不徒皖中之秀"。一句话，这女人还有另一面，母大虫顾大嫂，一般人惹不起哩！

　　让碧城名声受损的第二起公共事件，是她在上海开车撞死一个水木作场的司账。跟现在的网络事件没任何区别，舆论一边倒地同情死者，谴责富婆。死者家属也将碧城告向了公共租界会审公廨。中西法官经协商，谕令她交保洋 5000 元开释，延期再审。因为无人为其具保，碧城请求巡捕陪同她去麦加利银行提取存款 5000 元。

　　关于车祸，找不到更多的资料，只知道碧城第二次赴美，在旧金山坐旅游大巴去看"三千年之古树"，途中司机光顾着讲解，碧城怕他开不好车，他竟请碧城帮助。碧城说："予曩曾开车肇祸，今何敢以此巨车轻试。"

　　看来，开车肇祸是确有其事的。但是吕碧城和犬，在碧城的诗文里无一处着墨。也是怪了。

　　不管怎么说，这两起公共事件，就够碧城受的了。所以，再次放飞，走吧。上海不是咱的乐园。

第二次出国：欧美漫游大放飞

据说碧城最喜欢吟诵李清照的《武陵春·春晚》。《武陵春·春晚》是易安女士国破家亡、丧夫失产之最悲惨的时候写的一首词：

风住尘香花已尽，日晚倦梳头。物是人非事事休，欲语泪先流。
闻说双溪春尚好，也拟泛轻舟。只恐双溪舴艋舟，载不动许多愁。

碧城与易安女士的愁，其由来不同，但物是人非的感觉，可能一样。出国之后想家，回家后发现待不住，还得继续出走。这是碧城的宿命。

1926年9月，碧城出走他国，第二次放飞。

有《两渡太平洋皆逢中秋》：

不许微云滓太空，万流澎湃拥蟾宫。
人天精契分明证，碧海青天又一逢。

有《舟中排奇妆宴予化妆为中国官吏诸客以彩缕掷予致离席时满身缠绕不良于行众为哄笑》：

鲛宫通海夜燃犀，影乱银梭绛雾霏。
不惜色身为一现，胡儿争仰汉官仪。

有《中秋夜太平洋上观戏为史璜生女士主演之片》：

曼衍鱼龙幻不穷，寒璜辛苦警群蒙。
匆匆一霎华胥梦，尽在涛声月影中。

穷家富路，碧城这在路上的感觉很好。感觉更好的是，去国不久，她就在国内的《申报》发表一首《遣兴》，题名"去国留别诸友"：

客星穹瀚自徘徊，散发居夷未可哀。
浪迹春尘温旧梦，回潮心绪拨寒灰。
人能奔月真遗世，天遣投荒绝艳才。
亿万华严随臆幻，谪居到处有楼台。

这诗就是跟上海拜拜呢，很有不服输甚至挑衅的意味：上海不留老娘，到处可留老娘；别说海外夷荒了，就是天台月宫，都可供我仙居。

碧城先是到旧金山，感觉当地气候温煦，遂留下度岁。碧城的海外游记，汇编于《欧美漫游录》，又名《鸿雪因缘》。从中我们可以试窥碧城的心思与文义。

《三千年之古树》，写的是碧城在旧金山的状况。文中有那么几处亮点：碧城在这里待到新年元旦之后，滞留三个月，并不仅仅是因为旧金山的气候，姑娘还有其他俗事。具体来讲，是因赈款纠葛诉讼一旅馆。因美国律师费用高昂，而诉讼数额又不大，所以碧城未请律师。所幸官司赢了，欠款也收回来了。碧城由此感叹美国法律完善，并且希望大中国也学学。除此之外，碧城还发现美人爱清洁，市政厅的壁柱上，有字示众："如于壁上擦火柴一枝，罚五十金圆。"纽约电车榜示曰："吐痰一口，罚五百金圆，或监禁一载，或罚锾与监禁并行。"这个，中国的北京大妈好像专门干过，随地吐痰罚款五毛，现在也没了后续。

1927 年新年一过，碧城即从旧金山出发赴纽约。途中停留洛杉矶，参观动物园及著名影城好莱坞，然后前往亚利桑那州，参观著名的科罗拉多大峡谷。之后由芝加哥转赴纽约。

《荷来坞诸星之宅墅》，写的是碧城在洛杉矶参观好莱坞影城的事儿。碧城不但参观了影棚，还参观了诸多影星的住宅，比如查理·卓别林的别墅，碧城感叹"春色满园关不住""气象严贵，俨然王者之居"；比如鲁道夫·瓦伦蒂诺的住宅，碧城感叹连园里的花鸟也可能去殉主。碧城还感叹，瓦伦蒂诺"以艺术成名，世人多慕其美，然貌也寻常"。光看这篇没什么，但亮点在后头。

1927 年的 2 月，碧城由纽约乘坐"奥林匹克号"赴欧洲巴黎——亮点来了，《舟渡大西洋，范伦铁瑙之梦谒》载，碧城竟然做了春梦，邀瓦伦蒂诺前来谒见自己了："忽睹一颀秀之影闪入舱中，则范伦铁瑙也。手持名刺谒予，其片较普通式略大而方，纸作浅蓝色，印以深蓝墨胶之字，凸起有光，于姓名之上列小字一行，为音乐教师。予讶舱门仅启一隙（……），彼何由入？思至此毛发微悚。未及通词，遽然而醒，则一梦耳。"连碧城都深感奇怪，这离开好莱坞都一二十天了，每天头昏脑涨，哪有闲隙做梦，何况成梦时间就这么一刹那，就把这人给做出来了，做得还这么详细。碧城自己分析，可能因为这天是2月14日情人节——范伦太音（Valentine）节，与范伦铁瑙（Valentino）拼音相近之故吧。

其实，这是姑娘的又一个春梦了。第一这天是情人节，第二瓦伦蒂诺有"拉丁情人"之称，乃全美妇女的性幻想对象，姑娘今年虚岁45了，让这个大众情人进入自己的梦乡并自送名片，透出的首先是姑娘的自恋，当然，即使在梦里，姑娘的另一层阶级斗争的防线还绷得紧紧的。潜意识里，碧城也需要男性对自己的温存与爱抚，但是，当这种温存与爱抚真的来了，哪怕仅是在梦里，碧城的防线也能立即登场：呔，哪里来的流氓！

碧城这会儿睡觉是因为晕船，而且，同席的安尼斯遣使送来鲜花一篮，花气捣得碧城更晕了，但碧城碍于社交面子，没法放置门外，就在这花香袭人中，瓦伦蒂诺来了。如果不是碧城的革命警惕性，瓦伦蒂诺在碧城的梦里，不会只送个名片，应该还有后续动作的，但后续没有展开，就被碧城吓跑了。

4月，碧城拟定从法国经瑞士至意大利之旅游路线。20日，从巴黎到瑞士西部旅游小城、日内瓦湖东岸之蒙特勒（碧城文中称芒特儒），由瑞士之蒙特勒到意大利西北部小镇斯特雷扎，在斯特雷扎住了一晚，第二天，碧城就去往米兰了。在车上，碧城遇见一位长得像法国人的英语娴熟的客人，对方"欢然让座，若为素稔者"，于是碧城就跟人撒上娇兼炫上富了，问米兰有没有五星大酒店，昨天在斯特雷扎酒店，连热水管都没有，真是没劲。于是对方马上给碧城写个纸条，说，我给你介绍的这个旅馆，必能令你满意，该处有热水，有冷水，还有自来水。不知道碧城是事后补记已对此人抱有恶感的缘故，还是本来就觉得这人是个骗子，总之，碧城说自己在车上越来越瞧不上这哥们儿了,说他本就是胡言乱语,根本不可信,而且发现他于沿途登客,遇妇女就"曲献殷勤",遇男子就"傲慢不逊"……我觉得人家这是女士优先的绅士风度吧,怎么就惹了碧城一肚子不高兴呢?是不是觉得该客只能对自己殷勤呢?事实上这客做得也挺地道,午时车到米兰后,人家不但导着碧城取了行李,还代她叫了一辆马车,跟碧城说,你先直接去吧,稍后我也会去的。但碧城在车上坐着,嫌路远,想改适他处,马车夫又听不懂她的英语。碧城恨极,悔不该被那个男客误导。等到了地方,发现旅馆确实不错——说明人家没骗你嘛,你不是要高大上旅馆吗?只是感觉地址偏远,且馆员不通英语,欲另找地方,不唯言语不通,连何地有旅馆也不知,只能在馆里"躁急徘徊顿足"。顿一会儿,突然想起自己常打交道的柯克公司,遍地有分处,遂用纸条写上"Thos. Cook",指指自己并指指大门,馆员明白了,马上派车夫送碧城出馆。碧城到了柯克公司,终于能对上话了,对方打电话四处帮她找离市区近的旅馆,皆答以客满,据说米兰正值赛会,加以意大利皇太子驾临,"故游人云集,满坑满谷",仅一旅馆回曰晚间或能腾得一下榻之地。碧城感觉更不靠谱了。那我干脆乘火车往佛罗伦萨去吧。正讨论间,背后挨了一拍,扭头一看,乃是赴斯特雷扎小镇时车上遇到的美国老头乔济及其夫人。两人很热心地邀请碧城去他们所在的旅馆找房间,发现也是客满为患。于是携两个八九岁的儿子送碧城去火车站,碧城只能往佛罗伦萨赶了。

在《义人之亲善》中,碧城写了自己赶赴佛罗伦萨的场景,一是车上客满,她用自己的小件物品占了一个座位,然后立于厢门外,凭窗远眺。二是车上诸客不时吃食,都是呼她分吃的,她不忍拂其意,勉取少许。但碧城还不忘告诫:"读者须知,凡舟车中慎勿轻受不相识者之烟茶食品,防匪徒暗置闷药以盗财物。然予查知彼等皆良民,故敢接受之。"

这段让人哭笑不得。今天的中国人不敢在车上吃喝陌生人的食品，难不成是碧城传的经验？再说，你在车上坐了几个钟头，又怎么查知人家皆是良民呢？不过是凭感觉而已。

晚七时，车抵意大利北部城市波罗纳。碧城想，车到佛罗伦萨都快十二点了，不如在此小城下车投宿吧，第二天再换车赶往佛罗伦萨。但是车上的客人都以为这个傻大姐是在发傻呢，纷纷阻拦，阻拦不住，急叫一个冠有"铁路翻译"之英文的活泼少年来。碧城这才跟人对上话，说明己意后，少年也挺赞成的，领着碧城到了车站附近的旅馆。他问碧城哪国人，碧城报以"中华"，少年说："汝貌甚佳，颇似欧人，不类华人。"碧城想：我们华人到底有多丑恶，叫他们如此臆测？

碧城对这个旅馆很满意，吃饭时发现馆员不解英语，又不解法语，幸亏碧城有老胃病，平时根本不吃啥东西，她用纸片画了一头牛，又拿纸杯作饮状，侍者马上明白了——幸亏在哥大学过美术——于是碧城顺利地喝上了热牛奶。

第二天，碧城乘车到佛罗伦萨，碧城在哥大是修过美术的，所以佛罗伦萨她可要好好看看，圣玛利亚莱巴拉塔教堂、公务大厦博物院、圣十字架广场、美第奇家族的祖坟殿堂、旧宫、甚至佛罗伦萨的雕刻工厂，都让碧城叹为观止。佛罗伦萨别号花城，碧城在《花城》一文中，提到的有关名人有但丁、彼特拉克、薄伽丘、伽利略、米开朗琪罗、达·芬奇、切尼利、萨托、美第奇大公等。看来收获不小。但对碧城来讲，最大的收获当是《三笑》中的三次笑声了——估计也就碧城这么一个孤寂的灵魂，才会把三次笑声，煞有介事地写成专文了。第一次，是碧城往美国转运公司就一职员询事时，忽来一老太向职员咆哮，出示一纸片说自己被该员所误，职员说这字不是我写的。老太说，那个人与你相貌相似，或者就是你了。

众皆哄笑，碧城也跟着捧腹一次。

第二次，碧城去柯克公司取钱，职员给她开了支票，字甚密满，碧城因数额小，也没注意，就签了字，但见上面有二百十九等字。但该职员给意币的时候，只给二百十七枚。碧城一看就不愿意了：我明明签的是二百十九枚，你怎么少给我两枚，不行，你必须如数给我，至于你误写的，你自己负责。职员笑了，说，二百十九是支票号码，并非钱数。碧城一看，对头。也笑了。复往他部办事毕，回来后发现那个职员还在偷笑，于是碧城不乐意了，说：这么小的一件事，值得你一直笑吗？职员更憋不住了，继续笑，于是碧城跟着大笑而罢。

第三次，碧城买了该公司的游览票，每四人一组，双马驾车，四五辆，以一人统导之。众皆获座，独碧城没了位，恚甚。于是折回办公室诘责去了。职员等笑着，领碧城出来，统导人说，别急。指给碧城一辆独马之车。碧城不愿意，人家都双马，为何只我独马？统导人说：此车只某君与汝二人乘坐，你得一男伴，不比得一马好？众皆大笑，那个男伴是个英人，已授臂挽碧城，碧城没法再拒，相将登车就坐。统导人却没完，继续喃喃男女搭配干活不累："一士一女，最为相宜。佳哉！佳哉！"碧城止之曰："足矣！足矣！速缄尔口！"

短短的描述，毕现碧城的性情，当然，也不乏可爱之处。就连碧城自己都认为，风景没啥可看的，唯有三次笑声才算过瘾："是日所游之处，风景平常，不若统导人侈夸之甚，惟曾大笑三次为愉快耳。"

可怜的碧城，平时笑声太少了。怪不得胃一直有旧疾呢。黛玉姑娘估计胃也不好。

佛罗伦萨参观完毕，碧城直捣意大利首都罗马。碧城读过罗马史，对罗马心向往之："盖法典美术之渊源，万邦所范，而政体嬗演，凡专制、共和、封建等制，皆早创之。"

到达罗马的第五天，碧城拜谒了中国驻罗马公使朱兆莘。碧城说，这是她到欧洲以来，第一次与国人相见。端的是老乡见老乡，两眼泪汪汪。次日晚上，朱公使在使署宴请碧城。他跟碧城说，昨儿晚上，由北京返罗马的意大利公使，打电话请碧城陪席，适碧城外出。碧城说，当天晚上可爽了，用久废不用的国语，谈论甚畅——其实这些驻外使节也可怜，估计除了使署工作人员及自己的家属，一年半载不见一个国人。再次日，使署秘书长朱英偕其夫人汪道蕴女士过访，并替碧城向意警署注册了居留证。

罗马更好玩了。古罗马城市广场、古罗马角斗场、圣彼得大教堂、教皇宫、加波昔尼教堂、波格斯美术馆、卡匹托里尼美术馆……有意思的是，碧城在圣彼得教堂的院内，居然发现"院内且多中国古董，盖运自中国北京者"，想来乃是八国联军进中国，意大利方面的收获了。碧城对此未置一词，反正那玩意儿不是她家的。要是她家的，她可能惦记一辈子。没有意思的是，碧城在罗马玩得正在兴头的时候，巴黎有事了，碧城不得不折返。

没有玩够，心有怅怅。没想到上车后更不高兴了。事见碧城的《中途回巴黎车中琐事》：快要到法境的时候，上来两个老头，彼等吸烟，并给碧城进烟，碧城拒了。停了一会儿，又上来俩法国妞，车厢更挤了。午餐的时候，碧城去餐车吃饭，回来后发现那俩法国妞"方出殽于纸袋，以手劈食，油污狼藉"。一叟给碧城进烟，碧城乃接受之。于是事故出来了：

二女知予返自餐车，饱而吸烟，观彼饕餮，乃恼羞成怒，谓予不应在车厢吸烟，予即停止。须臾，一叟复从衣袋中取雪茄烟作欲吸状，予急取火柴进之，叟乃燃吸。予即向二女抗言曰："彼也吸烟，汝何不禁止之？"二女曰："汝吸烟时我等方餐而恶烟味，现将餐毕,故不禁止。"予曰:"车厢非进餐之所,肉类油污使同座憎恶。此车本有餐食,汝何不往该处(二女因餐食价昂,故不往耳)?惜予不能用法语说明,仅用英语,彼此略谙大意。一叟笑曰:"只许吸大枝雪茄,不许吸小枝纸烟。"予曰:"孰不许者?"乃故意取烟吸之,喷吐其气于厢内,二女亦无如何。盖彼等有意向予寻衅,故予亦不让也。

这段很有意思。第一,碧城不但会吸烟,而且,还会接受男人的献烟,而且,还会给男人进火柴呢。只是不知道会不会给男人划火柴点烟了!第二,两个法国妞也许有意,也许无意,但在碧城看来,都是有意——吃醋,于是碧城就用自己的富婆心态加大对其的碾压力度。第三,碧城不会法语,只能用英语,对方也仅能听懂大致意思而已,否则碧城的碾压力度将会更大。叫你们法国妞再得罪我们中国富婆。简直大长我中国富婆之志气,大灭法国穷女之威风!

巴黎业务处理完毕,5月,碧城再次出发,仍遵原路,由法往瑞士、意大利诸国,上次没有玩够的地方,一一补之。碧城先到日内瓦逗留七日,参观了圣皮埃尔教堂、市政大厅、塔维乐博物馆、波尔收藏馆、卢梭纪念馆等。碧城去国联拜访朱兆莘公使未遇,朱回来后携秘书李伯然到宾馆看望她,并邀她一起到万国总会晚餐。不过对碧城来讲最有意思的当是与当地土著青年一块儿荡舟了。当地的莱蒙湖(日内瓦湖,碧诚译作建尼瓦湖)是世界名湖,碧城说,蒙特勒乃湖头,日内瓦乃湖尾。据她的《建尼瓦湖之荡舟》,她每天坐湖边看别人三三两两地荡舟,很是羡慕。终于有一天,一个少年划着小舟操英语问她:愿不愿意跟我一块划船?碧城一想,这么好的机会不答应,岂不太亏?但碧城有心机,又怕少年惦记的是自己的钱财，于是故意把自己的钱袋展示给对方：我所有的钱都在此，小银角三枚，全给你，怕是也不够费用吧？对方笑曰：不用。于是扶碧城上船。但是碧城一上船就后悔了，告诫诸位不要学她。她说，不说钱财了，这不是把身家性命都托给一个不认识的人了吗？同时，碧城也感觉到，近看不如远观，这在船上坐着，还不如湖边看着好看。当然，她也跟西湖比了，认为日内瓦湖比西湖富丽有余，但"幽蒨似逊"，涌上心头一句"杨柳岸，晓风残月"，也觉得"不足为胡儿道也"。少顷，碧城就疲倦欲归了，少年于是命碧城躺到船上，把自己的大衣盖在碧城身上，与碧城相向而卧。看样子，少年估计是想跟碧城来一次风流艳遇呢，但碧城不愿意了，她开始止损了，说："此湖轮舶往来甚多，小舟若无人主持，恐被冲激。"少年笑曰："以此美丽之湖为归宿亦大佳事，汝乃视生命如是其重耶？"少年明显是在调情了，但碧城急了——真是不解风情：

予躁急曰："汝不操舟，予将起而荡之。"乃起把桨，顾格于水力重不克举，彼起旁助曰："放乎中流，固无危险，若任汝鼓棹，则必倾覆耳。"然予于数小时间得彼教授，略谙此技，惟进行甚缓，抵岸时已夕照衔山矣。彼愿教予法语，约定星期一来予寓授课，乃别去。然星期六夕，予忽变计欲往芒特儒，即作函告之。

从心理学分析，碧城的"忽变计"其实就是一种逃离。以碧城的长相及装扮，日内瓦土著少年，既判断不出她的国籍，还判断不出她的年龄。而且，少年在船上，已明明白白跟碧城调情了，如果再让少年去自己的寓所，艳遇就阻挡不住了——碧城内心里对这种男女的零距离接触是抱有恐惧与逃避之意的。说来说去，碧城少时的被退婚，及现时的老剩女，对她都是深深的伤害。你看她表面上很现代，袒胸露背出入舞厅，抽烟献火挽绅臂，都是表面现象，一旦动真格的，就被吓跑了。6月，碧城告别日内瓦，前往蒙特勒。上回误了蒙特勒，这回可以好好玩了。碧城先去登阿尔卑斯雪山。在碧城的《雪山》一文中，我们可以发现，碧城是坐着火车上山的，车停时，同座一德人扶她下车。于是相伴登山。德人采摘长相思小花献给碧城，但彼解英语极少，所以两人"以英、法、德、意等语杂凑，虽零断不成句，亦能略通大意。彼请别后通信，然非予所欲，故佯为不解。彼多方譬喻，使予无可遁饰，乃勉诺之，不欲实践也"。

碧城又拒绝了一次艳遇！

有关蒙特勒，碧城还写了一篇《渔翁之廉》。说她在湖边看见一个贫穷的渔翁在钓鱼，就想跟人要一尾小鱼玩玩。渔翁给她一条较大者，她给人家银币五分表示谢意，人家不要。这让碧城很感叹，说"上流士绅每锱铢必较，而廉让转见之乡曲"，想起自己在沪，观桃于龙华，酬园叟以小银二角，人家也坚决不要，说看花不用交费，碧城硬要给，人家则欲剪桃花一枝以相赠，否则不受。碧城说这么多，其实是想说今年春天在巴黎，同寓的一个美国佬邀请她共餐，付账时要求碧城付一半。碧城就看不上这美国人啦，说："盖欧美通俗，男女同餐，男者付值，否则为耻。当时予即如数付，该客欲告辞先去，彼谓尚有小账五分（即赏钱），予笑付之，彼夷然不赧其面，此人于欧美为鲜见也。"

我觉得碧城这里弄错了。这明明是欧美最流行的AA制嘛。欧美的中学生谈恋爱，相约一块看电影，还都是AA，谁掏谁的票钱呢！什么时候流行男人掏钱，女人坐享，否则就是男人不要脸了？

不知道谁误导的碧城。想起碧城第一次留美时结交的工人舞伴汤姆，那美国人可倒霉了，每天陪中国富婆跳舞，吃喝却全都是自己付费，否则就是不要脸啦？男女共餐，男人付费，某种程度上，是中国的规矩嘛。表面看是尊重女人，实质则是男尊女卑，甚至，男人的付费，只是买女人的欢心而已。7月，碧城由蒙特勒重到米兰，时值盛暑，碧城也懒得大游，参观了一个世界四大之一的礼拜堂，一个拿破仑住过的皇宫，去一个剧场消闲了半日，看的啥剧不知道，只知道邻座之客饷之以糖果，碧城感叹说，也就意大利流行这个，他国罕见也。最值得记忆的是，碧城在当地买了一把伞，"纯为草制，而以染彩之草绣花，雅丽新颖"。碧城"用之于各国，人皆属目，甚有索取传观于众者，谓东洋人所用器物亦如此奇巧"，碧城只好实告之，乃米兰土产也！

由米兰重到罗马。碧城写了《途中所遇种种》。说车中先后上了一对老夫妇，一对少年夫妇。老夫妇可好了，人很和善，吃东西并分饷同座；少夫妇也可好了，碧城午后口渴，少妇让少年为碧城觅水未得，于是拿出自己的杨梅给碧城吃，说可代水。碧城取一，人家又让取，碧城取二，结果人家举着纸匣子非得让碧城全盒接受，碧城就接了。更好的还在后面呢："予伞偶坠地，少年急为拾取，拂拭其尘，掬举以献，意态至恭。聚不相识之人于一车而亲善若此，倘世间人类相处，如予此时所遇者，则天国矣。浮生朝露，本应欢娱而弗相扼，不幸公者战争，私者倾轧，甚至骨肉仇雠，以怨报德，其恶可嫉，其愚亦可怜也。"

碧城这里发挥的就多了，除了上海的狗官司，估计都发挥到那个老死不相往来的二姐身上啦！

到罗马后，碧城换车前往那不勒斯（碧城文中作拿破里），游观维苏威火山和庞贝古城，并逛街若干时。

12日由那不勒斯返罗马。碧城说，这是第三次到罗马了。小住休息，函至巴黎，嘱将所有来函一并寄此。让碧城失望的是，大都是纽约、巴黎的公函，自己两三个月前给故国友人致函很多，是尽付之洪乔了，还是他们都把我忘了？

碧城住处左近有书店，店中有日人能操英语，碧城问人罗马有几多东亚人？答曰日人三十个，中国四个（全在使馆）。彼时是1927年，距1922年碧城在横滨遇见横滨少年郎已是五年了。碧城这个时候，对日人的民族仇、国家恨，明显没有了。在《第三次到罗马》中，她开始正常对待日本人了："予自旅行以来时遇日人，皆善处之，不存芥蒂。曩曾以国仇视之，今悟其谬。以吾国土地人众论，在在有自强之本能，苟非自弃，他人何能侮我？且怨天者不祥，尤人者无志，认为命运或归咎他人，皆自窒其进展之机耳，愿国人共勉之。"

在罗马，还有一事挺好玩。《罗马民报》的女记者巴禄苏夫人想采访碧城，但她英语也不精，于是碧城约了英国的墨克当诺尔夫人做翻译。巴氏问中国女界情形及文艺，碧城悉举以告之。复问对首相墨索里尼之政策有何意，碧城才不傻呢，她心想予何敢赞一词，因为早有人告诫她，勿谈政治，此间警探密布，防被拘捕。于是她跟这女记者说："到此未久，不克深知为歉。"彼又问对于意国感想如何？碧城答以美感。彼转请于著述时多为美善之言，碧城欣然诺之。但对方又请碧城于刊发后译英文一纸寄该报，碧城就认为有些苛求了。

碧城由罗马前往水城威尼斯，圣马可广场、德加皇宫、圣马可大教堂、托卡雷王宫、威尼斯水巷，都是走马观花了，用碧城的话，只住了两日，于名胜古迹不暇详考，故无多记载。

14日碧城由威尼斯前往奥地利首都维也纳，居然是坐飞机去的。碧城对飞机的描述："其形如鸟，双翼而鱼尾。每具可载四人，司机者坐厢外首部，同行者予及其他二客共三人。座位宽而安适，如汽车之厢。"

这飞机真够高大上。如果司机只有一人的话，那么乘客只有三人。碧城也算胆大，这应该是她第一次坐飞机了。在《天空中之飞行》一文中，她高坐云端，居然说了如下俏皮话："曩年曾梦升天，蔚蓝无际，银云排列，近在眉睫，下界有众哭送。今此境宛然实现，惜无人哭送耳。"她居然把第一次坐飞机，想象成自己升天众人哭送了！真豪气！

如果坐火车，从威尼斯到维也纳需十六个钟头，而这次坐飞机，只需四个钟头。

问题是，14日晚上到，15日早上维也纳就乱套了——碧城说自己住的格兰德旅馆"起居华侈"，她晚上睡得很好，早上去美国转运公司打听行李，回说还未运到，还得好几天。于是转回旅馆，准备致函威尼斯代运公司，责其延误。途中遇大队工人，内杂手提钱袋之妇女，游行呐喊，碧城说，知道不是好事——看来碧城游了欧美一圈，也不知道民主自由与游行集会是怎么回事——但不知道会来这么快。午饭时碧城写了英文长函，准备亲往邮局投递时，才发现旅馆大门已被关闭，数百个寓客聚于大厅中，"神色仓惶"，唯旁门开一隙，以多人守之。碧城欲外出，被阻。碧城说我不远走，就站门外看看，始得许可。这个时候碧城跟罗马的尼禄和隋朝的炀帝一样潇洒大度，对着街外的浓烟与火光感叹曰："其拿破里之火山，经愚公移至此耶？"正幽默间，一个头缠白布、鲜血淋漓的家伙从碧城身边奔过，这可吓傻碧城了，却复见红十字会之救护车奔向街口……碧城回寓，询之诸客，会英语的不多，所以碧城的探询，能听到的解释仅是，社会党和保守党龃龉几个月了，前有社会党三人被杀，昨经法庭判决凶手无罪，遂激众怒而暴动。

当天晚上吃饭，碧城连吃饭座位都觅不上，只好向厨中购果数枚，食于寝室，草草睡了。晚上居然听到了枪声，推窗探望，发现对面窗户后面也都是人头，啥也看不见。就这样一关数天，碧城索阅报纸，谓皆停刊，只有社会党之机关报独存，然为德文，碧城也瞧不懂。听人说，昨日之乱，死伤数百。而且，维也纳工人总罢工开始了，维也纳居民二百五十万，工人就有一百万，这一罢，全市瘫痪。政府有令，关境方面，只能出，不能进。美报说维也纳已成死城。不只与世界断了线，就是本国内之各省工人，方谋大队出发进攻首都。碧城说："此次之变，论者多归咎于共产党之煽惑，然究其远因，则欧战后《凡尔赛条约》早播其种，今方开始收获尔。奥于欧洲时损失之重，只次法国一等，不幸多方束缚，使绝于恢复余地。"

碧城被困馆里，不只行李未到，就是现金也没有了。旅馆还不记账，吃个饭都得付现。无奈，碧城只得冒险去柯克公司，看能不能取俩钱。取是取了，但回来的时候遇上党人围攻警署，警署反攻党人，碧城跟着逃跑的人流，被裹挟到了伯立斯特旅馆。在这里，碧城遇到一美男子："予奔至厅间就椅而坐，一美男子趋前抚慰，予为愕然。其人之美，如雕刻阿普娄之石像，彼握予腕为诊脉，且趣侍者以冰水饮予。彼先操意大利语，予不解；乃以英语慰予勿惊，并为予叹息此游之不乐。座客见之，或疑彼此相识，然实素未谋面，彼何人欤？予稍坐，俟街市安静乃辞谢而出。"

阿普娄，碧城在罗马的圣彼得大广场欣赏过的希腊罗马神话中的太阳神、花样美男阿波罗。对碧城来讲，又是一次小小的艳遇了，所以能津津乐道于此。

碧城说，行李未到，衣服不能换，越住豪华的饭店越难受。等终于恢复正常了，她也无心游玩了，用了半天时间，把奥皇约瑟夫一世的故居、奥地利哈布斯堡家族的夏季离宫森布伦宫走马观花了一下。但是触动她的却是另外两点：第一点，菜市所卖之肉，毛色如生，血痕新渍，而驾车之牛马适行经其处，彼等见了有感觉否？"牲类为人服役，永无同盟罢工之举,而反遭屠杀,世有仁者为之呼吁乎?企予望之。"第二点:"又见大队群众及军警巡逻,予询其故,则此番乱时所死之众今日大葬也。嗟乎!予曾目睹彼等整队高呼,生气虎虎,数日后竟同瘗地下,当时曾自料及否?"

两个亮点,都是碧城佛性之发微。第一点,不是她踮着脚跟盼望别人护生了,以后她要亲自引领了;第二点,人生如此幻灭,生死就在一瞬间,人类能自料否?

总之,维也纳的骚乱与开悟,让碧城游兴阑珊。第二天,她就赶往德国柏林了。去柏林的路上,碧城就对德国诸多好感,从自然环境到人文教育,甚至国民性格,碧城都表示喜欢。到柏林后,觉得这地方天气也不错,凉快。遂打算住下来消暑。不幸因病谒医,医谓非用手术不可,于是附柯克公司之车于城内作半日游,走马观花,或者过门不入地游览了波茨坦、皇堡、国家图书馆、凯撒博物院。心中略有遗憾,不知以后还能再到德国否。聊可欣慰的是,在京津饭店就餐,店主居然是天津的,碧城也算半个天津土著了,用津音与店主谈话,认为乡亲,一乐也。

之后碧城立即回返巴黎,部署各务。对于巴黎,碧城算是老客了,但她的感觉,凡事不能拖延,否则可能永无实践之日了。我估计,是在德国查出老胃病必得动手术导致的感悟。所以《巴黎》一文中,给大家介绍了诸多名胜:卢浮宫、方尖碑、凯旋柱、凡尔赛宫、拿破仑墓、巴黎圣母院、枫丹白露等。

8月,渡英吉利海峡,赴英国首都伦敦,虽然很不适应伦敦的气候——那个时候伦敦正雾霾呢,碧城还是一直待到了1928年的1月底。其间浏览了国家图书馆、英国博物院、水晶宫、伦敦堡、议院、英王更衣室、皇家画院、太子室、贵族院、爵士廊、中央厅、东廊、众议院廊、众议院、圣斯泰芬堂、圣斯泰芬茔、卫斯民教堂、法庭民庭等。碧城还频繁做客于中国驻英公使馆，与公使夫人成了好友。用碧城的话："予既惊于医言，乃预理诸务，纤屑靡遗。凡所欲游之处，则急于实践。欣然孳孳终日，达观乐天，委化任命，固久契斯旨矣。"一句话，老娘都有病了，赶紧痛痛快快地玩儿吧。

也有不痛快的，就是刚到伦敦，就发现自己在巴黎的朋友、意大利领事馆的拿地尼伯爵被暗杀了。

碧城有关英国的游记写了多篇，我找其中的亮点，还真有。

其一，在《众议院》一文中，碧城提到了英国的妇女选举权。她说，英国妇女选举权已于日前通过，凡年满 21 岁，即可投票。她说，将来投票者，男子计 1225 万，女子则 1450 万，占多数。由此她感叹说："政局将永操于女性之手，亦英国历史中重要之变迁也。"

其二，圣斯泰芬茔门前的广场有克伦威尔之像，与另外一广场的查理一世之像遥遥相对。碧城感叹说："一以革命成功，一以专制被弑，片此仇雠而国人共保存之，不加轩轾。"

其三，各帝后及耆宿名流皆葬于卫斯民教堂，且墓前或坐或立或卧，皆有墓主像。但是游客手贱，到处在像上题名留念。碧城感叹说："某爵士之石像，被游人满刻姓名于其头面手臂，借为纪念。夫游览而题名疥壁已属恶习，况摧残偶像之面目乎！"

其四，碧城参观了法庭民庭，她说最触目的是诸律师之假发，一看就是假的。她说："夫法庭尚实，伪饰何为，殊属不解。"由假发，她又想到了法辫。她说："吾华人以猪尾见称于世界久矣，迄今各报纸凡绘华人，必加辫以为标识，然华人之有辫，仅于五千年历史中占二百六十年耳，且长大下垂，与豚尾迥矣。英人古装亦有辫细小，用翘然而起酷肖豚尾，试观伦敦街道中之铜像，尚有翘其辫者，可以为证。"

其五，碧城一篇《阅报杂感》最有意思，说自己喜阅讼案，颇有趣。说一个丧偶的男人，养着好几个孩子，越养越穷，其最小的四岁，久病不治，男人遂将孩子放到浴盆中溺毙之，然后自己投案自首去了。结果官判无罪，司法界且有扬言，应续订新律，凡病人经三医证明无救者，得杀之，省得病人受罪。马上有读者投报曰：俺家某患脏瘤，所有医生都说是恶症，甚至有个医生说其不能活一星期，结果俺家属活了十七年才死，且非死于脏瘤。案子判决不久，又出一案，一老太得肝瘤，经医院割后痛苦不堪，医也证明无救，老太的女儿乃以砒霜死之。结果官判此女有神经病，监禁终身。又被某二医指为狂痫病，禁锢于疯人院20年，逃出后乃讼二医，判赔偿二万英镑。二医不服上诉，竟改原判，减为五百镑，此女愤极自杀。

碧城这些话题，于我们今天，还没有提上议事日程呢。那就是安乐死。碧城的意思，法官可能有经验，但医生并不可以完全相信，可能误诊或者贿托，所以她的提议是，"应由病人邀集证人签名，自愿就死，则杀之者方为无罪"。这个提议甚好，但让碧城不解的是，英国人民居然没有自杀的权利。她说，报载一对男女穷得没法活了，就自杀了，不幸遇救，执送有司，立判系狱。女的闻之色变，顿时晕厥。碧城感叹说："不蒙哀矜，反获罪谴，何其酷也！求生不得，求死不许，孰谓欧美人民得享自由哉！"一句话，谁说欧美人民有自由！连自杀权都没有！

碧城的《旅况》很有意思，前半截是拿自己那篇《去国留别诸友》重温了一番，后半截画风就转了：

冬日苦短，膳食外无多余暑。访得日本餐馆于邻街，席珍一篮，即吾国之暖锅热火自行烹调者，而霜菘豆酪清芬爽口。……价也特昂。豆腐方寸薄片需二辨士，合华币制钱四百文。侍者以冰盘进十小片，为价四千矣，岂故乡父老所能信者！某日，时值夏历除夕，予勉自袯饰，独宴于本旅馆之特别餐厅，著黑缎平金绣鹤晚衣，躐金舄而戴珠冕（即珠抹额），自顾胡帝胡天，因窃笑曰："吾冕虽不及伦敦堡所藏者之华贵，但同一享用而不贾祸。"珠皆国产，为价本廉，当兹共和之世，凡力能购者尽可自由加冕（所寓旅馆适译名为"摄政宫"，一笑），而古帝王必流血以争之，何其愚也！献岁后屏挡诸务，仍回巴黎大陆。天气亢爽，精神为之一振。

碧城这段文章好几个意思：第一，日本饭好贵，你们一般人吃不起；第二，自己穿的衣服好靓，你们放开想象吧，黑缎平金绣鹤；第三，自己穿的鞋子好尊，金舄，也叫赤舄，以赤兼黄朱，近于金色也，人君之盛屦也；第四，额头戴个珠抹额，尽可以想象为珠冕，自己给自己加冕，还不用跟英国那些王室人员一样争得头破血流的；第五，俺住摄政宫，吃穿住行都是帝王一般。美得不轻。但是再美，也挨不住孤凄，今天是除夕，大过年的，生活不能承受之轻！

2月，玩够了的碧城由伦敦返回巴黎，在医院做胃部手术。做手术不是小事，又得搞遗嘱了。当然还是找老费，以书稿及后事相托。碧城的信怎么写的，不知道，只知道老费在《信芳集序》中是这样总结的：

综其书意，厥有四端：胃疾久淹，将付剖割，脱有不幸，则身后之事，宜略经纪，丛残著作，付托为先，一也；平生诗友，服膺惟君，敬礼定文，匪异人任，二也；词家盛于两宋，而闺秀能有几人，漱玉、断肠未为极则。际兹旧学垂绝，坤德尤荒，斯文在兹，未敢自薄，既为闺襜延诗书之泽，亦冀史乘列文苑以传，三也；幼儿畸零，壮益牢落，经行往复，形影孤羁。每有微吟，只堪独秀，采伴虽多，未谙韵语。密亲既尽，谁延古欢？一从海外之游，更富囊中之句。虽旧书散尽，俭腹填难，而寸铁差持，绀珠强记。行尽十洲，拓开万古，娟娟夕影，靡假粉泽为妍；一一鹤声，不乞邻醯为与。求之流辈，争效捧心，邈矣风流，愿为娄尾，四也。

碧城又一次以为自己要死了，所以这一次相托更全面了。第一，俺可能死到手术床上，书稿就托付您了；第二，平生诗友，文礼方面就服你了，除了你来给我当托，其他人都不够格；第三，词盛于两宋，可李清照、朱淑真的漱玉断肠也不见得最高啊，何况现在旧学都让那帮搞新文化的给搞绝育了，坤德等等全荒绝了，斯文在此，俺就不能再客气了，既能给闺阁文学延伸福泽，又希冀能列入史乘文苑以传后世；第四，幼年畸零，老大了更没人疼，一个人在外流窜，每吟个诗填个词，都没有一个朋友圈能晒晒，也不是说朋友圈没有一个人，人不少，问题是他们懂什么呢？没有了亲人没有了闺密，旧时欢乐无人能续。自从海外之游，行囊中的诗词更多。虽然身边没旧书可读，作诗为文全凭记忆。小女人行走天涯，拓开万古，女人美丽，根本不靠化妆品，格调高雅，疗饥不求邻舍饭。同辈之中，矫情献丑的多，真正风流倜傥的少。若遇真风流，愿叨陪末座——这是啥意思，想给哪个风流名士作妾吗？问题是姑娘，你都46岁了！

老天关照，46岁的姑娘手术成功了。算是又白表一次情！不知道老费那里烦不烦？1918年，你说你要死了；1928年你又说你要死了；1938年——不用到1938年，1935年，人家老费先死了——你说人家老费在序里明明说了"此卷印成之日，君其尸解仙去"，结果你从手术床上直接起来了，有你这么吓人的不？

3月15日,巴黎举行盛大的嘉年华会,碧城说是选举女皇,其实就是选美。碧城在自己住的格兰德旅馆就可以俯瞰法国人民的这种狂欢了,但碧城的身体与心境都不爱这个喧嚣的世界了,她要找个能修身养性的地方了。

和风流才子杨云史的多情一瞥

1928年4月初,碧城由巴黎往瑞士,在日内瓦湖头的蒙特勒住了下来。

这下闲了。碧城在《闲居之遣兴》中说,每星期登山一次,每天往屋里采撷鲜花供于几上。鲜花多得她都发愁了,旧的没有枯死,新的又缺瓶盆,导致她除了购置陶器外,连盥洗用的器皿都派上用场了。

太闲了,连飞进屋子的游蜂她都要叨叨半天。说关了前门,想留它玩一会儿,但是等自己手头的东西写毕,发现蜂已不见,就满屋子找,看见后门略启,就怀疑它从后门飞出去了。从后门飞出去也罢,碧城旋又心疼起来,说后厅重楼复阁,蜂儿若飞不出去,毙死我绣楼中,岂不是我的大罪过了?由此又想到自己小时候,嬉戏于牡丹台下,见有巨蜂,即乘其不备而击毙之……现在可好,旧案尚存,新案又犯,碧城心里不安了,说他日司春之神审判,当邀海内外花王为证,自己这犯罪情节好严重耶!

在我们俗人眼里,这……确实病得不轻。但在仙家眼里,碧城这是仙气缭绕了吧?

6月,碧城有事要去湖尾的日内瓦,顺便重登了一下阿尔卑斯雪山。但姑娘情绪低落，用她的话："此次重登雪山，风景犹昔，惟情形较异，莫辨为悲为喜。"

碧城某次经过国际联盟会门外，想起本年裁军会议就在这里开的，遂对国际裁军发表了高见。她说，与会代表认为苏俄代表的发言是开国际玩笑，都不跟他讨论。只有法国首相开玩笑说，如果废止一切武器，以后哪国人多哪国占便宜，到时候不用武器用人力，大家打群架，拳脚多者胜；英国首相退席后也跟人表示真是破天荒之大笑话。碧城评曰："夫以赤俄谋和平固属不类，然其宗旨无可抨击。虽其办法荒疏，应别谋所以达此目的之方法。置不与议，则列强无和平之诚意，可知矣，然提议者亦何尝有诚意？此所以成一幕滑稽之戏也。"

碧城这段话很高。苏联提出废止一切武器固然是开国际玩笑，没有诚意，可与会其他列强诚意在哪儿？大家都没诚意，就成国际笑话了呗。

不过碧城对于国际时事顶多是惊鸿一瞥。姑娘怎么都高兴不起来。日内瓦湖畔每年有两次花会：一在湖头之蒙特勒，五月份，名水仙会；一在湖尾之日内瓦，六月份，名百花会。两个花会都是纪念希腊神话中那个因自恋而赴水求欢招致溺死的美少年纳西索斯的。碧城住日内瓦，赶上了六月份的百花会。但是当地居民的狂欢，对碧城的心境已是一种折磨了：

予寓适居赛会界内，前有平台，高坐俯观最称便利。观毕晚餐，旋即就寝，窗外鼓乐喧阗，至为不耐。盖孤客而至繁闹之场，则愈多感慨，况百忧骈集之身乎！初尚勉作不闻，而愈迫愈厉，如困垓心受楚歌四面。

碧城决定：与其受你们的折磨，不如混进去，跟你们一块儿玩去。第二天晚上,她加入了。掂着小花篮,见人就用花攻击之,别人也用花攻击她,按她的描述,跟泼水节似的。唯一的不同点是,只许欢闹,不许交谈……好歹碧城没有四面楚歌的悲哀了。用她的话:"予以远客,竟与此邦人士无端哑战,殊得奇趣。是夕之游,不啻梦境也。"

还有更梦境的,只不过凄凉。这次在日内瓦,住的还是上次住过的旅馆。旅馆邻近剧场,便于她去听歌。但是这次,十天半月也没去听歌一次。结果半夜做了一个凄凉的梦:

> 某夜梦回,方笙歌如沸,卧聆奏乐,知某亦为狐步舞,某也为旋转舞。往日芳朋俊侣沉酣于春潮灯影之情景,一一涌现,然今倦厌矣,故此等幻影亦旋起旋灭。别有所感者在乐声之凄咽,如诉人事,如惜年华,无限抑扬及变迁,胥寄此宛转顿挫之节拍中。其将终也,则淫溢哀乱,曳长音而若不足,每阕皆然,颇合古乐府一唱三叹之旨。已而汽车竞鸣,知为酒阑人散,取视时计,方交四点。众响渐寂,继以一阵疏雨淅沥有声,凄凉况味,洗涤歌舞余欢,反响亦殊不弱。物理由静而得。天时人事,在在可悟盛衰倚伏之机,当局者苦执迷不悟耳!诗友费仲深君有"夜半笙歌倦枕哀"之句,殆先我而历此境者。

这段文字很关键,她既是碧城46岁的感悟,也是她术后闲居瑞士的心境,更是她人生转折的一个节点。不长的文字中,显现了她对滚滚红尘的厌倦,即便自己当年舞厅中的曼歌热曲,在她听来也是凄凉复凄凉了。一句话,"夜半笙歌倦枕哀"。

为什么心里如此之苦呢?

46岁的老姑娘，做了胃部手术，不管是在中国，还是在世界各地，都举目无亲。年轻无病时可以我行我素，年老多病时难免恓惶。大约就是这个时候，碧城作《摸鱼儿》，题记曰："暮春重到瑞士，花事阑珊，余寒犹厉，旅居萧索，赋此遣怀。"《北洋画报》发表时，将"赋此遣怀"改成了"漫成此解，寄故国诸友索和"。碧城至少寄给凌楫民一份，嘱为其征和。遂由此牵扯出碧城在男欢女爱世界里最后的一缕情殇。

我们先看碧城的《摸鱼儿》：

又匆匆，轻装倦旅，芳尘蜡屐重印。湖波惯照容清瘦，应是故吾堪认。孤馆静，任小影眠云，梦抱梨花冷。吹阴送暝，叹䴔尾春光，赏心人事，颠倒总难准。

空惆怅，谁见蕊浓妆靓？瑶台偷坠珠粉。闲愁暗逐仙源杳，更比人间无尽。还自省，料万里乡园，一样芳菲褪。纥干冻忍。只蕙擷凄馨，芙搴晚艳，长寄楚垒恨。

我问老韩，这词有没有征婚的意味？老韩说，太有了。下面看老韩的解读：

先把自己楚楚动人地描画一番，我可是一个清俊脱俗、喜欢旅游还会吟诗填词的小女生哟。俺做梦做的都是梨花儿梦，又白又美又寂寞，美得跟瑶台天仙有一拼，只可惜没人赏识。唉……俺是海外留学生呢，想想国内的情况也差不多吧，也有像我一样美得不要不要的却也找不到知己的人吧。先写这么美香香的一帖，遥寄我的郁闷吧。

吕碧城这次征婚，牵出了一个风流才子杨圻。先看看他的《和吕碧城女士重游瑞士暮春樱花之作》：

驻雕轮，踏莎裙屐，今番芳径重印。海天吹坠衣光处，只有莺花能认。仙源静。正帘卷红云，梦暖诗犹冷。溪山烟暝。算开到将离，啼残归去，去住两无准。

东风外，又见韶华明靓，芳菲都付金粉。遥知拾翠楼台遍，况是栏杆无尽。应悲省，怨太液春消，绿绡红初褪。迷津未忍。问花里秦人，水边渔父，知否再来恨。

老韩解读如下：

可以想见，足下高大上的行装旅迹，恍若天仙重来，一点风光泄露，能美得让人晕倒，只一般凡人看不到。

贵处仙境安闲，天花盛开，芳心萌动，诗意却不免凄冷。芳心与繁花能持续多久，是去是留，谁能说得准呢？

春风遍野，百花鲜艳，知君当春意无限亦复怅意无穷。女神哟，想必你也会深深哀怨，太液池水有时瘦，绿色泛黄花凋零。

其实，我也很迷茫，不忍问仙境女神或你的闺密，你们知道我这次鼓起了多大勇气吗？若不得其门，再次造访情何以堪啊，汗！

根据段落大意，可以得出如下中心思想——碧城的意思是，俺这个白富美想找个男人咧；而杨圻的意思是犹豫，俺中不中咧？

杨圻（1875—1941），原名朝庆，初改鉴莹，字云史，号野王，斋名江山万里楼;江苏常熟人,江湖人称"江东才子",15 岁时即与何震彝(字鬯威)、汪荣宝(字衮父)、翁之润(字泽芝)合称"江南四公子"。他的父亲就是清朝历史上臭名昭著的广西道监察御使杨崇伊。可以这样说,杨崇伊名声有多臭,这个杨云史就有多香。当然了,杨崇伊所谓的臭,主要是革命话语系统给抹的。在百日维新中,他对康梁变法诸多看不惯,一直盯着康梁动静的是他;请慈禧重新亲政的主谋领衔者是他;跑天津给慈禧亲信荣禄通风报信者是他;从荣禄与袁世凯处得知谭嗣同"围园杀后"之计划,速返北京汇报的是他……总之,完全站在保守秩序、以慈禧为代表的清权力核心那一边。我觉得,老杨咋也算不上罪大恶极,相反,他尽的是御使的职责及臣子的忠贞。

杨圻有才,少年时即名震江东,据说"少有不羁之誉,长负公卿之名";自谓"长揖王侯,驰骛声誉,以求激昂青云,致身谋国"。28 岁时,也就是 1902 年,得顺天府乡试南榜第一名。历任詹事府主簿、户部和邮传部郎中、驻新加坡领事;辛亥革命后被袁世凯任命为南洋领事;他在南洋还办过橡胶实业,只不过赔得很惨;之后归隐老家,由于生活所迫,1920 年入直系大将、江西督军陈光远幕,1921 年入另一直系大将吴佩孚幕,1927 年吴佩孚兵败入川,杨圻回家;1931 年赴北京见吴佩孚、张学良并出关到沈阳进张学良幕,九一八事变后归家,1938 年化名叶思霞经天津至香港,经行政院副院长孔祥熙聘为行政院参议。生活无着时,据说寓居香港的杜月笙每月会派人送给他几百钱;1941 年病逝于香港,由后人扶柩回常熟安葬。著作《江山万里楼诗钞》1926 年由中华书局出版,赞赏人是秀才将军吴佩孚,吴为其封面题签,卷首更有吴佩孚的照片和序文。钱锺书先生的父亲、民国著名古文学家钱基博在《现代中国文学史》中称杨云史为"绝艳警才"者;另一位大家,钱仲联的《近百年诗坛点将录》中将其点为天立星双枪将董平；范镛的《诗坛点将录》干脆以豹子头林冲当之；时在京城担任尚书的著名教育大家张百熙说：杨云史高咏独赏，摆脱积习，不独诗格名贵，益可见其人品之高，二十年后，江东独步矣。就连他爹的政敌康有为也为其人品与才华折服，杨云史在吴佩孚的幕中见到了康有为，想到自己的父亲，有对不住人家康梁的地方，都不敢跟人深谈，结果老康大度地说："政见各行其志，何足介意。况君忠义士，何忍失之？愿与群订交……"康有为称其长诗为"诗史"，赞其人为"四海冠绝，天下第一才子"；吴佩孚赞其诗曰"气体魄力，直追盛唐。其磅礴郁积，盖皆出乎至性至情者也。是以忧时念乱爱国之言，时时流溢"，又曰"云史诗清真雅正，自成大家。五言卓绝，尤称独步，近人无与比肩"。

所以，前面所引杨云史对碧城的唱和，并不代表他的才华，他的名作有《檀青引》《天山曲》等，就是平时的挽联与戏作，也让人惊艳不已。

1920 年在陈光远幕，陈光远因为把张宗昌赶出了江西袁州，给伤亡的战士开了追悼会，杨圻却写挽联，认为兄弟们死得不值：

> 公等都游侠儿，我也得幽燕气，可怜北去滞兰成，听鼙鼓连声，怆然出涕；
> 醉后摩挲长剑，闲来收拾残棋，惭愧西来依刘表，看春江万里，别有伤心！

这挽联写的，特别是把陈光远比附成刘表，让人家主人心里不开心，于是杨圻马上写了个辞职信：

> 圻江东下士，将军谬采虚声，致之幕府，时陪阃公之座，遂下

陈蕃之榻，颇思尽其愚悃，有裨万一。得山妻徐书谓：园梅盛开，君胡不归？不禁他乡之感，复动思妇之情。清辉玉臂，未免有情，疏窗高影，亦复可念。清狂是其素性，故态因之复萌，敢效季鹰烟波之请，乞询林逋妻子之情，予以休暇，遂其山野，庶白云在山，靓妆相对，此中岁月，亦足为欢，则将军之赐也。

这信写的，牛大了，总之，家乡的梅花开了，俺也想老婆了。俺得回家了。就连陈光远看了，也不服不行。马上派人给杨圻送一千元路费去，只不过路费送到时，杨才子已飘然过江矣！

1936年，碧城的安徽老乡、壮年风云晚年信佛且善弈的段祺瑞去世，杨圻挽曰：

佛法得心通，知并世英雄，成败一般皆画饼。
人间谁国手，数满盘胜负，江山无限看残棋。

1937年卢沟桥事变后陈三立自杀，杨圻挽曰：

是为吾辈所宗，斯世斯人，合以寒泉荐秋菊。
报道先生已去，今年今日，不留冷眼看残棋。

1939年，其曾经幕佐过的吴佩孚将军去世，他挽曰：

本色是书生，未见太平难瞑目。
大名垂宇宙，长留正气在人间。

透过这些挽联，我们就能窥出他的三观了。而且，当日本人占领东北，策动华北自治欲拉隐居北京的吴佩孚出头镇场的时候，还是杨圻受章太炎之托前去吴宅劝阻的。所以这人是人品才品皆高亢。更要命的是，长得帅，且风流多情。

杨圻第一任妻子是前文华殿大学士、直隶总督兼北洋大臣李鸿章之孙女、外务部左侍郎李经方之长女李国香（字道清）。李道清是中英混血儿，擅诗词，才女一枚。小夫妻诗词相伴，自是浪漫。可惜，两人 1892 年结婚，1900 年李道清就去世了。杨圻在《饮露词叙》中记载曰："夫人名国香，字道清。文忠公长孙女，伯行先生长女。聪颖通文翰，壬辰年二十归余。见余填词，好之。喜读李后主词，偶作清丽婉约，工于诗而思致萧瑟，戒之。夫人事上孝，与人恭，生长侯门，而性节俭。余家清简，衣必再补，处之若素，年来儿女渐众、主持琐屑无少暇，遂不复作。……夫人以光绪庚子正月卒于京师。"

多么优秀的一位妻子。

再来看看小两口的生活。1895 年，小两口一块儿游西湖。杨圻作词曰：

玉人睡起愁何在？只觉流光改。江莲开尽野塘中，冷露无声暗里泣秋红。

卷帘烧烛船来去，香满西湖雨。月明如水浸云房，何处冰肌玉骨自清凉？

道清死后，杨云史的生活变成了这样的：

其一：《醉太平》

欢成恨成，钟情薄情，算来都是飘零，真不分不明。酒醒梦醒，风声雨声，一更听到三更，又四更五更。

其二：《画堂春》

算来一语最心惊，今生同死同生。八年说了万千声，一一应承。一一都成辜负，教侬若可为情。人间天上未分明，幽恨难平。

杨圻这样儿，连岳父李经方都看着心疼，昔日儒雅风流的女婿，可不能让他这么消沉下去，于是主动张罗，1903 年，将前护理漕运总督、广东按察使徐仁山女儿徐檀（字霞客）介绍给女婿续弦。不得不承认，杨云史确实有艳福，这徐霞客更是十分美貌，艳冠一时。杨云史记曰："绮年时有端丽之誉，既归余，京师王妃贵妇争交欢之。"详情可参见他的《与霞客看海棠感旧作》：

君昔佳人我佳七，当时风采动京华。
春光如酒人如玉，绣榻珠帘看落花。

小两口又是神仙眷侣一对。且看徐檀写给夫君的诗：

郎君才调压时流，日日新诗解我愁。
修到江州司马妇，何须万户喜封侯。

这女人怎么样？品自高洁，气自昂！

新婚不久，第一任丈人李经方出使英国，小女婿随轺西行，不久充任驻英属新加坡领事，一领就是五年。小两口过得幸福极了。杨云史记曰："夫妇吟啸其中，终岁春夏，园亭清旷，岁月殊佳。幽居海岛，晨夕相对，理乱不闻，苍然物外，当是时，苟无去国之嗟，思亲之切，则终将老是乡，作始迁祖于南溟矣。此为余夫妇少年最乐时也。"

可惜这第二桩婚姻也没有维持到老。1925年，吴佩孚在第二次直奉战争中惨败，杨云史正欲随吴赴山海关督师，大军开拨的前一天，徐檀却在洛阳家中突然去世。杨云史仓促殡葬妻子，写下了很沉痛的诗，随军上了前线：

楼船东下气如云，永诀声凄不忍闻。
戎马书生真薄幸，盖棺明日便充军。
门外湘江白露寒，夜凉相唤怯衣单。
可堪万古团圆月，今世今年末次看。

之后还是不时地想起老婆，"哭到肠痛"，并悼词不断：

花里双飞二十年，悠悠生死恨绵绵，潘郎清泪满人间。
寒食清明都过了，为君悯恨为春怜，独眠人起落花天。

第二次直奉战争中，由于冯玉祥的倒戈，吴佩孚败走武汉。1926年的春天，杨云史在汉口北里遭遇当地名妓陈美美。双方一见钟情，杨云史每天必去捧场，云史从不轻易给人画梅，但是应美美索请，为绘红梅屏风四幅，并题诗相赠：

春来心事惜芳菲，花满江城酒满衣。一自新诗传万口，家家红粉说杨圻。

湖海元龙万里身，掉头四顾出风尘。近来英气消磨尽，只画梅花赠美人。

由于是吴大将军的幕僚长，更由于整个社会也无聊，所以他与美美的艳情，成了各大小报追逐的头条，有些报纸甚至逐日登载二人的起居，当然免不了添油加醋，和讥讽谩骂。杨云史的朋友们代抱不平，认为你只要稍微给这些报刊一些颜色，他们就不会如此放肆，但杨云史一笑置之，给朋友写了两首打油诗自嘲：

其一：

妓女千千万万，嫖客万万千千。轮我做了嫖客，便闹得瘴气乌烟。我也莫名其妙，君听其自然。

其二：

报是它出版自由，嫖是我恋爱自由。要怪它家家报馆，先怪我夜夜秦楼。只要风流不下流，这其间何必追求？

有关杨与美美的结局，说法很多。

其一是，当时二人就要谈婚论嫁了，但吴佩孚在武汉会战中节节败退，陈美美冒险把他藏在香闺中进行保护，吴佩孚最后大败，杨云史的这桩姻缘也就流产了。临别又应美美的索请，为画红梅，复题上四绝句：

原知欢蒂是愁苗，悔把温柔付寂寥。枉负才名倾粉黛，风流两字太消魂。

戎马经年衣满尘，强欢暂醉暗伤神。平生热泪黄金价，只赠英雄与美人。

照眼枝枝红雪堆，胭脂难买好春回。罗浮以外无春色，从此杨圻不画梅。

旧梦新盟两不真，临歧再赠一枝春。他年绿叶成阴后，陌路应怜画里人。

其二是，杨云史想为美美赎身，可惜风流才子没有足够的财力，后由吴佩孚的秘书张其煌赠给他一本价值五千两银子的《张黑女碑》，变现后赎出了美美，为美美的终身着想，又把她介绍给了自己的朋友，让她嫁与上海的一位实业家，总算是有所安托了。

其三是，两个人分手后，音讯渐无，美美自己赎身嫁人，但不久离婚，独居上海。有次在上海，居然与杨云史路遇了。第二天美美前去拜访，开门的乃是杨的第三任太太狄美南。狄美南很爱夫君，虽热情招待美美，但寸步不离老杨头，美美知道没戏，退出。

其四是，两个人分手后，陈美美转战上海，嫁给了名画家吴子深。

上面这些说法都不全面，按杨云史的小朋友陈巨来（1904—1984）的说法，是这样的：吴佩孚失败后，杨云史携陈美美回上海，并欲纳之为正室，却为美美所婉拒，告以云："公子年都与奴相若，万一失身被蒸，反误公一世清名矣。"杨云史乃取泥金笺四幅绘红色野梅花，并各题七律二首于上，末幅有最后二句曰："好花堪折不须折，分付东风好护持。"不久，杨云史上东北，给张学良做参议去了，陈美美在上海嫁了蒋谷孙。陈巨来经常上蒋谷孙家玩，美美知陈巨来为杨云史姻亲，故时时以逸事相告，并尝出此四画见示。某夕，蒋谷孙请褚松窗和陈巨来晚餐，蒋嘱美美出杨云史四画示之。褚松窗呢，书画家中以善谑刻薄出名，看到美美展示的末幅最后有"分付东风好护持"，就拍着蒋谷孙的肩膀大叫："东风东风。"陈巨来也笑着对褚曰："老伯，这不是'东风'，是'白板'呀。"——妓院切口，二客争一妓，名曰"白板对杀"。陈巨来与褚松窗的双簧，搞得人家蒋陈二人哭笑不得。

可惜美美与蒋谷孙也不长久，似乎遭遇虐待，半年不付家用，私蓄用光，遂不得不下堂重操旧业。杨云史在东北听说后，写信托陈巨来转致。陈巨来说，信未封口，他看了看，乃一纯粹之情书也，长篇累牍，他只记住两句："卿本佳人，奈何从贼。"后面还有几句，"惟愿今后择良而作正室，以慰吾之期望"，云云。美美托陈巨来转致谢意，说自己要去北方为妓。几年后，吴门名画家吴子深至天津，知她又积多金，愿娶之为正室，遂正式结婚归沪，又做了吴太太矣。陈巨来与子深亦老友也，又时时见之矣。但其时她自知不便露本来面目，陈巨来与她二人不再亲热如蒋氏时矣。

杨云史求婚，美美婉拒，这是美美亲自告诉陈巨来的。所以，小妓的一面说辞，是否可信，大家可在心里自己打个鼓。也有友人问云史，既然很爱美美，为何不娶人家哩？云史答曰，正因为爱得深，所以不能娶哈。友人不解。云史解释说：天下事何必据为己有而后快？再说我有相如立壁之贫，因而不忍心使文君受当垆之苦。此女因我而成名，自当让她好好营业，倘若有好结果，甚感欣慰。据说，美美与蒋谷孙仳离后，有过一次北平之行。她见到了云史，二人感时抚旧，不胜唏嘘。云史又有诗送别：

桑田绿后见云鬟，寂寞韩翃鬓已斑。
我未成功君未嫁，彷徨且共看秋山。

我倒觉得云史的解释最佳。爱，并不一定要回家。因为娶回家是油盐酱醋吃喝拉撒，与爱情可以完全无关的。不过云史作为宝玉那种类型的多情才子，就是一个丫头在自己眼里，也是千种风情万般可爱，相对应地，那些女人能在他这里受到一丝爱怜，也应该知足了。所以，凡是跟他在一起过的女子，都是没有闺怨的，相反，有的都是小确幸。

杨云史与狄美南，也是璧人一对。大约是在 1928 年夏天，云史在张学良幕，遇到了塞北佳人狄美南，8 月迎归。美南，名小琴，先名白玉珍，曾鬻歌上海大世界，后以故来沈阳，张艳帜于莲英书馆。江湖誉曰："江东才子杨云史，塞北佳人狄美南。"

这里又得说到陈巨来了。蒋谷孙其时也想投奔张幕，出重金购巨幅名画携陈巨来并往。陈巨来遂朝夕屡访杨云史。见到了狄美南，据说姑娘不愿嫁某伧夫，背鸨母而私奔投杨云史。杨为之更名曰狄美南。陈巨来说，美南"神似南方姑娘，尚楚楚，但满脸脂粉，画眉点口红，满身红红绿绿，尤其大红鞋子，淡绿袜，宛似史太君身旁鸳鸯之装束，如今日观之，几同妖怪矣，一笑"。

看来杨云史的审美并不怎么样。或者说，他与陈巨来的审美，不在一个次元。

杨云史 1941 年在香港去世。死前最后一首长诗是力挺抗日的《攘夷颂》。而有关狄美南，也是说法不一，一说不久郁郁而死，一说当时就仰药自尽，伴随亲爱的夫君走了。

碧城的征婚诗是1928年6月写毕并寄回国内的，云史当时的和作有接盘的嫌疑；但是迅速地，他认识了狄美南，于是碧城只能落空了。

值得一提的是，杨圻居然与碧城那个终身绝交的二姐吕美荪交往亲密。杨圻曾将悼念两位亡妻的《悼亡四种》付梓，吕美荪为之题诗，诗后小注，云徐夫人为"皖南陵徐仁山廉访之女，美而知书，云史比之阴丽华"，她甚至跟杨在徐逝后又娶的爱妾狄美南同样往来密切。但是，不知道二姐知道不知道，这老杨头，也被自家三妹瞄上过呢？

著名记者、小说家刘云若在《北洋画报》发表一篇《隔一重洋各自愁》，说的是杨云史娶了狄美南后，我们的碧城愁死了：

杨云史先生既纳新姬小琴，人皆以为名士宜家，名花得主，云史亦踌躇满志。不知重洋之外，犹有望眼双穿，柔肠百折者，则吕碧城女士是已。女士旅居瑞士，旧常与云史诗筒往还，文字因缘，缔来已久。近吕女士有词四阕寄云史，并媵长函，中有语云："天地悠悠，我将安托？"此荡气回肠之语，信当有为而发。异邦独客，形影自伤，因作归宿之思，是亦人情之正。然而青陵孤蝶，竟已飞上别枝，沧海百年，心事终成虚话，此真人间无可奈何事。而杨则琴已成声，盆难再鼓，想更嗟辜负良机，碧海云天，将"隔一重洋各自愁"已！

信不知道，但所谓的词四阕，当是碧城送给杨云史的《蝶恋花》，初载于1928年11月22日的《北洋画报》：

其一

慧尾腾光明月缺。天地悠悠，问我将安托？一自鲁连高蹈绝，千年碧海无颜色。容易欢场成落寞。道是消愁，试取金樽酌。泪迸尊前无计遏，回肠得酒哀逾烈。

其二

海上秋来人不识，仙籁横空，只许仙心觉。小立瑶台挥羽翣，新凉情绪凭谁说？桂影当帷垂菉簌。拨影搴帷，莫障姮娥瞩。泻得银辉清似渌，玉躯合称蟾光浴。

其三

迤逦湖堤光似砑。不是湘皋，底事争游冶。为避钿车行陌野，清吟却怕衣香惹。别浦凝阴风定也。芦荻萧萧，濠浦闲情写。双占水天光上下，一凫对影成图画。

其四

为问闲愁抛尽否？收得乾坤，缥缈归吟袖。雪岭炎冈相竞秀，一时寒热同消受。泪雨吹香花落后，尘劫茫茫，弹指旋轮骤。便作飞仙应感旧，五云深处犹回首。

杨云史和曰：

其一

眼底旌旗犹霸气。莽莽幽州，风雪来天地。日落长城横一骑，海山却在踌躇里。可堪髀肉雄愁起。闲去呼莺，冷落山和水。如此人间容我醉，手扶红粉斟寒翠。

其二

帘卷西楼风雨外。万马中原，人物今犹在。破碎山河来马背，过江风度朱颜改。清狂人道嵇中散。铜辇秋食，驮梦回鸡塞。大好男儿时不再，举杯吞尽千山黛。

其三

话道飘零都未忍。灯火楼台，梦里天涯近。诉与清秋秋不信，江湖满地难招隐。念家山破魂销尽。收拾闲愁，总是词人分。北去兰成君莫问，哀江南后非元鬓。

其四

红叶来时秋水满。前度迷津，洞里流年换。道是仙源鸡犬暖，秦人合住桃花岸。吟成一例肠堪断，小猎荒寒，匹马关山远。归骑数行灯光乱，雪花如掌卢龙晚。

碧城阕一中说"天地悠悠，问我将安托？"一句话，俺嫁谁咧？杨云史回的是"莽莽幽州，风雪来天地"，不但没有任何接盘的意思，甚至比碧城的天地还风雪莽莽。

碧城阕一中说："容易欢场成落寞。道是消愁，试取金樽酌。泪进樽前无计遏，回肠得酒哀逾烈。"这个更明显了，俺孤独得都没法活了，喝个小酒都是和着泪水喝下去的，说多了都是泪啊。没想到杨大侠回的却是："可堪髀肉雄愁起。闲去呼莺，冷落山和水。如此人间容我醉，手扶红粉尌寒翠。"看意思老杨更明显，俺都雄不起来了，不中用了，也就是醉卧红粉丛中做醉汉罢了。

总的概括起来，碧城一直在扔飞盘，但老杨头就是不接。

如果说阕一是碧城在写闺愁，那么阕二直接晋级为床愁了："桂影当帷垂蒃簌。拨影搴帷,莫障姮娥瞩。泻得银辉清似渌,玉躯合称蟾光浴。"玉躯"已有色情之诱惑,"蟾光"云云,众所周知,贾雨村对甄家一个丫环害了单相思后,有这么一首"自顾风前影,谁堪月下俦。蟾光如有意,先上玉人楼"。放碧城这里,玉躯放这里了,就等你有意者了。一句话,来啊来啊。那么看看杨大侠的:"清狂人道嵇中散。铜辇秋食,驮梦回鸡塞。大好男儿时不再,举杯吞尽千山黛。"

看到这里,后面的词我也懒得解读了。双方大战几个回合,这个杨大侠也好汉不提当年雄,只能酒杯里意淫千山黛了。所以碧城不管是主动,还是引诱,奈何对方已自废武功,明摆着对碧城没有兴趣了。

这应该是碧城人世间的最后一次召唤,或者说是最明白的征婚广告。但是回答她的,是山里面的回音和杨云史的不正经。所以,碧城扭头对人世间的最后一瞥,当是定格在杨云史身上,杨大侠不接盘,碧城只能飘然而去,带走了所有的云彩!时为1928年年底!

碧城于男女世界没有了想法,对芸芸众生也没了想法。碧城的《文痞文匪之可恶》开首是痛骂抄袭和假冒伪劣行为的。这种恶习,英国有,中国更有。就是碧城自己的文章,也被人抄袭。这让碧城很气愤。骂之以文痞文匪。但结尾,碧城已落脚到自己要脱离人网了,特别是中国的人网:"国运方新,彼等先自剥夺其人格,更不计及将来公权及公民之资格矣。曩于故国,倍遭文匪之扰,故避之若浼,旅居欧美,除素捻着偶有往来外,凡国人侨居之所,良莠不齐,予遂因噎废食,概不走访。二年以来,于巴黎从未一晤国人,亦几废绝国语。盖遨游异地,如脱尘网,不欲再寻烦恼也。"

你看看杨云史的拒绝,对姑娘造成的伤害!

1928年12月25日,碧城于日内瓦赴美国人年宴,自是日起茹素断荤,男人没有了,肉也不吃了!

三观有多么不正

碧城相信人世间是有鬼的。她有一文,叫《鬼打电话》。说英国报纸记柏林消息,一妻死后,居然给其夫打电话,通知他自己死了,并且说孩子们正围着自己哭哩。夫以为是别人恶作剧,问电话局:谁打的电话?电话局说,没人给你打过电话。随后,妻死之讣至。回家,侍者云:妻病危时,不想让子女围着哭,本村无电话,想打个电话吧,最近也有八里之遥,于是怅怅而殁。

碧城相信人是有灵魂的。碧城有《因果》一文,说欧人不相信因果,伦敦只有一家名叫 The Chronicle 的报纸经常谈灵魂,于是碧城给人写信提供世有灵魂的资料。在碧城的《与 The Chronicle 报谈灵魂之函》中,她给人家提供世有灵魂的资料计有以下三例:

第一例,她外祖母居北京时,与某夫人是闺密。此夫人病时,其子病且死。家人秘不以告。夫人忽召其子妇至,严诘之,答以没事。夫人乃斥之曰:骗我干吗?他刚才都来告诉我了,说临死前让女佣曹妈来告我而曹妈拒不往。儿媳听了,这才哭着承认,是耶是耶,俺们不忍告你罢了。夫人哀痛，自啮其指见血，数小时后亦殁。碧城说这事是她母亲告诉她的！

第二例，碧城说自己四年前由美返沪，住南京路二十号。某日午睡，侍女阿毛忽端来热水一盆，看到女主酣睡，诧曰："咦！"即悄然去。碧城睡醒后问其故。侍女说：正从你门口过的时候，见你立门前低呼阿毛送热水来。可我送来热水，发现你睡得正酣，衣履都在一边扔着，所以感觉很奇怪，就叫了一声。碧城解释说，自己准备当晚赴宴的，届时必须热水梳洗，但当时还是午睡时间，早呢，所以没跟侍女说，难道是自己睡时，魂意离体，去给侍女传令了吗？

第三例，两年前，碧城寓上海同孚路八号，说自己高门阔户，且有两个印度警吏昼夜守逻。2月14日夜，她闻楼下有声，怀疑是小偷，所以起来凝神静听，复取手枪——碧城居然有防身手枪，太让人吃惊了。碧城说，自己为了保险，平时手枪是拆卸状态，待自己将弹筒与弹粒一一装起，费时约五分钟，且人也完全由睡眼蒙眬中清醒了，其时外有小雨，汽油之路灯光极强烈，她走到廊前瞭望，瞥见操场上有物移动，且移到她楼下的廊庑间了："为黑物一团，如人之偻背。但近在咫尺，既不见人形，而移动平均，无步行踯躅之态。且廊庑间即警吏栖息之所，果为窃贼，应畏惧不前。人欤？鬼欤？殊为惶惑。乃按壁铃，仆役群起，询诸警吏，方溺职而睡入乡，固云无所睹也。相率侦查，拨花撼树，搜寻殆遍而无踪迹。门扃尚未启也，其逾墙逃去耶？此事迄今不能解释云。"

碧城又有《玄学与科学将沟通乎？》，跟她的《因果》又发生矛盾了。她在《因果》中说，欧人不相信因果，只有一家谈灵魂的报纸，但是，她在《玄学与科学将沟通乎？》中又谈道，伦敦自1882年即有灵学会，并且自己曾与他们通过信，知道其中的主持者多学界巨子、大学教授等。至于欧洲以往的灵学家，碧城甚至点出了18世纪英国经验派哲学不可知论者、历史学家休谟和古希腊新柏拉图代表人物、有神论者普罗提诺。碧城认为，人类思想发展，不外"横的"及"竖的"两途，"横的属唯物，其结果流为纵欲奖贪，由竞争而酿祸乱；竖的属唯心，存过去、现在、未来三世之思想，多淡泊明志，社会赖以调和。如科学家欲垄断一切，不惟为学理所不许，亦为世道人心所不宜"。

碧城最后这段说得不错，比较高超。当然，如果联想到1923至1924年中国大陆正发生一场科学与玄学的论战——碧城这篇文章发表于1930年12月29日的《上海时报》，则碧城所谓的高超，也不外是拾人唾余。我赞同碧城的观点，就是玄学与科学的互补。一句话，科学包办不了人生，人生应该还有信仰之类的东西，而信仰，不能完全为科学所牵引，何况科学也只是一时的科学而已。

碧城还力持因果轮回。她说："今人每不信因果轮回之说，然五千年之正史迭有记载，家族亲友间确有传说，岂彼等皆不肖之徒，专门造谣乎？"

碧城相信因果轮回也就罢了，但后面的反驳反而画蛇添足了。碧城若活在当下，岂止是造谣，连中奖消息都满天飞，手机一天接三个发财电话哩，岂彼等皆不肖之徒乎？

碧城认为："学者之正当态度，对于任何事务，苟欲坚决否认之，须指出确实之反证，否则宁保留以待研究，若轻率武断，则浅陋不智之人耳。今欧人不满意于肉体生命之短促，而欲知灵魂之究竟何往，可谓人生观之一种觉悟，然欲解决此问题，则以佛说最为圆满精密。"为了证明自家佛说最为精密，碧城又举出伦敦最近出版的一本《良知之本性》，"乃科学之实验，证明佛学独为世界放一新光"。

碧城跟某些宗教人士一样，一入教，就几成卖大力丸的了。前半截我还能接受，就是相信就去证实，不相信也得证伪，但是说来说去，最后归结为，就俺家卖的这个东西最好，包治百病。我就觉得可笑了。碧城有专门的《予之宗教观》一文。在文章中，碧城说世人多斥神道为迷信，而她认为，"然不信者何尝不迷"？一句话，不信神者，当为另一种迷信。碧城认为，宇宙间是有真宰的。有人说，有真宰你给些神迹啊。碧城对此回应说，神迹不用高渺，日常生活中到处都是。比如动植物界，如果没有真宰，世间一切自然物其器官置备之周，文采选择之美，如有意识之制造品；试问那些动植物如何美妙绝伦的？叫你人工画都画不出来的吧！

为了证明神道的存在，碧城还不惜拿自己做例子。

例一：母亲曾给碧城占卜，得签示如下："君才一等本加人，况又存心克体仁。倘是遭逢得意后，莫将伪气失天真。"

这签准不准呢？准。意思是说，你有才，又有品；但是你得意后，别忘形。事实上，碧城在天津被英敛之炒红后，确实得意忘形了。一句话，被宠坏的网红。之后经历了诸多事，特别是年老、体衰、孤寂等，促使她晚年向佛了，心境这才平和下来。

看碧城自己的解释，有意思。她说："厥后虽未得意，而自此独立，为前程发轫之始。"这是客气，碧城对自己的得意是很满足的。而所谓的独立，首先是经济独立，其次是归属感独立，而归属感独立又可分为二，身体身家独立，精神信仰独立。

例二：游庐山之仙人洞，有吕洞宾的龛祀，道士怂恿碧城占一卦，碧城从了，乃以婚事为询。得卦如下："两地家居共一山，如何似隔鬼门关？日月如梭人易老，许多劳碌不如闲。"

碧城说这是她母亲帮她询的，她母亲事后后悔死了，误闺女终身啊。碧城自己当时仅是"微诧"，亦未在意，但是随着时间的发展，碧城发现自己真的找不到意中人。也罢，就单着吧。碧城说，山林井灶何有神祇？卜者虔诚则亦感应，正好是神道无所不在的证明嘛！

例三：被舅一骂出走天津，遇上贵人英敛之；被英敛之炒红后与督署幕僚唱和无虚日，舅方欲追究，他自己却被人弹劾去职；第二贵人、直督袁公让她舅去给她做筹办女学的助手，她舅受不了，未几辞去……这些在她眼里都是天意。

例四：没有被秋瑾诱拐到北京，更没有与秋瑾一块儿干革命，最后秋瑾死了，碧城幸免，被她认为是"殆成仁入史亦有天数存焉"。

例五：初到天津，吃没吃的，喝没喝的，用没用的，但是恁多人赞助她，扶持她，从此再不用花家里一分钱，甚至父母的遗产自己也未取一分。但众叛亲离，骨肉崎龁，时世环境亦多不顺己意，但这也是天意，天将降大任于是人也……她甚至拿鲁滨孙漂流及达摩祖师面壁获证人天之契来做类比了。总之，碧城对自己一路这么走来是很得意的，而且认为自己的得意都是来自神道……

我觉得就前两个例子还可以有些神意，其他都是人意——其实前两个也是人借神暗示她的命运，引导她的人生。

碧城是 1928 年年底开始吃素的。碧城吃素的理念，完备地体现在她的《医生杀猫案》一文中。说伦敦某医院两位医生治事毕返休息室，按例为彼等所备之食为猫窃食，乃愤以铁器击毙之。院长以虐伤畜命而讼之于署，并命官医检验猫体致命之伤。检验结果，据说伤非要害，主要是猫被击受惊，骤罹心疾而殒。一句话，不是人家打死猫的，是猫因被打，自己吓死自己的。而两位医生辩称，猫患狂病，怕它们伤害病人，故毙之，所以两位医生均判无罪开释。

这个案子让碧城生发了无限的感叹，说"欧美之文明，伤一物命亦绳以法，洵堪钦佩"，但是因吃的喝的用的等则恣意杀生，"于义理终有不安"。她认为仁恕之道，就应该"推己及人，由近而远，始于同族而广于异族"。她举例说，美洲文化大发展时，有贩卖黑奴之举，幸有伟大的总统林肯出面，"不惜宣战，以矫其谬"，"其功不在黑人之得救，而在世界正义之伸张"。由此她联想到动物界：

> 人与畜类同为血肉之躯，四肢五官同具，惟形貌异，知识差耳。吾人对之遂抹杀一切道德，纯为敷衍自欺，与贩卖黑奴之心理何异？且如牛马为人服役，循序按法，勤劳无忤，较之奴隶有过之而无不及。迨年老力尽，则杀而食之。无怪乎近世劳工之抗业主，苟非人类力能结合，将同此结果耳。此间无道义可言也。黑奴释矣，次于黑奴者待救孔殷，世有林肯其人为更进一步之挞伐否？设曰无之，亦世界文明之羞，而吾人之罪恶将永无渖涤之日矣。

碧城还引用了《新闻报》上聂其杰的《非洲人肉市》之按语来佐证其道不孤：

> 在不食人肉国之人，若居彼族中，见人肉而不食，则彼族必哗然而笑之，谓其迂愚，亦犹我辈食兽肉之人见不食荤者亦群相讽笑。夫彼辈举箸时见碗中一人手指、一人耳舌而不动于心者，亦何异于我辈自命为文明国人者，举箸持刀，叉取禽兽心肝入口而无动于中也！外人误入彼族陷阱中，遭其缚宰、诉而不听者，亦何异禽兽之遭吾牵缚而无力自脱也！人有天伦骨肉之情，禽兽也有母子之爱，人知痛苦，禽兽亦知痛苦；人知感恩怨怒，禽兽亦知感恩怨怒。所异者智力不如人，故为人所制，任人宰割烹食，盖纯然一强弱问题耳。

弱者肉，强者食；或食人，或食肉。同一恃强凌弱耳，岂有他哉？夫天地间一切罪恶不外乎以智苦愚，以强凌弱，以众暴寡。

我被这段说服了。老实说，我是个无肉不欢的人，早上都想啃些麻辣兔块。可是看了这段，我心开始惴惴了。人家碧城还没开始吃素呢。我研究她，搞得我都想要吃素了。碧城接着说：

欧美亦有所谓 Vegetarian，即蔬食之人，而饕餮者饰词诋之。前见西报有投函论蔬食者之残忍，谓草木亦为生物，何忍相杀？此等妄词曲解，宣尼所谓诐遁淫邪，应予明辨者也。夫仁恕之道，由近及远，前既言之矣。草木非血气之躯，与人类气禀迥殊。虽应爱惜，衡其亲疏远近，自应食植物以代动物，犹文明民族食兽肉以代人肉，其义甚明。且天生吾人本非食肉之体质，试观猫犬尖牙而食肉，牛马方齿而食草。吾人未生獠牙，奈何食肉？

我又要被碧城说服了。我之前一直跟素食者有接触，好几个亲密朋友是素食者，甚至饭桌上我们这些肉食者还不时地故意调戏他们，因为他们不是光喝水，有些甚至自带花生与硬邦邦的烙饼，一桌饭菜在他们眼里简直无处下嘴。人过成这个样子，不服不行。就我个人来讲，一直认为素食者是矫情。一句话，动物是生命，植物难道不是生命，缘何厚彼而轻此？真正护生，先把自己饿毙才成。但是碧城说了，动物与植物毕竟不一样，而且按碧城这样描述，我都觉得我这个无肉不欢的肉啖者，满面獠牙了。有山中女恶心义不食周粟的伯夷、叔齐："普天之下，莫非王土；率土之滨，莫非王臣。"你不食周粟可以，难道西山之薇就不是人家周的？于是伯夷叔齐连山上的野菜都不好意思吃了，终于饿死了。我们嘲讽素食者，其实也是这个逻辑，有种你素菜都别吃！

这里，我们都跟那山里的女人们一般见识。我们假装不知道周的不要脸。凭什么"普天之下，莫非王土；率土之滨，莫非王臣"？我们假装不知道所谓的义不食周粟，顶多是不吃官俸官粟而已。别说山上的野菜我要采了，我自己种粟自己吃，与尔何干？

碧城超越了山里女人，超越了伯夷、叔齐，也超越了我们这些一般识见者。我们改不了吃肉的毛病，但对素食者，也用不着嘲讽！但恐怕肉食者也有理了，不是我们先嘲讽他们的，是他们先攻击我们，说肉食者青面獠牙哩……这官司一时半会儿说不清，暂且放下。

对于浪漫主义，碧城并没有全盘接受。这里有个度的问题，更有个取精的问题。碧城认为，舍精取粗，则成下流，其于女子也不仅仅是贞操问题。碧城还延伸到了责任、地位与身份方面。比如寡妇与被遗弃的女人，责任无所属，贞操失所据，如果人家的行为无损于人，得失由己，跟你没有半毛钱的关系，你非议人家干吗？但是对于有责任者，也这样做，那就是有犯伦纪了。当然对于独立之人，其自由权也不是漫无边际，须有相当之范围。若不爱惜身份，不顾廉耻者，则是浪漫主义之贼也。碧城发挥这么多，最后指向的居然是这些人："每于报纸中，见下流浪漫子倡言打倒礼教，此辈号称国民，而下笔不能作通用之国文，复弄笔诋毁文化，此真无礼无教之尤。"

碧城对攻击中国传统文化的人是鄙视的——尽管她从少女时代起，就遭受了文化传统的戕害。她说："予草此文时，适得友人程君白葭来函，谓曾向当局建议在奉天办一大学，招考中外大学文科毕业而有国学根柢之人，优给膏火，教授有系统之国学，并预备低级之学科，待东西洋人来学。毕业后，介绍至各国大学为汉学讲师，俾发扬东方文明，导全世界人类入于礼让之域云云。韪哉，此议实获我心。……迨世变愈剧，乃慨然叹欧美功利主义锐进至极，受大创挫时方返而求救济之道，孔教、佛教均有弥漫全世界之时。"

看样子，碧城不但力倡孔学、佛学，甚至是"21世纪乃是中国文化的世界"之先声了！甚至，"孔子学院"的先声都有了。碧城若活到现在，应当欣慰了。

当然，碧城不只力倡国学佛学，她还抵制白话文呢。她有《国立机关应禁用英文》一说。国立机关，比如海关、邮政、铁路、盐务等普遍用英文，在碧城眼里是国体尊严之大事，这个可以认。不过碧城反对民间普及英文，她说，英报有某西人投函，说"共党未作之先，华英感情甚洽，沪人之通英语者百分之九十五云，此言殊不尽诬"。

我被这个比例吓坏了，就是现在的上海人，也不见得通英语者百分之九十五嘛。碧城当然也被吓着了，她的意思，沟通学术、交换文明，通英语固是必需，但民间社会以不通英文为耻，就有些过了，那是经济势力压迫、文字同化之辱嘛——后面这个，我倒觉得碧城有些过了。你在欧美漫游并定居，在非英语世界喝个牛奶都当面给人画牛并取杯作欲喝状的，凭什么普通百姓就不能习英语了呢？

更过的是，碧城由国立机关禁用英文，延伸到了禁用白话文："抑吾更有进者，国文为立国之精神，决不可废以白话代之。"她的理由如下：

其一，中国太大了，方言纷杂，幸亏文辞统一，否则谁能听懂谁？设中国五千年之历史，当时系用白话纪录，则今日将无人能读之，那便能读，也比佛经的歧义误解还要多。

其二，"文辞之妙，在以简代繁，以精代粗，意义确定，界限严明，字句皆锻炼而成，词藻由雕琢而美，此岂乡村市井之土语所能代乎？文辞一二字能赅括者，白话则用字数倍之多。所多者，浮泛疣累之字耳。孰优孰便，可了然矣。但文辞意义深奥，格律谨严，非不学者所能利用，然惟深严始成艺术。夫艺术不必尽人皆能也，亦不可废，必有专家治之（此指文学而言，非通用之国文）"。

碧城的第一个理由说不通，古时的文字，就是古时的方言，而秦皇统一文字，就是统一书写罢了。所以中国的文辞统一，仅是书写统一，直到今天，方言与土语还是各自为营的。

碧城的第二个理由，可能要挨骂了，敢情文辞与文辞艺术，包括她玩的那些古体诗词，居然是以她为代表的官二代之特权了。一句话，碧城虽然占尽了先机，但是很多方面，落在了时代的后面，固守着她那小资的、贵族的、雕琢的、特权的圈子及偏见！

碧城还跟基督教徒讨论过上帝的体相问题。在《与西女士谈话感想》一文中，碧城说，某日，席帕尔德女士邀请吃午餐，碧城到后，席女士外出未归，遇其友昔穆森夫人树下谈心。昔女士问碧城："理想中上帝体相何似？"碧城答曰："无体无相，有体相则权力有限，无体相则权力无穷。"对方拍掌叹绝。少顷，席女士返寓，即入座就餐。席间，席女士捻死桌布上的一只蚂蚁，碧城劝以不可伤生，彼然之。再有蚂蚁前来客串，席女士则以指轻捻掷出窗外。碧城由此想到自己之前在美国游玩，偶摘树枝嫩芽，司机都不乐意。现在，她也开始跟别人不乐意了。席女士询问碧城是否是佛教信徒。碧城说虽然知道她不愿意听，而且一直劝自己信基督，但是不能给她说假话，信仰各有主义，更不能苟同。所以碧城的回答是：所谙甚浅，惟戒杀宗旨与本性符合，则不妨皈依之。碧城对基督的评价是："博爱而不戒杀，殊为缺憾，甚至变本加厉，因护教而有十字军（1096—1292）

二百年之惨杀。假使当时行于欧洲者为佛教而非耶教，则此奇祸可免。"

碧城真能扯淡，中国倒是早就行了佛教，中国的战争可少了一桩？或者说，佛教进入中国后，中国的战争可明显比进入前减少乎？

最后碧城总结说："千端万绪皆以文明为目标，惟真文明而后有真安乐。何谓真文明？即吾儒仁恕之道，推己及人、仁民爱物之心，及佛教人我众生平等之旨，使世界人类物类皆得保护，不遭伤害。苟臻此境，则人世无异天堂，脱苦恼而享安乐，地球之空气为之一变，讵不快哉！闻伦敦近有佛教之宣传及庙宇之建设，挽浩劫而弄景运，跂予望之。所惜此举未能创于十稔以前，承欧洲大战之后，收效较当易也。"

看碧城的意思，世界真文明就俩——中国的儒和中国从印度进口来的佛，有了这俩玩意儿，世界和平、人类天堂就实现了。要是这样，中国早该是天堂了。可惜啊。

有关闺阁文学，碧城认为女人天性如此，何必强求男性化呢？"予以为抒写性情，本应各如其分，惟须推陈出新，不袭窠臼，尤贵格律隽雅，情性真切，即为佳作。"她说，写诗的温庭筠和李商隐，写词的周邦彦和柳永，皆以柔艳擅长，男人写作都这小样儿，何况我们女人乎？"若言必系苍生，思想不离廊庙，出于男子，且病矫揉，讵转于闺人，为得体乎？女子爱美而富情感，性秉坤灵，亦何羡乎阳德？若深自讳匿，是自卑抑而耻辱女性也。古今中外不乏弃笄而弁以男装自豪者，使此辈而为诗词，必不能写性情之真，可断言矣。"

碧城这明明是有所指，恶心秋瑾姑娘的。秋瑾若还在世，不拿自己的男靴砸碧城才怪哩，或者直接从男靴里拔出她的小刀来，往桌上一掷："哒，吃我一刀！"

秋瑾与碧城同样是悲剧，但是悲剧的因果不一样：秋瑾是求仁得仁，碧城则是不知求啥，每每是无路可走，再走一不可走之路——少女逢家变，同时被退婚，长大后不是人家相不中咱，就是咱相不中人家，甚至还怀念那种父母包办的婚姻；青年成网红，被捧得不知天高地厚，性情更加乖张，人缘更加疏离，与二姐都能互相吃醋，终身不予理会，兼之一不小心成了富婆，只能高处不胜寒了；中年游走海外，虽然经济独立，个性独立，但碧城对于域外的艳遇一概拒斥；国内男人不称心，国外男人无中意，就这样成了黄金剩女，败犬女王……

我往哪里走啊，我往哪里去？

去也无处去，走也无地走！

在国际保护动物会上做了一回网红

1929年5月，旅居日内瓦的碧城受国际保护动物会邀请，赴维也纳演讲。

碧城到达后，依然住上次住过的格兰德旅馆。10日，碧城往会所探望，发现大家都很忙。拿自己的讲演稿征询一个女职员的意见，对方的意见是："不必坚持废屠之意，众皆仅以禁止虐待。"碧城说："予此来为发表己之主张，若人云亦云，则何需我？"

碧城这种宠坏了的个性，还真适合西方社会。据她说，这个女职员马上被她折服了。问题是，既然是宣传自己的主张，何必拿着稿子去问人呢？何况一个普通的女职员，根本不负责你讲演稿的内容与审查，人家不过好心地提醒你，我们这地界，都流行吃肉，那是主的意思，人就是吃动物的，动物就是供人吃的。我们这地界，只流行爱护动物，不虐待动物，比如你养狗就要爱狗，当然这种爱也不能是溺爱，比如现在的欧美地界，你把狗养得太胖了，或者开车出门，人类下车玩耍去了，却把狗锁在车里，都叫虐待。不信你看看欧盟的养猪业指引。碧城回到寓所，心里也还惴惴呢：

"此问题仍盘旋于脑。"各团体赠了她很多书,她也曾阅概略。她纳闷的是:"其保护动物之道无微不至,而独不言保护动物之生命。英国有伦敦蔬食会,又有国际蔬食联合会,诸会员多终身不食肉,不用毛革物品,其欲戒杀也明矣,何不为明白之宣言?或有此项论著,予未披览周详欤?予曾函某会(诸团体中之一),询其保护动物之范围,是否戒杀,而复函言他,于此点从略。"

5月11日,各国代表已到维也纳。晚间聚餐于素菜馆。该菜馆以释迦趺坐之像为商标。导致碧城再次纳闷:"殆本佛教戒杀之旨欤?"

12日,午前行开会礼。诸代表聚而摄影。各国公使到者25人,碧城发现公使姓名录中有日本无中国。碧城解释说,盖以吾国驻奥使馆已裁撤之故。晚间会中演电影,题曰《佛教保护动物之旨》。碧城又感叹上了:"予于此夕之会甚为感叹,缘欧美多耶教国,竟能旁采他教主义,郑重阐扬如此。返观吾国,本佛教之国也,而年来摧毁佛像,霸占庙产之声,嚣然宇内……又如故国青年有发誓不看线装书之说,而纽约学士会(The American Council Learned Societies)方取吾国周秦诸子之说迻译而公布之。他国之所尊崇我者,即吾国自鄙弃者,转拾他国余唾,乞邻醢以骄侪辈,循是以往,则将来国人欲考查其自有之文献者,须在异国求之,真有就胡僧而话劫灰之感。"

碧城这段文字里,炸弹不少。

她暗讽中国革命以来,革命政府不尊重佛教信仰,搞了很多摧毁佛像、抢占庙产之野蛮行动。

这个,其由来渐矣。最远可以到康有为变法时,为了解决兴学维新的场地、资金等问题,他建议政府征用庙产,结果愈演愈烈,政府、军队、党团,甚至个人——你想想"破四旧"的当口,不说其他,就说我们村,一个村妇耳朵上的金坠子，都会被人当四旧给摘了去——总之，只要脸皮够厚，人品够下，都可以打着维新、进步、文明甚至革命的旗号，强拆强占，以至于强占庙产成为晚清以降越来越激化的全国性社会矛盾。袁世凯执政以后，试图把这个问题纳入司法范畴与良性轨道，但是国民党推翻北洋政府后，这个问题更激烈了。所以碧城这里的"嚣然宇内"说的当是国民党政府一路北伐成功以来的庙产兴学运动，它包含两层意思：寺庙被改为学校；以庙产补助学费！碧城看不惯。

排完炸弹，接着说主题。碧城最得意的是 13 日演讲这天。碧城名列第三。碧城演讲用的英文，下面我们看看她的中文发言稿：

吕碧城在维也纳之演说

主席及诸君。予甚喜有此机会，得贡献意见，供诸君参考。吾华人占世界人口总额四分之一，且有将近五千年之历史，则吾国保护动物之道，或亦世所乐闻也。查此项主义，滥觞最早，而成于三种源流：（一）佛教；（二）孔教；（三）古代法制。佛教之旨，严禁一切屠杀。孔教则示节制，不得残忍滥杀，有"见其生不忍见其死，闻其声不忍食其肉"之说。至于古代法律，则散见于约近三千年前周代之礼制。有天子无故不杀牛，大夫无故不杀羊，士民无故不杀豕之说。盖必因祭祀宴饷等典节，不得已而杀牲。日常食品唯蔬菜米谷而已。中国古代未臻完全法治之程，故礼制即含法律之性质。厥后此等制度渐失效力。然私宰耕牛，犹干厉禁，沿至吾国最后专制政体之满清时代，尚未废也。

自一九一一年，中国大革命以来，改良建设之事固多，而吾国古代所遗之文明亦几随而荡尽。然最近予读中国报纸，谓有欧商向天津地方政府请护照，欲每年运牛肉九百万磅及活牛一万只出口。业经吾政府正式拒绝。谓牛于中国专为耕田之用，不得屠为食品，此项古制，今已恢复云。现吾国仍有多数佛教信徒，皆蔬食之人，完全赞成保护动物，且有多数慈善团体，赅括此旨。但彼等多系旧派之人，不解外国语言文字，与国际各团体无由联络耳。予为因势利导之故，凡国际一切保护动物之运动，皆为竭力介绍于中国报纸，中国南北各有一最大商埠，南为上海，北为天津。现天津将建一屠场，诸事求新，予已将德国公司所发明之屠杀昏迷器之图说，介绍于该场主任矣。

惟予个人之宗旨，此次欣然赴贵会演说者，乃为世界废屠运动。吾辈既讨论种种方法，保护动物无微不至矣。然最后仍承认动物之应被杀，则吾人对于此点，将如何解说之乎？禁止虐待，仅为吾希望中之一部分，而不能完全贯彻吾之主张。无论吾之希望其实现之期如何遥远，虽在千年后，予誓从今起开始运动。人类之杀动物，完全系以强侵弱，予以为世界文明之重大羞耻。昔美总统林肯未作拯救黑奴之战以前，黑奴之地位与禽兽相等，贩卖黑奴者，盖不自知其行为之谬误。正犹今日吾人之杀动物，而误认为当然也。予更敢声明者，世界之和平，断非国际条约及办法所能维持，必赖人心维持之。而和平之心，须由公道正义仁爱之精神养成之。此等精神，去私愈远，而价值愈高。由本国推及异国，由本族推及异族，如林肯总统之所为，诚伟烈矣。然如由人类推及异类，则价值尤高。若人类之性质与此等精神同化，则和平之空气充满地球，即世界和平真正成立之日也。废屠非仅予个人之主张，亦且代表吾国一切爱和平而蔬食之人云。

整个演讲，后半部棒极，前半部有史实不确，甚至有她本人故意歪解的地方。什么孔教节制，古法禁杀等，其实中国禁杀的只有佛教，其他，比如孔子，食不厌精，肉不厌细的，透着诸般讲究。甚至学生交学费，都得给他提一串一串的腊肉。至于禁杀耕牛，乃是重农主义思维，把耕牛当重要生产力了，与真正的废屠素食没有半毛钱关系，一句话，耕牛别吃，其他动物随便。还有就是百姓日常食品，唯蔬菜米谷啥的，那是客气，百姓吃不起肉而已，吃得起了，天天宰杀。这里可以参见孟子幻想中的小康社会："五亩之宅，树之以桑，五十者可以衣帛矣。鸡豚狗彘之畜，无失其时，七十者可以食肉矣。百亩之田，勿夺其时，八口之家可以无饥矣。"看看，不是不吃肉，明明是吃不起嘛。能吃得起了还不吃，中国人才不会那么傻呢。至于碧城自己，还是我分析的那种，从小不运动，只知静坐读书，胃不好，吃素，当是最好的选择——养胃了。我有一学生，也是，吃肉容易生病，就只好吃素了。自从发现吃素对身体好，虽然老公是基督徒，但她却愈发地亲近佛教了。

总之，碧城前半部也是胡蒙人家老外而已。倒是后半部，很高妙，世界和平，必赖人心。公道正义仁爱等，由本国推及他国，本族推及他族，人类推及他类……如此三推，确实乃高妙之言词。我们安徽才女这次出行，没给故国故园丢脸，我们当大大地给她点个赞。

碧城自己的评说是这样的：

> 虽在昼间而会堂深大，电灯齐灿。予戴珠抹额著拼金孔雀晚妆大衣，皆中国物也。前二人演说皆德语，及予，乃用英语。讲毕，予以所携之中国戒杀学佛等书（沪友所寄，适于予启程赴奥之前一日

递到），说明大旨，当场奉赠。会中即有人用德语、法语将予之演词译述二次，俾众周知。下台后群众趋前围绕握手问询，内有三人自称系佛教信徒云，且有多人请予签名为纪念，或赞成其宗旨。此事予甚为难，因签名含法律性质，不欲随意从事，拒之又觉情面难堪。不得已乃于签名下注明"系赴会纪念"，或"赞成禁止活剖"，"赞成人造毛革"等字以清界线。又有请予立往照像以便公布者，予倦极，以稍缓辞之。晚六时，会员五千余人列队游行，街市道旁观者加入两万余人，晚八时之集人仍为演说，妇女之颈围貂狐及著皮衣领袖者当场被诸演说讽戒，皆默受而不反唇。予有豹皮领袖之大衣，乃昔年所购，每赴会则置而不御，盖早料及。然豹有食肉猛兽，应杀与否，尚当别论。……

这段令人莞尔之处太多了。

第一，碧城最在意的却是自己的衣装打扮。珠抹额及拼金孔雀晚妆大衣，都是碧城最得意的服饰了。拼金孔雀晚妆大衣，确实富丽堂皇，至于抹额，更多见于中国戏台与西方选美奖台了。抹额也称额带、头箍、发箍、眉勒、脑包等，秦始皇时的武士都戴抹额，唐时武人中也常见，宋代时，抹额多见于女性。明代时抹额盛行，女主与女仆都可以头上抹一个，只不过材质有所区别，可以用布、用丝、用纱、用锦，也可以用珠宝翠玉。清代时依然流行抹额，红楼中的宝玉用，金钗、银钗们用，老太太贾母也用。

事实上，报纸报道也更关注她的服饰。维也纳《泰格报》（*Der Tag*）载："会中最有兴味、耸人视听之事，为中国吕女士之现身讲台（演词另录），其所着之中国绣服裔皇矜丽，尤为群众目光集注之点。"

对欧美受众来讲,演词本身真的无所谓,见的多了,有所谓的是,中国连在奥地利的大使馆都拆了,与会的居然有中国代表,中国代表也罢,居然是女士,且她的装扮如此华丽招摇,令人大开眼界。

第二,正因为没见过,没看够,所以会后,柏林、罗马、君士坦丁堡、马德里,很多邀请都来了。但是碧城不太敢接招,"颇费踌躇也",她说:"自愧学殖久荒,弗克斠玄绎邃就正于世界。"一句话,我学问不够,校玄学,绎深邃,与全世界切磋,这活儿我干不了。

确实干不了,碧城这个时候,也就是刚吃六个月的一个素食者而已。

第三,碧城好不容易在异国做了一次网红,大家纷纷要求签名。她却傻乎乎地认定,签名是有法律性质的。虽傻,但是傻得可爱,就是在签名处,附上这签名的用途。在西方世界,你签个名,难不成还有人拿着它,去银行开支票取款?还是能用你的签名,办个假证呢?不得不承认,单身女人的自我保护意识与防范意识,时刻紧绷着哩。

第四,最有意思的一个细节,就是碧城的小聪明与自作聪明。有着皮毛衣者,当场受窘,她却得意扬扬地扭头跟读者交待:我自己还有豹皮大衣哩,但我早料到了,所以每开这会就不穿了。这还不算,她还振振有词地辩解说,何况豹子为食肉猛兽,应杀与否,还没有定论呢——看来这姑娘道行确实还很浅哩。一是没听说贵教摩诃萨埵王子舍身饲虎,一下子升到兜率天上的故事;二是豹子为食肉猛兽,对人有害,可你后来在香港住的房子有了白蚁,不也殃及你的人身安全吗?你还装模作样地不忍伤害转而嫁祸于人——低价卖给别人,这不是坑人吗?修佛的人能这么做不?

晚八时开始的演讲中,碧城专门提到了英国的哈密顿公爵夫人,说她穿人造皮草上台,告诉大家,人造之美丽不减真皮,并且给大家推广文明屠兽机器,也就是无痛杀屠法。其同伴演说,称动物保护之道,最上者废屠，次则屠法改良，再次则禁止虐待。第一次听西人说出废屠，碧城很高兴。

14日，碧城牙疼，找牙医拔牙去了。拔牙的过程中，碧城说，我这打了麻醉药都这么疼，人家动物哩？甚至想起自己从美国归国那次，在家里碰见一老鼠钻抽屉里去，她迅速地关抽屉，把鼠腿给夹在了外面，然后用剪刀剪了鼠腿，再取而毙之……

碧城拔牙后，腮帮子肿且疼，就回寓躺着去了，枕畔电话不断，都是报馆采访。爱美的碧城肿个腮帮子如何见人？就全拒绝了。柏林的记者甚至上门了，说专门从柏林跑来的，碧城勉强接见并给人照片了事。

15日上午议决案件，碧城未到。下午在剧场演电影，题为《犹太屠兽法割兽之喉能使兽立失知觉乎》。碧城说犹太屠兽法之野蛮为世诟病久矣，所以她专门去看了。结果她首先领教了西方的言论自由及其边界。当一人立在台上边放边讲时，台下即有人高声抗议。主席问何人，人家说某博士。于是滔滔不绝地插播自己的演讲。碧城听人说他乃犹太屠党首领，每开会必来干扰。碧城说，不能禁止他们入场？——哈哈，这就是中西差别之处了。碧城首先想到的是不让人进。虽然有人回答她"任其前来，吾等欲感化之耳"，但实际情形，哪有感化，都是现场辩论嘛，而且辩得电影都没法放了。碧城甚至担心双方动武，后来发现人家主席很淡定，就是循环辩论而已。

碧城这次终于知道为什么西人不轻言废屠之语了。犹太人说其屠法乃本其宗教，上帝指示之圣法；有人提议，犹太屠肉只售犹太人，基督教应拒绝购食，可是人家基督教教义同样云，动物乃上帝所造，就是专门供人吃的，不吃岂不违背上帝安排？于是碧城作出了如下结论："故欧美善会尽言保护动物，而不明言废屠者，殆为其宗教所拘束欤？今一部分欧美人士对于所谓上帝赐给之肉品拒而不食，而出入于以佛像为商标之素菜馆，是与耶教已貌合神离，同床异梦，将来佛教与耶教消长于世界之趋势，于此已微见朕兆焉。"

我能说，碧城太乐观了吗？她的意思，以后佛教将一统天下；而基督教，会因为这个吃肉，信众大减呢。

16日上午议决案件，屠党又去辩论了，导致下午才议决成。然后会议结束。

17日，大家前去维也纳郊外的巴登旅行。到市政厅之后，市长亲自迎接。会议主席亲自介绍碧城给市长，碧城伸手为礼，市长没握，而是执其手而吻之。这个时候某属员说碧城为最远之客，他年再开会，当以飞艇迎碧城于北京。听者莞尔。

又有记者要求给碧城摄影，碧城想往后拖，无他，腮帮子还肿着哩。但是人家说了，今天已嫌迟了，再迟就没法用了。于是照相。

会议完毕后，碧城略事浏览，并且去音乐馆听歌。碧城也知道，奥国以物质论，则工业之国；以精神论，则音乐诗歌之国也。奥国那些音乐诗歌界的大咖，海顿、舒伯特等等，碧城都知道。所以碧城前往音乐馆听歌。可惜回寓后，"西歌不曾入梦，而梦闻故国歌声，极顿挫苍凉之至。梦中凄感，较醒时尤甚"。

对的，碧城也就是梦中才能放开。做春梦时如斯，凄凉时也如斯——碧城醒后，写了一首《还京乐》，从中可以窥到她的诸般凄凉：

嬾春睡，听引、圆腔激楚哀思颤。话上京遗事，周郎顾罢，龟年歌倦。又夜来风雨，无端撩起梨花怨。萦万感，残梦碎影，承平犹见。凤槽檀板，问人间何世，依然粉醉金迷，华席未散。而今更不成欢，对金樽、怯试深浅。指蟾宫、早桂影都移，霓裳暗换。渺断魂何许，青峰江上人远。

老韩对碧城这首《还京乐》发表观感如下：春情暗动，旧事伤心，知音逝远，渺不可见。空虚呀空虚，彻彻底底的空——虚！

我觉得，碧城这时候的心境也可由佛教歌曲《醒来》中的某些歌词概括：

当欢场变成荒台，
当新欢笑着旧爱，
当记忆飘落尘埃，
当一切是不可得空白，
人生是多么无常的醒来，
人生是无常的醒来。
……

1929 年初，由碧城北洋女子公学高足黄盛颐编辑、哥大校友凌楫民校阅的《信芳集》出版，刊于北平。全书不分卷，顺序为诗、词、文、游记等。

其中，凌楫民在《跋信芳集》中对碧城一通夸奖，但似乎并不了解碧城，他说："女士才识过人，慷慨有大志，出其余绪以为诗文，已足睥睨百氏，吐纳万有。异日兴尽归来，抒其抱负以谋国，必有以慰吾人之望者，又安可仅以诗人目之欤？"

这跋做的，这是碧城吗？可以用来说秋瑾，可那又是碧城最讨厌的女性变异体！

1929年9月，费树蔚校阅的五卷本《吕碧城集》由上海中华书局出版。

净土宗：信仰的归宿地

上面说过了，碧城是 1928 年年底戒荤茹素的。

与佛的再次结缘，乃是 1929 年——第一次结缘，应该是 1918 年了，前文说过，那一年，碧城受邀上京，听天台宗的谛闲法师讲经，有人说碧城皈依了谛闲，受了三皈五戒。此说可能不确，对于碧城来讲，那个时候心境可能还很春风得意，与谛闲法师，可能只是一次眼缘、一次心理咨询而已。十年后的 1929 年，碧城时居伦敦，常往外交使馆，与使馆秘书孙君夫妇作一种游戏。按碧城自己的说法，与佛的结缘也很偶然："某日，孙夫人捡得印光法师之传单，及聂云台君之佛小册，作鄙夷之色曰：'当这时代，谁还要这东西！'予立应声曰：'我要。'遂取而藏之，遵印光法师之教，每晨持诵弥尊圣号十声，即所谓十念法。此为予学佛之始。"

里面冒出一个聂云台，先说说聂云台吧。聂云台（1880—1953），名其杰。湖南人，曾国藩外孙，其母乃曾国藩小女儿曾纪芬；父亲聂缉椝做过上海道台、安徽巡抚、浙江巡抚等。聂云台虽然也中过秀才，但之后主要跟外国人进修洋学了，并且赴美国留学，回来主要干实业与教育，干得风生水起的。1926 年，因大病缠身、企业经营不善退而成佛教居士。1943 年，因骨痨而锯掉一条腿，更少过问世事。他跟碧城何时结识的，不确。只发现碧城书信里几次出现聂的身影与牵线，应该是同道相识了。

看碧城的意思，与谛闲法师那次因缘不算因缘，与印光法师的这次相遇才算因缘。印光法师 (1862—1940)，中国净土宗十三祖，1918 年至 1919 年间得成大名，之后成为中国专门提倡净土的人，德高望重，传颂一时，所以碧城在伦敦都能看见他的传单，可见印光法师当时的影响。

前面说过，1942 年夏初，也就是碧城仙逝的半年前，曾写有《感逝三首》，是写给三个男人的，一个严复，一个袁世凯，还有一个，就是印光法师了，而且印光法师是排第一位的。下面我们看看诗：

> 大道由来只尚平，此公风调自天成。
> 虽严壁垒人争近，不露文章世已惊。
> 耄耋年征仁者寿，莲花香泛圣之清。
> 雁门寥落螺山远，梵呗凭谁更继声。

单从诗里，看不出什么来。但是感谢的三个男人，印光排第一，严复排第二，袁世凯行三。看来碧城心里，还是有个座次表的。这是她的信仰，也就是价值观的引领人。

1930 年春，碧城在瑞士正式皈依佛法，成为在家居士。

皈信之初，碧城不得其门，她尝试通过禅坐来调节身心，此法初始有效，但于一次打坐时发怒之后便不再适用。之后，碧城又尝试通过时兴的唯识学修习，未有进展。直到依净土法门修习后，才有了感觉，修习净土一阵子后，一次夜梦"莲邦之路"，遂彻底决定了碧城的信仰——佛家最保守的净土宗!

夜梦的时间当是 1930 年 11 月 17 日——碧城 1938 年 11 月 16 日在瑞士日内瓦写给龙榆生的书信说的是"八年前的十一月十七日",当是 1930 年了。她说,当日自己初次购菊花供佛。祝曰"若我得生净土者,请佛示以征兆",结果当天晚上就"梦水中茁生莲芽,极为肥密。方审视时,景物倏换,如电影之换片,然则为湖面有竹木之栅双条,微露其端于水面,如电车之轨道(西湖中每见此物,乃插篱划分水界)。莲花生此道中,已展大盈尺。予梦中自语曰:'谁种莲花于此路中?'而于'路'字之音特别提高,醒时忽忆日间曾乞征兆,此为佛之答语。分明示我曰:汝莲邦有路,今始萌芽尔……"

说到这里,得简单说下碧城的莲邦信仰,或曰净宗、净土宗。净土宗,汉传佛教十宗之一,与禅宗并为汉传佛教最大的两个教派。但净土宗却是佛教中最为保守、社会底层民众中最为流行、在西方社会中屡被视为非佛教的一个宗派。其主要修行方法是持念佛号"阿弥陀佛",所以也有叫念佛宗的;目标是往生西方极乐净土世界,故名净土宗。至于莲,跟净土宗的初祖、东晋慧远有关。慧远在庐山结莲社,认为西方净土者缘由莲花所化生,专主净土法门,故又称莲宗。

佛教功夫,第一是信,第二是解,第三是行,第四是证。现在碧城完成了第一项,信了。剩下便是后三项了。碧城初信佛教后,一度中止了一贯的诗词工作,把主要精力放在了对净土经典的翻译和注释上,一是《净土四经》的英译本,四经包括《无量寿经》《观无量寿经》《阿弥陀经》《普贤菩萨行愿品》,碧城把它们由中文译成英文,并加入许多梵英对照的佛教专有词汇注释,另附有自己修习净土的心得体会;一是写作出版《观无量寿佛经释论》,此乃碧城晚年所作,出版后的第二年初她便辞世。这些工作更应该属于解。

解的期间,碧城对佛理有诸多不明白的地方。

1931年,碧城署名圣因的一篇文章发表于《海潮音》,是颂扬欧美佛学之女作家巴林顿的。颂扬完毕之后,希望中国的女人也都有志于此:"环顾吾国,为佛教渊荟,莽莽神州,不乏金闺之彦,苟有志于此,不难与东西媲美。较诸损耗心力,著作婚姻恋爱,武侠侦探等书,其得失岂可同日而语?"至于她自己,她强调"钝根","学佛日浅","百务纷扰","曾试从《法相唯识宗》入手,尚苦不能自解",所以只能踮着脚跟盼别人了——事实上她真的不能自解!

1931年,《海潮音》又登载碧城一篇《吕碧城女士启事》,说发现自己跟常惺法师探讨佛法的私函,竟然被公开发表在了1930年7月的《海潮音》,对此,碧城深表不安,一是怕引起读者误会,二是怕于佛法滋生疑义,所以她现在要出来更正。

更正的观点有这么几个:

第一,自己对于神话的质疑,已完全消解了。"盖宇宙间最大之问题,如时间之始终,空间之边际,吾人皆不能解决,则岂能就吾人脑力所不能测,目力所不能见之事,遂否认之?"

第二,"至于龙之为物,尤不能断其必无"。碧城举例说,比如鲲鹏之巨鸟,我们是没见过,各国博物院就予浏览所及,也没有见过,但是巴黎最近有报纸说,伦敦军用之航空游击艇,被一巨鸟撞落,"则鸟身之大,可以想见"。碧城不知道,飞机岂只怕巨鸟,就是小鸟它也怕哪。但她还是继续论证下去了:"今之飞机,其升力至高不及四万尺,已遇此等怪鸟,倘能突破四万尺之外,则见龙或佛说金翅鸟之类,亦在情理之中。"碧城的意思,天上真可能有龙,或者佛说的金翅鸟之类,再进一步,估计飞碟都能出来了。

第三，碧城又开始说梦了。

一梦，说自己往年"曾梦白石阶级，高阔如梯，满刻佛经，上通于天"。旁有人指示曰"此为登天之路"；复指另一方面曰"彼为印度安南之境"。于是碧城开始拾阶而上，"愈行愈高，而阶级亦愈窄愈密，不能容纳足步。俯视则已离地万丈，进退维谷。恐慌之际，乃宣佛号（即念阿弥陀佛），忽觉有力将予向上提引，吾身乃得登天"。这还不算完，碧城说，自己醒后并未在意，但阅《申报》，忽见有"印度安南者"之句……碧城认为，这一切都是发生在自己身上的"奇异之征"。

二梦，说自己往年"梦亡母见召"，"母挂古寺中"，隔着帘子唤其名曰"静持"。碧城说自己当时并不解其意，但因是老娘叫的，就一直记着，直到最近读《瑜伽师地论》中"静虑解脱等持等至"之句甚多，并且昔年梦中得句在《华严经》中也有发现。碧城说："予当年既未闻佛法，且自顶及踵，方沉溺于声色货利之中，此等梦不可由结想而得也。"碧城的意思，自己这个梦不是日有所思，才夜有所梦的，它明明就是佛祖让我娘来指示我的嘛。碧城又继续论证说："按《瑜伽》中之静虑即六度中之禅定，予今发觉于修持功夫最所缺欠而需要者，即'静持'二字。盖心思每诵经念佛，亦难凝聚，惟结跏趺坐合掌修观（即修净土之观），心始渐定。"

1931年的《海潮音》还载有碧城一篇《致王小徐居士书》。碧城并不认识王小徐，她是从李圆净居士处拿到王小徐地址，冒昧向人请教的。信头谈了自己佛法知识不足，特向人家请教几个问题：

一、佛是否谓时间无始终，空间无边际，一切皆幻而不实。

二、佛不主张人有灵魂，然三忍道中有鬼，鬼非魂乎，果无魂，则善恶果报，所用以轮回投胎者，果为何物？曰此"识"也，然识与魂不过名词之异耳。古今书籍，及至友传说灵魂之事至多，是否皆妄？城亲闻先母言其母（即吾外祖母）死后托梦告知某某事，次日果得事实之证明，此非灵魂而何？

三、《楞严》中所言地理，其因数及洲及山等，何以与现时地理不同。

四、六祖惠能有种种神通力，但有下雨乃龙所致之言。然现时科学家解释下雨之原因，已成常识，无人信龙行雨之说。

五、净土宗简而易行，城先亦欲从此门入手，追读净宗各书，信心顿退。净经自相矛盾，四十八愿中有惟除五逆之句，而《观无量寿佛经》又许五逆往生。《弥陀经》言善男子，善女人，是以善为条件，恶业不应往生。而诸家诠释，谓恶人夙世有善根，是善恶不分矣。且佛法重因果律，其律应至严。佛力不得变易之恶人，恃佛力往生，是因果力失效也。恶人杀害人物甚多，反受净土福报，则其被杀害之人等，将含冤饮恨，无从昭雪。而净宗辩曰："此恶人往生后，则其冤亲皆得度脱，同生净土。"然净宗以持名念佛为条件，恶人之冤亲未曾念佛，但凭一下品往生之人，即得度脱，阿弥陀佛尚不能将众生度尽，而往生之恶人，反有此权力乎？耶教不以善恶为标准，但以信仰与否为条件，聂云台君曾痛斥之，谓譬如一主人有二仆，甲仆工作惟谨而不颂赞主人，乙仆则善颂善祷而不尽职，主人则亲乙而疏甲，有是理乎？今净宗之言曰："生品之高低，全凭持名之深浅。"《高僧传》《净土圣贤录》《佛祖统记》等，皆言昔贤每日念佛十万声。近有人试验计算，即昼夜急声念佛一刻不停，至多仅能得六万声。禅宗多诋净土，六祖惠能其一也。《金刚经》有不应以三十二相观如来，若以音声求我，是人行邪道，不能见如来，亦与净宗观像之说冲突。今年佛诞日，伦敦集会之演说，大抵谓佛教之人，仗自力而不仗他力。耶、回、犹等教皆主一尊，不论善恶，但凭信仰，求之则赏，违之则罚，此所以不及佛教之可贵云云。使欧人闻净宗之说，恐亦信心瓦解。城非谤佛，但反覆思惟，心实迷惑。尚祈居士为我解惑，无任感谢之至。城崇拜佛法，有归命舍身之诚，但疑点不解，终为大障碍物耳。匆上叩候道安。吕碧城六月十日。

这个，不知道人家咋回的。而且，即使回了，吕碧城的惑应该也是解不完的。

就是到了1939年，碧城仍数次致函沪上陈无我居士，讨论欧美佛教徒有关蔬食及轮回诸问题。我这里能找到其中的一封，原信录下：

无我先生大鉴：

前函谓欧美佛徒深恶净土及蔬食轮回等说，自不能一概而论。然如佛学在英国之杂志，其经理人生一女，且刊布之，而何东夫人生西，则拒不登载。其前任主笔某君谓人死投生为禽兽，此地球上断无此事。又谓释尊系误食毒菇致死，断然无疑云云。美国某老佛徒闻人或投生为畜之说，谓令人憎恶欲呕。已故之德国老佛徒（八十余岁），谓净土与佛法相反。纽约佛徒奥特氏谓净土非佛法，英国某老妇误译释尊系食猪肉胀死，其译才如此陋劣，而《佛学在英国》至今犹登载其文字不已。且此妇之译经最多，遍布各国，故欧美之佛学，城认为一塌糊涂，辩不胜辩。城此后决不再予以经济之资助。巴达皮鞋厂主以杀为业，而印度佛学杂志登其盛自称赞之告白。城不信彼等解蔬食之意义。城提倡净土及轮回之说,英佛徒谓城为错误之领导。城前函言之激愤,已自知过,然岂无因哉!拉杂书此,尚祈不吝指教。即颂著安。碧城顿首。

陈无我(1884—1967),名辅相,号法香,与碧城同为南社社员;原籍钱塘,久居上海;早年奔走革命,豪气万丈;辛亥革命后致力文化,曾任《太平洋报》《民国日报》等编辑,并创办世界新闻社,自任社长;中岁以后,归隐我佛;为弘扬佛法,创办大法轮书局,流通佛学书籍,并编印《觉有情》月刊,居士亲任阅稿、选稿,出版十余载,发行遍海内外。我们可以发现,碧城活到老解到老,就是在生命的最后历程,还在跟人切磋佛艺。问题是,佛往中国传的过程中,本就有失真处,且流派不同,歧义纷呈,累死你也解不完。有学者将吕碧城与人切磋的佛艺大致分类,发现问题主要集中在以下几个方面:

第一,佛教与科学之关系。比如佛教对空间时间的界说,这种界说与科学的唯物主义如何调适;佛教中的神话是否可考,凡人怎能亲见;是否有灵魂的存在;龙行雨与自然降雨的科学解说如何调适等。

第二,佛教与一般鬼神信仰的关系。比如佛教中所说的鬼与一般所说的魂有何区别;承载轮回的主体是否为灵魂,佛教中所说的"识"是否为灵魂的代名词?

第三,佛教内部禅净两宗之关系。比如六祖承继佛门正统,为何诋斥净土宗,根本不承认其存在?学佛者禅净俱信,岂非无是非之辨?

第四,佛教典籍真伪问题、义理逻辑自洽问题等。比如大乘非佛说问题;《楞严经》的真伪问题;净宗典籍前后矛盾的问题等。

我没有读过碧城的《观无量寿佛经释论》,所以我没法确定,碧城的这些疑问是否在这些切磋中得到了圆满解释。但是另一方面，我觉得似乎可以确信，碧城修到老死，应该也不能明白其中的诸多问题。信仰这个问题，也就是个信仰而已，把它当学问，甚至当考据，可能越搞越糊涂。比如成佛后要进所谓的极乐世界。但进了之后，还得到他方世界去度化众生，这不还是上班吗？我就见一位在网上不耻下问："各位师兄，本人实是愚昧，不知道都说去极乐世界，去极乐世界到底去干什么？就是说所有的东西都是黄金的，物以稀为贵，黄金要是多了，和地球的石头就没有区别。没有痛苦，怎么来的快乐？寿命这么长，整天干什么呢？要是没有事情干，不会无聊吗？要是整天去度人。天天干，不会烦吗？本人是心诚的一个佛教徒，只是这个问题一直不明白。请知道的师兄开示。"

没见有人开示他。人类不过是对人间世的痛苦深表失望了，才幻想出一个彼岸世。可惜幻想能力有限，想来想去，不过是遍地黄金。有了黄金，人性本来是想干啥就干啥，可它偏偏，最关键的东西就是不能干。比如男欢女爱，如果这些乐子都没了，要那遍地黄金干吗？还有，我也想请师兄开示一下，就是弥勒佛他们，还吃饭不？吃的都是豆腐喝的都是豆汁吗？吃喝之后，用餐巾纸擦嘴不？穿内衣不？内衣洗不？大小便不？洗澡不？弥勒佛这些佛有爹娘及兄弟姐妹吗？他们这些亲友都在干吗？有没有开后门不修行就进了兜率天的？或者说，佛根本不管他们爹娘及兄弟姐妹？……这些要问清楚，我得有十万个问题。

这些问题不说清楚，我就没法信。说不过去嘛。

但是碧城似乎没这类疑问，她是先信了再说。皈依佛教后的碧城还不时将欧美各国佛教护生消息传到国内，刊载于《上海时报》，这引起沪上著名居士的注意——李圆净居士有一篇《纪吕碧城女士》，载于1943年的《觉有情》佛刊上，内中云：十年前的事了，那时人民安居乐业，上海虹口一带十分兴旺，而他和王季同、吴致觉、黄妙悟、丰子恺等居士住得都很近，大家常常聚一起讨论中外佛化。其时《上海时报》常载署名碧城的有关欧美各国的佛教与护生消息，于是众人托李圆净出面与碧城取得联系，约碧城将各文结集，寄回国内，筹划印行，定名《欧美之光》。

1932年《欧美之光》由上海佛学书局正式出版发行。初版印八千册，二版三版印二万余册，流传甚广。代表作有《佛教在欧洲之发展》《坎拿大之佛学》《妙相庄严》《巴黎学佛一夕记》《伦敦佛学会举行年会记》《英国佛教会略史》《英国佛学社近况》《英国比丘马显德传》《德国之佛教居士林》《美国佛教流行之推测》《泛太平洋佛教育年会大会》《玄学与科学将沟通乎》等。

日内瓦：与吴宓的一桩公案

前面提到，1931年旅欧之清华大学国学研究院教授吴宓于日内瓦致函碧城，约见面，并且把自己自作多情单方面所作的《信芳集序》随寄过去。没想到把我们的碧城姑娘给惹急了。

我们先看看吴宓的序：

一、《信芳集》确能以新材料入旧格律，所写欧洲景物，及旅游闻见感想，宓今身历，乃更知其工妙（李思纯《昔游诗》及《旅欧杂诗》亦然）。而其艺术及词藻，又甚锤炼典雅，实为今日中国文学创作正轨及精品。

二、《信芳集》确能以作者本身深切之所经验感受，痛快淋漓写出，而意境却极高尚，艺术却极精工，即兼有表现真我及选择提炼之工夫。集中所写，不外作者一生未嫁之凄郁之情。缠绵哀厉，为女子文学作品中之精华所在，然同时作者却非寻常女子，其情智才思，迥出人上。其境遇又新奇，孤身远寄，而久住欧洲山水风物最胜之区。如此外境与内心合,遂若屈子《离骚》(集名也取此书),又似西方浪漫诗人之作。所谓美丽之生活,方可制成精工之作品也。

三、人生福慧难兼。即或享受实在之幸福,一生安乐满足,而平庸不足称述。此其一途。又或身世悲凉,遭受屯艰,苦意浓情,无所施用,而中怀郁结,一发之于诗文,去产出无上作品。此生活之失败孤苦,正其艺术创作之根基源泉。此另一途。二者不可并得,惟人所择,若如吾侪自命超俗而雅好文学之人观之,则宁取第二种途径,而不顾第一途,但自亦须出之自然,非可矫揉造作耳。由此以论,《信芳集》作者,诚足自庆自慰,而不必自恨自伤矣。

看了这三段,我都笑喷了。这种序,也就只有吴宓能做出来。

吴宓(1894—1978),比碧城晚生 11 年,算是晚辈了;陕西人,一听陕西人,你可能就想到山药蛋蛋了。非也,人家在陕西是土豪家的大公子,在北京先是清华学堂大学生,然后赴美留学,先入弗吉尼亚州立大学,后进哈佛大学比较文学系,师从美国当时最牛的新人文主义大师欧文·白璧德;1921 年获哈佛文学硕士学位,海归,到东南大学做了教授,1922 年创办《学衡》杂志,1925 年改在清华大学教书,清华大学国学院就是他主持创立的。有关他的学问,屏幕上打出这么一行弹幕就行了:淹贯古今中西……那么这么一位大家,为啥给碧城又是写序,又是约见呢?

第一,老乡见老乡,两眼泪汪汪。那个时代在日内瓦,除了使领馆,一般中国人去哪里遇见国人呢?

第二,伤心人见伤心人。碧城一生未嫁,而吴宓这次游欧,也跟爱情碰壁有关。说来话稍微有点长,1924 年,吴宓的清华同学及好友朱君毅与青梅竹马的表妹毛彦文分手了，早已为人夫、人父的吴宓竟然自作多情地填补上去，替好友喜欢毛彦文去了。1929 年，在众多好友的激烈反对下吴宓与贤妇良母妻子陈心一离婚，搞得国内舆论哗然，兼以此时毛彦文正在美国密歇根大学教育系深造，并且吴宓天天长信短信、国币美金地邮给毛彦文，但人家不是不回信，就是回信埋怨他一通。于是吴宓决定赴欧洲游学，一是躲躲舆论，二是顺便完成自己的爱情大业。1930 年 9 月，吴宓踏上了赴欧之途，1931 年 9 月游完归国，一年的时间内愣是没有把毛女士追求到手——追上才见鬼哩，两个人根本不是一条道上的，而且吴宓这人情商有严重问题——在《吴宓日记》中，你可以发现他给毛彦文所写的情书和寄发的"艳电"，中心思想不外是，你个老姑娘这么大了都嫁不出去，也就我还想娶你，快点，过了此村就没了此店，其实我也不是特别喜欢你，就是学雷锋做好事而已，你来不来，我给你规定一个时间，再不来，你就再也得不到我恩宠了，会后悔一辈子的……毛女士烦死他了，他却认定女人都不懂他，时不时自我发誓，实在不行以后我做学术光棍，再不跟女人玩了……正因为情商上有问题，所以认定碧城也是男女问题上的伤心人。

第三，晚生见前辈。碧城好歹是《大公报》捧红的，且顶了《大公报》编辑的虚名。吴宓是实打实的《大公报》编辑，1928 至 1934 年一直是《大公报·文学副刊》的主编。

第四，理念相同。碧城不是反对新文化运动，坚持古体诗吗？而吴宓——咱得稍扯长些说，新文化运动后的中国，并存了保守主义、自由主义、激进主义三大流派，以李大钊、陈独秀为代表的激进派尊崇马克思，以胡适为代表的自由派尊崇杜威、罗素，以《学衡》杂志为代表的现代保守主义者则服膺新人文主义宗师白璧德。他们思考和企图解决的问题包含这么三个子项目：如何对待传统、如何引介西方、如何建设新文化。学术理路上又可以分作"摧毁"式、"解释"式、"会通"式。"摧毁"式就是"两极对抗""片面掘进"，不是东风压倒西风，就是西风压倒东风，后来者俨然是前任的掘墓人；"解释"式主要就是古代中国的那种我注六经之类；"会通"式就是打通古今中外，既不一竿子打倒东风，又热烈拥抱西风，是为会通。如果用最简单的标签来概括，激进派的主张是：灭旧立新；自由派的主张是：弃旧图新；会通派的主张是：存旧立新！而吴宓属于后者。吴宓认为，自然科学还有个新旧之说，且新的可以盖过旧的，但人文学科，根本无所谓新旧，而且，即使有新旧，也是可以商量可以打通的嘛，哪能上来就说你是新的，要打倒一切旧的呢？用他自己的话："吾之所以不慊于新文化运动者，非以其新也，实以其所主张之道理、所输入之材料，多属一偏，而有害于中国之人……吾之不慊于新文化运动者，以其实，非以其名也。"而他主办的《学衡》杂志，宗旨乃是："论究学术，阐求真理；昌明国粹，融化新知。以中正之眼光，行批评之职事；无偏无党，不激不随。"参以中国的革命话语系统，吴宓不合时宜，但在告别革命的年代，吴宓的高超就出来了，碧城虽然谈不上具有系统的新旧会通的文化理念，但至少有部分理念是与吴宓重合的。

第五，同属诗人，虽然吴宓也写白话文，更写近体自由诗，但碧城却是吴宓最提倡的当代诗歌宜"旧形式－新材料"的那种！实在要用新形式，吴宓认为，那也得讲点格律啊。在吴宓这里，没有格律，怎配叫诗呢？所以你会发现，吴宓一上来就是激动地"以新材料入旧格律"，那是把碧城当同道，当知音的节奏啊。

第六，一方是才子，一方是佳人，约个见，怎么着也叫美丽的邂逅嘛。没承想，所谓的美丽邂逅变成了碧城对他的责骂！

这就牵涉到我前面所说的吴宓的性情,或者说情商问题了。这哥们儿叫嚣除了学术与爱情,其他一概免谈。但是,谈学术尚可,谈爱情,比徐志摩还不如。小徐好歹还了解些女人的性情,并且有软磨硬泡的功夫,但吴宓的性情,第一没有一点起码的耐心,第二不了解女人,第三不了解自己。跟女人玩,一天下两三回最后通牒,放谁都受不了;另外,不了解自己不算嘛,不了解女人,滑稽戏就多了。比如他与毛彦文的爱情,在外人看来就是个笑话,但人家自己受伤得不行;再比如他的憨愣,竟将自己生平所遇女子,按感情性质、程度分类,列出清单公之于世;再比如他的情诗,比如追求清华外文系某女生的,居然是这个味儿的:"一见亚北貌似花,顺着秫秸往上爬。单独进攻忽失利,跟踪盯梢也挨刷。"一句话,这样一个大滑稽,见了端得不轻的吕碧城,能是什么样呢?不过他没想到,吕碧城干脆拒绝见他,就因为那个序,把姑奶奶惹急了,上面我说笑喷,就是这个原因。

在吴宓日记中,我们可以发现他有关吕碧城的事项:2月5日,"读《信芳集》";2月13日,"归函吕碧城女士";3月23日,"信芳集序";3月27日,"接吕碧城女士来快信,谓宓昨函言及彼未嫁之情,有意侮辱,于是对宓大肆责骂。彼盖认宓为上海报馆中无聊文人。然未嫁何伤,胡为愤怒若斯?于是宓对于吕碧城女士,又极为失望"……失望之余感叹曰,俺是超众脱俗之男子,所以希望交友也都是超众脱俗之男子和超众脱俗之女子……

这哪里是超众脱俗,就是长辈宠坏的一个土豪少爷而已,这里可以举一个例子:1905年,吴宓他奶奶过生日,一家子大宴女客(男客都在酒店吃),席间吴宓口渴了,说要喝水,当时厨房特忙,14岁的小侍女翠屏端水稍迟,虚岁12岁的吴宓接水喝了一口,嫌水有些烫(他年谱里自认并不烫，说尽可从容饮之），遂乱嚷："不能一气喝下！"他奶奶闻言大怒，从他手中夺过开水碗，就向翠屏头上掷去。这还不算完，复命翠屏铺一张大芦席于院中砖地上，坐以待命，不给饭吃。宴毕，普通女客纷纷辞去，他奶奶即喝命翠屏将全身衣服脱光，后经众人再三请求，才勉强让她留了条短裤。用吴宓自编年谱里的话，祖母"用尽气力，打击翠屏，并拧（撕、扭）其肌肉。翠屏大声呼痛，发披，血流，气喘，汗出。——久久，气竭，声嘶"。他奶奶打累了，这才回寝室休息，可怜貌美聪慧的小翠屏经此次摧残，得了严重的肺病，俗称"女儿痨"。他奶奶就将翠屏送给一个老农妇，用吴宓的话，"主要是休息，等死"。1907年正月吴宓去西安，曾专门看过翠屏，然而此后不及一年，小姑娘就死了。吴宓把它记下来，主要是说他奶奶衰老临殁前性情之反常，但是，明明是吴宓性情反常嘛，而且你奶奶打丫环，你完全可以拦下的嘛。同样的事情，绝对不会发生在怜香惜玉的宝玉身上。以吴宓这种神经质的、土豪少爷的性情，也就适合陈心一那种逆来顺受的传统女子，放任何一个稍微新派一点的女子面前，他肯定完败，遑论人精中之人精的毛彦文和吕碧城。

4月13日吴宓到瑞士，14日又玩起了少爷脾气，给吕碧城写信，把《信芳集序》还我！吕碧城没有回复。16日，吴宓日记记载，自己三过碧城所居住的蒙特勒，但不敢下车，当然更不敢拜访："三过其地，未下电车。吕碧城女士居此，更不能访矣。"

4月18日接吕碧城函——姑奶奶终于搭理他了，请看吴宓日记：

> 仍为无理之发怒，以婚姻为"兽性"。又斥宓不懂文词，不看全集，甚至教宓以"椿萱"＝父母！宓怒；然复短函，极和且静，言我现无误会，请彼此释然可矣。予此一年来，对女子完全失望。……而

人本半神性半兽性；人之有性欲，不足为耻。吕君自鸣清高，谓思及婚姻，便是禽兽；此伪也，抑亦过刻之论也。况婚姻恋爱，以情趣为主，文人诗人咏歌甚多；岂必婚姻使为性欲满足而已乎？宓赞吕君为屈原，而吕君乃谓亦侮辱她有兽性……冤哉！于是知：（1）世之持论过高者，其内实甚卑鄙；（2）人之发为诗文作伪者多，非皆如吾辈之表现真情；故不可以文取人；（3）女子不宜奉承奖倍，只可取适吾意；如其无理，绝之忘之可也。今后宓当聪明，而不再自苦矣！

看到这段又想笑，前面说人家嫁不出去，惹恼人家了，被人家理解为嫁人乃是有"兽性"；这次写信——可惜看不到吴宓信件内容，夸人家乃屈原，又被人家理解为侮辱——有"兽性"，就差骂吴宓本人有"兽性"了。

4月23日吴宓接吕碧城函，"不肯寄还原稿，谓已撕毁（妄也，盖中国人之挟制耳）；且云，如宓文中不及吕名，则吕文中亦不及宓名，请放心云云"。

吴宓，彻底与碧城闹掰！这是《信芳集序》惹出的一系列麻烦，下面我们分析下，吕女士为啥气愤若此？

第一，吴宓是典型的拍马拍到了驴腿上。看看人家凌楫民咋给碧城写跋的，就是夸夸人家诗文写得好，并且期许人家，不只是诗人，以后还能回来报国哩。碧城男闺密费树蔚也写序了，虽然当时认为作品出版之时就是碧城升天之机，所以老费说得很直接，也说碧城一辈子孤独凄凉了，但是没说人家嫁不出去……第二，你说姑娘不高兴全是因为嫁不出去。任何姑娘，都不爱听这话的。姑娘哪里是嫁不出去？姑娘是——老娘就不嫁而已,而且是高兴不嫁。所以想哄姑娘高兴,只能宣传,全天下的中国男人,就没配得上碧城的,不是姑娘嫁不出去,而是,"革命"尚未成功,男人仍需努力。

第三,微露大男子主义思想。缠绵哀厉,为女子文学作品中之精华所在。说来说去,还是闺怨文字。

第四,微露猎奇心理,就是觉得情智才思,迥出人上,其境遇又新奇。

第五,以一个文学青年的心理,替碧城认为,这辈子值了。吴宓认为,一个女人,是不能福慧双修的。或者说,有思想,就不能有生活。生活失败了,作品就来了嘛,这叫愤怒出诗人,苦难出作家。话倒是老实话。一者,中国一些作者,没了生活,还下去体验生活哩,要么进乡间,要么进工厂,甚至卧底到二奶村、吸毒窝,或者境外旅游寻找灵感刺激点。二者,我也强调过,比如萧红那样的,从少女到临死,一直是苦难的生活,有这生活元素,你再不出来文章,多么赔本的买卖。但是,碧城不一定认为值了。碧城临终前最后一首诗,还是赌气的,或者正如吴宓所说,因嫁不出去而一生郁闷,才会说什么"我到人间只此回"。试想对于人间有多恨?你会说,人家修成了就不用回来了,拉倒吧,都是哄自己玩的。

碧城还是道行太浅。第一,没有放下;第二,既信佛,对自己一生不满意的话,也能利用心灵瑜伽安慰自己了,为啥自己这生不幸福,很简单,前辈子作孽了呗!为啥自己成了富婆兼才女,还可以解释成,前辈子有功德嘛。不管哪种解释,都能说服自己。但是,她始终未能说服自己,还是觉得所有人包括这个社会都欠她,特别是家族与姐妹。还是老韩那个观点,根性决定了你的选择,更决定你选择此路后所能修到的境界!

一个性格乖张、唯我独尊的女人,只会越走路越窄。

相形之下,你看看赵元任的老婆杨步伟。个性也嚣张,但是嚣张得遭人爱。也是小时候订婚的,长大了自己退婚,又自由恋爱。那一辈子的热闹与嚣张,与碧城差异大了。性格决定命运——倒应了吴宓那句话,路都是自己选的,含泪也得走完。

有些神神道道的晚年

1932年,碧城住德国柏林治疗胃疾。

1933年,叶恭绰与龙榆生合办《词学季刊》,经叶恭绰介绍,吕碧城与上海词学新秀龙榆生书信往还。

龙榆生(1902—1966),名沐勋,号忍寒。江西人。20世纪最负盛名的词学大师之一。主编过《词学季刊》,编著有《风雨龙吟室词》《唐宋名家词选》《近三百年名家词选》等。曾任暨南大学、中山大学、中央大学、上海音乐学院教授。1966年病逝于上海。

4月,龙榆生主编的《词学季刊》创刊号刊发碧城在德国治病期间词作八阕。8月,《词学季刊》又刊发其词作七阕。冬,碧城归国,驻上海。

1934年,碧城寓上海,翻译佛家经典。

1935年春,碧城北游津门。见徐蔚如居士,并通过徐为北京众筹的"僧伽医院"捐赠了五千元,却闹了个不尴不尬。据徐蔚如的女婿张次溪(1909—1968)爆料,碧城在津门待的时间不长,不久南下,旋汇五千元托徐公,说自己某月某日将西归,请代为布施。不久又来电,谓去期尚有待,款请留作其他功德。于是徐公给她介绍了北京的僧伽医院，商之碧城，碧城慨然允诺，由徐蔚如代为捐赠。僧伽医院的主持致函表谢，没想到把碧城得罪了："女士以为不文，心殊怏怏。盖女士固优于文学，以为僧侣皆当如六朝时之典雅耳。徐公告以僧人重在修法，初不必优于为文也，女士乃释然。"

看到这段我都笑喷了，这是 1935 年，碧城修佛法五年，离死亡还有八年。你说年轻的时候找夫婿都必得文学上有相当之地位，这晚年了给人捐个款，也要求对方是文学高手。老徐同志可能后悔吧，以后可不敢替你捐款了。这麻烦找的。

1935 年，碧城在香港山光道购房，准备寓居香港。于是，发生了所谓的"白蚁事件"。但我查阅的版本，在时间上有分歧，内容上也有冲突：

据李保民的《吕碧城年谱》：1935 年，"碧城在香港购屋，迁居后未久，始见白蚁蛀梁。欲折梁换柱，又虑伤及蚁命，违背杀生之旨。不然，又有屋宇倾圮之忧。拟转让他人"。1936 年，"寓居香港山光道 27 号"。1937 年秋 "将山光道住宅转让他人，迁居菩提场四楼"。

据 1948 年《申报》刊载的陆丹林的《记碧城女士》："她为了信佛，实行茹素戒杀。为了这，她在民廿四年在香港购屋居住，搬入不久，发现梁柱白蚁丛生，如果把它消灭，便违背杀生之旨；不然，白蚁蛀烂梁柱，屋宇倾圮，人物遭殃，不得已，索性平价的把住屋让给别人。"

以上两个版本，都说碧城 1935 年买房，发现有白蚁。但表述得有些糊涂，后者没说转让后碧城改住什么地方了；前者先是 1935 年拟转让，也没说当时转让出去没，而且 1936 年寓居的这个 27 号，是不是有白蚁的那套。总之，要么就是发现有白蚁依然将就着住了，到 1937 年才卖，要么是卖了又买一套？这可够折腾的，这么短的时间内应该不至于买卖两回。

林杉的《吕碧城年表》则是这样的：1935 年，碧城拟在香港买房；1936 年住进了香港新买的房子——跑马地山光道 12 号；1937 年秋，发现新买的房子有白蚁，遂转让他人，自己移居跑马地菩提会四楼佛殿暂居……

林杉的说法应该是最接近正确的。因为，1937 年 9 月 6 日碧城给龙榆生的信里，提到一个卖房的事儿："山光道 12 号之屋拟出售，系三层新洋楼，地段极佳，有自动流水盥洗所，实价两万五千圆。如尊友中有欲购者，乞为介绍为感。"

由此可以判断，所谓的白蚁房子，当是山光道 12 号之屋了，而且出售时间当是 1937 年。由碧城所谓的实价两万五千圆，也可以确定是豪宅。只是不知道哪个倒霉鬼会成为接盘侠——白蚁事件，反映了佛徒现实生活与理论信仰的冲突与荒诞——自己的房子发现白蚁，自己杀生，下不了手，且担心来世有报应；不杀生，现世马上有报应——房子要倒。怎么办？转祸于他人呗——房子转手给别人，我看你杀也不杀？这就是传说中的借刀杀人嘛！借别人手杀白蚁算不算佛徒之亚道德？

在我看来，这种佛行，还是难免摆脱伪的嫌疑，比如碧城这样。你杀白蚁，仅仅是杀白蚁；可是你把白蚁摊给同类，那相当于杀同类的福寿了不是？如果你不信这个也罢，但是你假装真信，真信你还好意思把祸水引到别人身上？你是富婆，可以不在乎房子的价格，但是对别人来讲，高价买了房之后，还得替你杀生？真正的佛徒于心何忍？你就应该把房子圈起来，自己来养这些白蚁！释迦牟尼舍身饲虎的事儿，你又不是不知道。你完全可以舍房饲蚁的嘛！

1936 年，碧城再作内地之游。路过苏州前去访问老费，才发现这最后的男闺密已于一年前死去。由此可以看见，即使是男闺密，碧城跟他们的联系也是寥寥。

碧城写下了《惜秋华》，悼念故友：

> 十载重来，黯然游如梦，恍然辽鹤。凄入夕阳，依稀那时池阁。人间换劫秋风，催蘋谱金荃零落。忆分题步韵，惊才犹昨。
>
> 横海锦书绝，袠山阳怨笛，旧情能说。甚驿使，传雁讯，蓦逢南陌。长思挂剑延陵，倘素心，逝川容托。凝默。啸寒岩，万楸苍飒。

唉，自己后事以后托谁哩？

年末，碧城回到香港，身体感觉不适，第三次怀疑自己寿命已尽，遂拿出十万余元捐给佛教界。

1937年春，《晓珠词·卷三》手写本付印，首有自记曰："予慨世事艰虞，家难奇剧，凡有著作宜及身而定，随时付梓，庶免身后淹没。"

5月，由香港山光道寄赠吴宓《晓珠词》20部，吴宓寄回《吴宓诗集》1部。我专门去查了吴宓的日记，想看看他对碧城女士要放什么厥词哩，却发现什么都没有。5月8日条下，开场即记曰："晴。上午接吕碧城女士，由香港山光道12号寄来《晓珠词》20部、索宓《诗集》，遂又寄一部与之。"看样子，宓也懒得与碧城交际了，如果碧城不索，这诗集可能一部也不会回寄了。应付而已。

夏，四卷本的《晓珠词》印行。碧城在《晓珠词跋》中说：

> 年来潜心梵夹，久辍倚声，由欧归国后，专以佉卢文字迻译释典，三载始竣，形神交瘁，乃重拈词笔，以游戏文章息养心力。顾

既触凤嗜,流连忘返,百日内得六十余阕,爰合旧稿,釐为四卷。草草写定,从今搁笔,盖深慨夫浮生有限,学道未成,移情夺境,以词为最。风皴池水,狎而玩之,终必沉溺,凛乎其不可留也!至若感怀身世,发为心声,微辞写忠爱之忱,小雅抒怨悱之旨,弦歌变徵,振作士气,词虽末艺,亦未尝无补焉。

在这里,我们发现碧城已开始贬低她当年最骄傲的词艺了。

1937年秋天,中国战事又起——万恶的日本侵华战争升级了。碧城遂再次准备出国。她先将山光道住房转让他人(有白蚁的应该就是这一套了),然后移居菩提场,并将自己所有的随用物品转赠同道。11月,她由九龙搭乘邮轮离开香港,三天后到了新加坡。旋拟往槟屿小住养病,俟春暖赴欧。

1938年春,碧城赴瑞士,重返阿尔卑斯雪山。有《绘雪词》寄冒广生。

冒广生(1873—1959),字鹤亭,江苏人,明末四公子冒辟疆之后人。冒广生填《鹧鸪天》相赠:

现出聪明自在身,前生合住苎萝村。藐姑肌骨清于雪,群玉衣裳艳若云。

天浩浩,水粼粼,江山奇气伴朝昏,善心至竟皈三宝,余技犹能了十人。

4月17日,写信给龙榆生。里面冒出的一些信息很有意思:

其一,"本应奉和,奈已搁笔。最近全稿之刊,即系结束之计,词韵等书皆弃于南溟,以示决绝。惟知者谅之。"这是碧城第二次因佛而隔笔了。但是她的搁笔并不是完全的搁笔。不知道什么时候想起来,就搁笔一阵子,不想搁了,就又重拾"词韵"之艺了。

其二,交代龙榆生把自己在学佛书局自费印刷的佛教小册子转邮离异寡居、身世艰虞的"女词家丁宁"一份,劝其"弃词学佛"。还说什么"城久居海外,于故国词流皆未识面,然读丁词,知其造诣可期,但不宜以此自误耳"。

再一次贬低词艺。碧城这是什么意思呢?是以今日之我否决昨日之我吗?所谓的诗词,在她眼里,原先是骄傲,并且因为这个,都骄傲得放眼望去,找不到合适的夫婿了,现在视之为游戏,而佛学才是正道吗?劝丁宁莫以诗词自误,那么她这一生,诗词为生,算不算自误,如果自己不算,那,哪个算?还有,碧城的为人,明显已转变为生活中让人躲之不及的那种人,就是劝人入教。为什么,一入教的人都感觉就自己入的那家最好,把它当好吃的愣往人家手里塞呢?

我的意思,再好吃的,你也让人家自选嘛。

8月,寓居山中之静宜旅馆。

8月22日,继续写信给龙榆生,主要内容有:

其一,得知陈三立老人绝食自杀,她的结论是:"吾人今日皆系忍辱偷生,解脱之法,惟往生佛国。"

其二,说香港首富何东的夫人张莲觉居士逝世,叶恭绰在场亲看,并写信给碧城说,"此为其平生之一快事,吾与百余人同见白光起于尸足,绕身而上,可证其往生佛国。何东及其子女本不信佛,今皆信矣"。

其四,俺的老业师严复他儿媳吕淑宜女士早慧,精研西学,听说已到北京的万花山做尼姑去了……她跟俺有亲戚关系,"我等皆忝属知识阶级,非迷信者，感于此世界太苦，实不堪郁郁久居。先生宜早自为计，勿沉沦也"。

其五，前面那信刚说自绝于词韵了，没有答应龙榆生请和之求。这次自己却又重犯了："又自题诗集《石州慢》一阕，赐和为幸。"

明显可以发现，碧城这个时候已开始神神道道、颠三倒四。

秋，欧战爆发。碧城本打算东返，但因故未成行，继续寓居瑞士。

1938年11月16日，寄龙榆生信。从信中可以发现，龙终于被他们忽悠得开始起信佛家了——之所以说他们，在于这并不是碧城一人力，因为还有所谓的曾国藩外甥，聂云台也在劝，估计小龙终于招架不住了吧，试看碧城给龙的信："顷奉10月14日尊函，知于净土已经起信，至为欣慰。兹请更进一步，下大决心，最好能持五戒及永断肉食，否则严戒杀生。宅中立即供奉阿弥陀佛圣像，每日至少诵圣号百声，此系万劫生死关头，勿迟疑也。"

碧城在信中还谈到犹太人的苦难生活，说全球1600万犹太人，现有一半处地狱生活，但她不提希特勒，而是这样解释："请看此世界尚能久居耶？不求往生佛国，将何往乎？"

碧城要求龙榆生去佛学书局购请一尊佛像，说，不论画之优劣皆圣灵所在。并且赠送龙榆生一尊普贤菩萨的绘像。

碧城明显更神神道道了，除了上面的内容，这次专门讲了很多发生在自己身上的所谓的神谕与神示：

其一，三年前，译《普贤行愿品》毕，即绘普贤菩萨像，"七日竣工，于最后一日晨起，惊见洗面盆中所用之洗手水，泥土甚多，沉于水底，形成莲花一朵，共计十瓣，合普贤十愿之数……"于是自己就正式皈依了普贤菩萨。

其二，几个月后，"又见洗面盆内水底沉垢作莲花形，花上栖一白仙鹤"。

其三，"买莲花供佛，得手形莲瓣一双"。

其四，译经时右眼角生小瘤如粟，恐其长大为患，命女仆简氏以丝线系之，逐日加紧，一日随手而落，以显微镜窥之，我的妈呀，"乃青色莲花一朵，长瓣重叠无数"……俺家女仆常称此肉瘤为"肉宝"，我一直珍藏着，可惜往新加坡时丢了……你可知道，莲花手、莲花目等名词，内典中都有的。

其五，八年前某天，初次购菊花供佛。祝曰："若我得生净土者，请佛示以征兆。"结果当天晚上就"梦水中茁生莲芽，极为肥密。方审视时，景物倏换，如电影之换片，然则为湖面有竹木之栅双条，微露其端于水面，如电车之轨道（西湖中每见此物，乃插篱划分水界）。莲花生此道中，已展大盈尺。予梦中自语曰：'谁种莲花于此路中？'而于'路'字之音特别提高，醒时忽忆日间曾乞征兆，此为佛之答语。分明示我曰：汝莲邦有路，今始萌芽尔……"

碧城这样神神道道，明显是没有朋友的节奏。什么神谕神示，更神的是，李圆净说碧城"在国外因腹部开刀，伤及手部神经，历医无效，因祷八十八佛而得痊愈"。这个未见诸碧城自己的任何文字，只在李圆净的《纪吕碧城女士》出现过，那么当是碧城讲给圆净的了？

1939年，碧城差点去美国。我在碧城致龙榆生的信里找到了蛛丝马迹。信是8月5日写的，说自己本拟去美国出任《蔬食月刊》的主笔，此报乃亡友所遗，前主笔死后，由其夫继任，但其夫老不想干，另营他业。碧城遂决定自己亲往接盘，奈何做好了一切准备后，到美领馆签护照时，人家只给六个月的期限，不许久住。"盖对东亚人一例如此"，碧城只好打消主意。

  碧城还说到一点，自己最近因病下山了，医生说了，她这病是缺乏维生素，须食大量之蔬果……由于下山购买不方便，所以碧城干脆下山住进了克拉昂旅馆。按我的认识，碧城一是久患胃疾之才女病；二是中间做过手术；三是一生病，数日才喝一杯牛奶之类的，四是晚年又开始吃素……总之她这人可能严重地营养不良加贫血。

东莲觉苑,把自己化成了肉丸子

1940年秋,碧城由瑞士取道美国归国,途中羁居南洋,年底才到香港。她本想再回上海,在友人的挽留下,住进了东莲觉苑。

所谓的友人,应该就是东莲觉苑的苑长林愣真了。而东莲觉苑的金主,也就是创始人,乃张莲觉女士。张莲觉,香港大土豪何东先生(洋名罗伯特)的夫人。丈夫不差钱,夫人的事业集中于慈善与佛法,就一点也不意外了。1937年,张莲觉女士去世,在林苑长的请求下,碧城写了《何张莲觉居士传》。在这传里,碧城当然要对传主一通夸奖,而且,与给龙榆生信中所写叶恭绰的亲见稍有区别,她再次提到了张莲觉仙逝时的与众不同——当然她自己是没看见的。她说,俗传十一月十七日为阿弥陀佛圣诞,若持诵佛名七日,就能拿到往生西天极乐世界的入场券。而张莲觉女士如期守七,从未或爽。到了她逝世的这一年,忽嘱全苑净众,展缓十日于是月二十七日再诵,待期满,她就辞世了,而且辞的时刻,恰恰是礼诵完事半时之后。也就是说,居士自己给自己算计好了仙化的时刻。更诧异的是:"当弥留之际,一片红光,走于足下,光旋变白,笼罩全身,向西而灭。时百余人在侧，目所共睹。佛法之征验如此，足以闭执谤者之口，不得訾为迷信矣。"

这里说这么多，是想提前说明，这应该是碧城向往的仙化方式。

1940年对于碧城来讲，还有一件有意义的事——终于在香港见到了曾经中意的那个风流才子杨云史。但是，双方都走到生命的尽头，不会有什么故事了——再有就只能是事故了，生命的事故。

当然，还可以有其他插曲的，那就是碧城见到了杨云史为弘一法师所作的六十寿序，遂填《鹊踏枝》，也为弘一法师贺寿：

冰雪聪明珠朗耀，慧是奇哀，哀慧原同调。绮幛头部菩萨道。才人终曳缁衣老。

极目阴霾昏八表，寸寸泥犁，都画心头稿。忍说乘风归去好，紫红划地凭谁扫。

这次见面后不久，1941年，杨云史卒。碧城与杨云史之间，就此圆寂。

1942年弘一法师也在福建泉州圆寂。碧城作《悼弘一大师》：

大哉一公，浊世来仪。磨而不磷，涅而不缁。轶轹群伦，是优波离。

昔为名士，今人天师，须弥之雪，高而严洁。阿耨之华，澹而清奇。

厥功圆满，罔世憨遗。土归寂光，相泯圭畸。公既廓尔亡言兮，我复奚能赞一词！

李保民先生认为,"这几句话,要是改易了几个字,也可以做悼她的哀音。词云:'大哉一公,浊世来仪。……'这些话,很像是她的生死观。"

我得承认,碧城坚持反对白话文也有对的地方,比如这几句悼词,翻译成大白话,很没劲。

第一,"大哉一公,浊世来仪"翻译过来,就是"伟大的一公,不是一般的人,简直是凤凰出世"!

第二,"磨而不磷,涅而不缁"取自《论语》,原话是"不曰坚乎,磨而不磷;不曰白乎,涅而不缁"。翻译过来就是:"他太硬了,磨也磨不薄啊;他太白了,染也染不黑哪!"

第三,碧城反对白话文,反对下里巴人也能玩文学这么高雅的活计,所以她的古文、古诗、古词一个劲儿地往晦涩难懂那个方向钻,好歹别叫你们下里巴人听懂甚至也学会了去,加之人开始向佛了,里面再加些梵语法音,我们更听不懂了。不过再听不懂,我也得说老实话,"我复奚能赞一词",面对弘一法师,古文也苍白无力得很!

弘一法师(1880—1942),浙人。俗姓李,号叔同。说到这里你就明白了,大名鼎鼎的近代高僧李叔同是也。李叔同年轻时高富帅,锦衣纨袴,风流倜傥。曾就读南洋公学经济科,后官费赴日学习美术,并且还卷入同盟会中。这人的才华没的说,书法、绘画、篆刻、音乐、戏曲……不只是跨界,玩哪个都能玩大,竟至一步玩到寺庙中——1918年跑到定慧寺出家了,释名为演音,号弘一,晚号晚晴老人——这次玩得最大,成近代高僧了!

1942年春,碧城每天在东莲觉苑为学佛居士讲学一小时,并且为此编写了《文学史纲》。在《文学史纲自序》里,她引用刘勰《文心雕龙》里的一句话——"道沿圣以垂文，圣因文而明道"——自解曰："阐扬圣教，责在吾党，此予为梵众讲授文学之微旨也。"另外，在自序里，我们还可以发现，碧城序后的自注已变成了这样的："著者圣因氏识于珠崖之梦雨天花室。"

夏天，她新著的《观无量寿佛经释论》在上海和香港两地出版。前面说过，此乃碧城晚年所作，出版后的第二年初她便辞世。这应该是碧城半生的学佛心得了。所以要研究碧城解佛的境界与高低，此书应该是一个窗口。有意思的是，《观无量寿佛经释论》出版前，碧城曾请文友蒋维乔代为订正。

蒋维乔（1873—1958），字竹庄。江苏人。中国近代著名教育家、哲学家、佛学家、养生家。按蒋维乔的《纪念吕碧城女士》一文，两个人早在1912年就订了文字之交，蒋认为碧城"文采风流，词华藻丽，实一奇女子"。此后在南京在上海，也时相过从，但"绝无倾向佛学之意"，待1926、1927年以后，碧城赴了瑞士，信札稍疏，大约在1931年后，则来信都是说佛道素的，这让蒋维乔也觉奇怪。他原话是这样的："约在民二十年后，则来函常涉及佛教，且茹素念佛，笃信净土，前后判若两人，亦足奇矣。"

确实奇怪。挥金如土、奇装异服、风流放诞、我行我素、袒胸露背、舞场笙歌的吕碧城，变成一个寂寞的素食的青灯作伴的净土宗教徒，确实是360度的华丽丽的转型，放谁都会觉得意外。

蒋维乔的文章，除了表示自己的惊诧外，还有一个重要信息，就是碧城把《观无量寿佛经释论》的书稿邮给了他，托他代为订正。而且，邮来书稿后，碧城就半月一催，一月一催的，于是蒋维乔"检其全稿，为之悉心订正，由荣柏云居士寄去"。蒋感叹曰，没想到此书出版半年之后，女士就升西了。

秋天，碧城致信陈无我居士："九月十七日由正金银行汇呈军票五十元，请半数买物放生，半数助《觉》刊，以刊行保护动物专号为交换。次日得八月十九号赐函，则公已自动于十月份发刊'不食肉'专号，甚慰甚慰，捐款吾亦不悔。仍助贵刊，请每年十月发护生之刊，并平时注重此旨，则岂仅鄙人感激，且能得多数阅者之同情也。"

所谓的买物放生，我都要烦死其中一些人和一些行为了。有些人买物放生，既不懂科学，更不懂所放生物的特性，以至于经常发展为影响环境与害生。

所谓的《觉》刊当然是指陈无我主编的《觉有情》月刊，刊发此信的陈无我所做的编者按云："此后女士赞助《觉》刊经费一千元，谆谆以注重护生相嘱，笃愿深矣。觉刊在世一日，决不负女士之托也。编者。"

冬天，碧城的胃病复发，她自知大限已到，拒绝就医。她把自己终生的著作编成《梦雨天花室丛书》于身后刊行。其中收有《信芳词》《吕碧城集》《美利坚建国史纲》《欧美之光》《晓珠词四卷》《香光小录》《雪绘词》《文学史纲》等。

11月28日，碧城复函张次溪，明确回答：你从徐蔚如宅检得的我的五十余通手札，不得留备刊用，请寄还。碧城的理由是："所有旧函虽多讨论佛学，然大抵因一人一事请益之作，与公众无关。其中谈家务者及涉及月溪法师者，尤不愿宣布也。"

张次溪(1909—1968)，名涵锐、仲锐，号江裁，别署肇演、燕归来主人、张大都、张四都，东莞人。先后做过《丙寅杂志》《民国日报》《民报》编辑，同时还做过章太炎组织的国学会理事等。他是徐蔚如的女婿，经纪老丈的丧事后，他从老丈人那儿检得碧城信件五十三通，所以给碧城写信，请求留着自己刊用。没想到被碧城拒绝了。

信件刊布被碧城拒了。但张次溪在自己的《呜呼吕碧城女士》中，还是爆了一些料。

第一料，吕碧城开始研读佛理后，很多东西需要跟人切磋，是聂云台让她与徐蔚如通信质疑的。

第二料，只要与佛法相关的，事无巨细，吕碧城都跟徐蔚如通信商榷。徐蔚如一一给她解剖。张次溪举个例子，就是碧城那个梁有白蚁的房子，也跟徐蔚如说了。说折梁换柱，怕伤蚁类；不折梁换柱，梁自己折了，房倒伤人，还可能伤及其他动物云云。张次溪说"徐公为之一一解剖，以求合于佛说而复已"。

第三料，张次溪邀请碧城给徐公文集作序，碧城拒绝了，说自己水平不够。

第四料，1935年碧城初抵津门，"即谒徐公，复托徐宅为传达亲友之通信机关，其躭寂厌烦又如此"。

第五料，碧城汇五千元托徐公转赠僧伽医院之公案，嫌对方感谢信写得没有文采。怪不得碧城的信件不愿意公布哩，那就不能公布。碧城这都怪僻到啥程度了！现在做公益做慈善的很多，没见过这样的。

第六料，张次溪检碧城那些遗札，更主要的还是给老丈人编写年谱哩。老丈人给碧城的信件，碧城答应给张次溪借抄了。但是，自己寄给徐公的信札，她却不愿意张次溪留作刊用了。看碧城的意思，原因有三。

一是所谓的家务。难道还是碧城与二姐的恩怨？

二是涉及月溪法师者。月溪法师（1879—1965），俗姓吴，出生于云南昆明，原籍浙江钱塘，人称"八指头陀"。擅弹七弦琴、诗词。1933年游化至香港，在土豪的资助下，先建佛学院，后建万佛寺，法缘盛大，弟子数万。找不到他与碧城的交情,难不成是碧城与徐蔚如的信件中,对人家有所臧否,所以不愿意公布?

月溪法师有与碧城明显不同的地方:第一,1965年涅槃,肉身至今不腐,现供奉在香港沙田万佛殿。这应该比老韩所谓的预知死时、顶门最后冷却,和碧城艳羡的足下红光旋变白更仙吧?第二,初入佛门,即立下三大愿:不贪美衣食,乐修苦行永无退悔;苦心参究三藏一切经典;以所得悉讲演示道,广利众生。这第一大愿,不贪美衣食,就与碧城明显不同了。碧城生前讲究的就是奇装异服,至于美食,主要是一辈子胃疾,否则不会仅限于美衣之贪哩。

三是有关佛学的讨论,碧城也不愿意公布,按我的理解,碧城当是担心那些讨论不够高大上?佛徒四个环节,信、解、行、证,其中一和三容易对付,就是我理念上信你,行动上更践行也。甚至四也能对付,比如张莲觉女士死时"一片红光,走于足下,光旋变白,笼罩全身,向西而灭"云云。我也问老韩了,我说怎么才能证明一个佛徒修行到位了?他说,两个,一个是能预知自己的死亡时间,一个是死后顶门最后冷却(不知道老韩为啥不跟我说肉身不腐,是不是这个太高级了,一般人修不到?)。除掉这三环,我觉得第二环最难。解佛典、解佛经、解教义,可不是容易的事,一者宗派流多,二者歧义纷呈,三是理念与实践、玄学与科学,哪能解得清?所以我认为碧城对自己那些不入门的信件感到心虚吧。

12月21日,给龙榆生写信,除了寄赠旧日樊增祥、严复两人与碧城的唱酬诗迹等,还在建议他进一步信佛:"世间事如梦如幻,本无真实。最要者在看破世界,早求脱离,即学佛是也。……请试行之,必定怡然,别有天地。……佛教之平等观,即是无国家、种族、恩怨、亲仇之分别。处于超然之地。不得以世情强之。"最后说:"珍重前途,言尽于此。"这算是最后的诀别了吧。

30日给上海李圆净居士写信嘱托后事——碧城看来真是没有托的人了，跟李圆净居士十年不通音讯了，仅是在今年秋天托陈无我转赠人家一本自己的《观经释论》而已，而十年前的交情也仅是印行《欧美之光》，但所托的事不小——碧城有遗嘱两件，系以遗资赠于某君，条件是此君"须在太虚法师指导之下""承译佛经"，但是碧城担心这人不接受这个条件，或者死在了碧城前面，所以碧城把这事转托给了圆净居士，并且鉴于圆净居士的年龄与资望均较某君较高，故可以不用他人指导也。怕圆净不干，碧城最后责以大义："事关宏扬佛法，居士义不容辞！"

不知道圆净是否接受赠金并承译佛经了，反正让太虚法师监督某君译经的想法，乃是一厢多情，因为不是某君是否答应，而是人家太虚是否答应。这事得首先问太虚。太虚（1890—1947），浙江人，俗姓张，乳名淦森，学名沛林，法名唯心，字太虚，号华子、悲华、雪山老僧、缙云老人，近代著名高僧。据说与印光、弘一、虚云四位并列为近代佛家大德。

31日，碧城又给圆净写信，说昨天给你写信，处置的是纽约存款，今天再寄另一遗嘱，乃是处置旧金山存款。有关旧金山存款，碧城的意思是捐给美国的Mr.Beech，扶持他所创办的《蔬食月刊》，条件是，对方写个收据，并承诺至少继续出版《蔬食月刊》五年。如果对方不接受，则捐于李圆净居士为刊印佛经之用。问题是，当时正全球二战呢，于是碧城嘱曰："此遗嘱今拜托居士保存，俟世界恢复和平，能与美通邮时，方能寄与Mr.Beech。但届时请居士勿忘记此事耳，一笑。"不用说，这个Mr.Beech当是前面所述，碧城的美国亡友之夫了。他不愿意承办太太的《蔬食月刊》，碧城就拿资金给他撑着，而且要求至少办五年。

1943年1月1日，碧城给圆净居士写了第三封遗嘱信，这个是有关处理上海麦加利银行存款的。她说:"两寄遗嘱,计均蒙收到。兹再寄此嘱,附旧信两封,即告完毕。敬求接受,代为保存,俟上海之麦加利银行恢复营业时,即可办理。此款请代用于宏扬佛法之事,若不代取,不啻使佛门受损失。居士宏法有责,谅不辞却也。"

之所以把碧城的三个遗嘱悉数展开,在于我心里有几个纳闷:

第一,这快要死了,还不原谅二姐,遗嘱中只字不提唯一在世的二姐。你说原先奶奶家有恶族,现在没有奶奶家的人跟你们争了,你自己家却又制造出一个恶姐。碧城死后,有人说二姐美荪去香港帮她处理后事了,但是,不见二姐文字中有任何显现。存疑。倒是澄彻居士的《吕碧城女士传略》中说:"前年冬为其骨肉参商,驰书调解,始缔文字因缘。"所谓的"前年",乃是 1941 年。里面两个信息:一个是澄彻居士与碧城自此结了文字因缘,一个是这居士为姐妹俩调解恩怨情仇了。到底调解成功没,居士却没说。居士又记曰:碧城"庚辰东旋,止香港东莲觉苑。成《观无量寿佛经释论》,远道邮贶,诠法宗唯识,颇精审。且复书劝其姊美荪茹素,书词激切,余有诗颂之"。里面也是两个信息,一是,碧城的《观无量寿佛经释论》出版后,给人家居士邮赠了一本;二是,碧城给二姐写信了,但是,却是言辞激烈地劝人吃素——她性格脾气未改,二姐要是跟她一般见识,才不会跟她恢复关系呢。按说,《观无量寿佛经释论》1942 年夏才在上海和香港出版的,那么碧城所谓的"复书"至少在此之后了。也就是说,死前半年,碧城才和二姐恢复了关系,且这关系跟亲情也有一段距离呢。

第二,既然生死都在东莲觉苑了,这遗嘱由东莲觉苑同人帮同处理多好,非得拐着弯找一个十年不通音讯的圆净。难不成跟东莲觉苑的人也有嫌隙,或者认为人家不足托付耶?

第三,既找了李圆净居士,又不相信人家,不是拿大义压人,就是拿佛法唬人。不知道人家李圆净居士什么感觉，又是如何执行的。

有关李圆净，我能知道的只有，原名荣祥，乃广东一个资本家的儿子，也是高富帅，复旦大学某系毕业，不就工作，一向在家信佛宏法，皈依的是印光法师……新中国成立前夕，其妻带了一笔家产和两个子女逃往台湾，而他自己坐船到崇明，半夜跳入海中，"往生西方极乐世界去了"。

按李圆净自己的说法，也觉碧城临终托他实属意外——1932年一·二八事件后，他就与同人失散，自己离沪赴杭，徙居武康山间，与碧城不通音讯十年了。但是1943年的1月间，突接碧城由香港东莲觉苑发来的五封信件——除了三封遗嘱信件各附英文遗嘱一件，还有两封是证明和复印的文件，也都是英文的。当时圆净居士已迁法租界，而港沪间复无挂号函件。"五封厚厚的信，不知几时丢在静安寺路旧寓的厨房角落里，是偶然由小儿发现带回的"；"我自从到杭州旅居之后，十年内竟未尝与碧城再通音问。乃一旦书来，远以遗嘱相委，已属出人意表"。更出人意表的是，待他看到遗嘱后，碧城已去世了。

1943年1月4日吕碧城以梦中所得诗寄张次溪及好友龙榆生等。诗云：

> 护首探花亦可哀，平生功绩忍重埋。
> 匆匆说法谈经后，我到人间只此回。

1943年1月23日早8时，吕碧城撒手离开了这个人间。她将二十余万港元布施于佛寺并留下遗嘱："遗体火化，把骨灰和入面粉为小丸，抛入海中，供鱼吞食。"

想给大家补充一点的是，此前一年，也就是1942年1月22日，上午10时，中国另一著名女文学青年、新派左翼作家萧红也身死香港。明显没有吕碧城运气好，死得很难看。

碧城只是相对好点，我看了教友们的一些文章，没有发现什么白光红光升仙的。唯有林愣真女士致荣柏云居士函中，说了一句："吕碧城居士已于今晨八时生西矣……居士临命终时，含笑念佛，境界安详。"这不算啥，很多普通老人都能做到；老韩所谓的顶门是否最后冷却，也没人说及。所以，要么是碧城本人修行不够，比不得张莲觉女士；要么，碧城对张莲觉女士的那种神夸，也是当不得真的。

不过碧城另一个愿望实现了——临终前嘱，火化后把骨灰与面粉和丸，投入海中与水族结缘。这个教友们能做到。

《申报》1948年8月31日载陆丹林文章《记吕碧城女士》，内云：

> 她饱经忧患，独身终老，平生起居服用，过的是豪华生活。后来感悟，专研内典，传扬佛法以终身。所遗下的只有平生著述的诗文词，一代才人，死于乱世期间，寂寞无闻，不禁的使人感慨系之！无怪乎她最后的诗有"我到人间只此回"的凄音了。

所以，最值得计较的，其实是这个"我到人间只此回"。

众所周知，佛教是讲因果轮回的。但碧城信的净土宗，修行到位之后，往生极乐净土世界，就再也不回来了——当然也有回来的，比如上级领导安排，也就是说，即使你自己超脱了轮回，也还得回来超度众生是不？我看碧城连这个也不愿意干了。有意思的是，我看到了张觉明女士的《吕碧城迁化志感》，中云："女士果去乎？实未去也。观其遗命，以骨灰和面，与水族结缘，足见其仍拳拳于末劫苦海众生，而未能忘怀。故料其必有乘愿再来之日，广度群生，畅佛本怀，乃克尽女士无穷之宏愿耳。故予始而悲，继而喜，终乃馨香祷祝其再来尘世，继续其未尽之慈心宏愿，度尽众生方已也。"

一句话，她还盼望人家碧城再回来呢。这是太不了解碧城了。其实，不只是陆丹林，就是一般的路人也能看出，碧城是带着对这个世界的恨和对自己一生的憾，离开这个世界的。以我们俗人的观点，碧城年纪轻轻暴得大名，后又暴得大富，不愁吃不愁喝，世界那么大，可以随便逛荡，简直是全球性的败犬女王了，她还有什么不满意的呢？

碧城向往的那个极乐世界，我也问过老韩。我说：极乐世界有好玩的？不能贪，不能淫，甚至人世间正常的欲都没有了，还有啥乐子呢？老韩说，修到净土，只是带业之身，跟考上了大学一样，每天可以听弥勒佛的讲座，学习成绩好，才可以上升。

我一听更傻了，我以为修到极乐净土，以后就不用修了，每天净吃喝玩乐了，敢情还得上课。老韩说，不好好听课的也能作退学处理。

我问：修成后过什么日子？不婚不育不性不睡不吃？

老韩说，修成后的境界多了。人间的婚、育、性、睡、吃，都是个享乐形式，弥勒院的学生，去掉了那些享乐形式，一个眼神，一个动念都能感受享受的实质，此所谓法乐。

老韩说，弥勒兜率天只是个中转站，佛教讲三十三天界呢，一界高于一界，人间世只是其中一界。总之，听课听得好了，你就可以移民更好的地界了。

我得承认，我是下根之下的下下根。对于佛教的这些说教，我根本听不进去。我向来的意思，我心有佛，我就是佛。我心中自有良知，自有底线，我不管神啦、仙啦、佛啦、鬼啦，如何看我。我最在意的是，我自己如何看我。我做的事，行的业，主要过我的心关，过不了我的关，或者说，做了什么事，动了什么心，别人可以不知道，但我自己知道。而且我身边的佛教朋友，动不动跟我说，信佛可以有好报。我一听就不乐意了，似乎我是奔着那好报去的。再说了，做好事，更多的并不是好报。甚至正相反。一句话，我不下地狱谁下地狱？再听他们的描写，感觉所谓的极乐世界，美好得跟地狱差不多了。更关键的是，人在轮回的时候，轮到的，根本不是原先的自己了，换成了另外一个人，或者另一个物种，然则其痛苦与欢乐、因果与福报与你还有何干？你折腾了一辈子，就是给某个路人甲积德了而已。还有人说，你给子孙后代积福了，同样按照轮回理论，你的子孙后代还不知道哪个仇人、哪个路人转世来了，那你给其积不积吧，也没有多大意义。总之，解释不通，我就不信，不如信我自己的良心；证来证去，也是虚妄，不如证自己的人品。但是我有行，就是任我行，以我心中之佛（你可以随便叫它啥）为指引，尽量进无人之界！

　　阿弥陀佛！

　　愿碧城求佛得佛，永驻梵空！

附录一 吕凤岐年表

1837 年（道光十七年丁酉），一岁

吕碧城父亲吕凤岐出生在安徽旌德庙首垂裕堂新宅。

其父吕伟桂（字馨远、秋园），太学生。在兄弟中排行老二，上有老大吕伟槐（字群超，1859 年去世），国子监生；下有老三吕伟权（字廷彩，1860 年死于捻乱），州同衔；以及老四吕伟楷（未婚先卒）。

其母汪氏，孙村期霞公之女。

吕凤岐在兄弟中排行老四，派名烈芝。上有大哥烈芬（官名鸿烈，字子晋，同知衔，直隶特用知县候补府经历，历署正定、保定等府经历，长吕凤岐六岁）、二哥烈茂（字子田，从九品，长吕凤岐四岁，1882 年殁）、三哥烈苏（字景坡，从九品，长吕凤岐二岁，1866 年殁），此外还有一姐（适王祥业）。

1838 年（道光十八年戊戌），二岁

吕凤岐的爷爷、吕碧城的祖爷爷吕成澜（字云波，贡生）去世，享年

69 岁。这老头儿不独经商获利，且书画、医卜、勾股、堪舆之术，莫不精通。给吕家攒下了一定的资产。

1839 年（道光十九年己亥），三岁

吕伟桂四兄弟分家。由于老四吕伟楷未婚先卒，以老三儿子烈护继嗣之。吕成澜留下的家业，除公存而四分之，四股兄弟，各得田十亩，三溪鼎顺典资出七折钱二千两（皖南用钱，以七十为百）。祖奶奶汪氏由四房轮流供养。

1840 年（道光二十年庚子），四岁

吕凤岐的五弟，老五吕烈蕙（字竹塘，保举从九品，1884 年殁）出生。

1841 年（道光二十一年辛丑），五岁

其父在三溪开设米肆，并开始教吕凤岐认字识匾，发现这娃特聪明，特受其父钟爱。儒业之基当起于此。

1842 年（道光二十二年壬寅），六岁

吕凤岐 6 岁，开始入私塾读书。塾师乃族伯向春（吕荣，邑庠生）。一起读的，还有二哥烈茂、三哥烈苏。而大哥烈芬随另一位族伯仰斋先生（吕伟震，岁贡生）读书。

1843年（道光二十三年癸卯），七岁

吕凤岐的塾师向春先生院试成功，由老童生跃升为传说中的秀才。时年五十四矣。

是秋，吕凤岐的族叔九霞公（吕朝瑞，后来进士及第，做到编修、湖南学政）乡试成功。吕凤岐与族叔家比邻而居，"见贺者络绎，即心讶科名之烦人，何若是耶"。

1846年（道光二十六年丙午），十岁

吕凤岐10岁。开馆日吕凤岐的父亲多给塾师一圆洋钱，乞先生为自己儿子间日讲书。习字后，师讲《论语》一章，同听者三人。次日令自讲一遍，或择问大略，误对则受扑。吕凤岐年最幼，但由于记忆好，挨打不多。

1847年（道光二十七年丁未），十一岁

吕凤岐的老师向春先生所开的文化补习班总计20余人，每天课读极严。此年，吕凤岐的大哥烈芬邀请好友，共同延请一位发配到旌德的广西举人授课。可见这家子经济基础不赖，且注重希望工程之教育。

1848年（道光二十八年戊申），十二岁

族里的父辈们延请同族爷爷辈的曲江先生（吕成浙，太学生）为师，于承槐书屋开馆。吕凤岐与大哥烈芬及堂兄烈芳、烈护一同入馆。

1850年（道光三十年庚戌），十四岁

从昆弟四个改师江鉴衡先生（名秉国，邑庠生）。秋，赴县试。县令刘念修（名继冕）把他呼至堂上，试诵诗礼，并且给他出一个"传"字，问他：作过一字题没？他答：没有。县令问：此题能作否？吕凤岐回答：能。于是笑着令役持题牌来，在传的后面以朱笔加之"不习乎"三字，令他下去作文。傍晚交卷。第二天随兄等归。时应试者千五百人，吕姓将二百。最后吕凤岐居然胜出了，第二十三名。吕凤岐说，一千五百人考试，录取名额，县学二十名，向拨府学三名，县令刘念修是根据录取名额，给的吕凤岐最后一个名额。

1851年（咸丰元年辛亥），十五岁

吕凤岐的母亲去世。由于其母有病，吕凤岐没有去参加院试。吕凤岐光顾着哭丧，数月未上馆。馆师江鉴衡先生又喜排忧解难，去馆的日子也少，所以学业精进有限。

1852年（咸丰二年壬子），十六岁

吕凤岐父亲吕伟桂续娶陶氏。之后生了吕凤岐同父异母的两个兄弟：老六凤台，老七凤阳。

吕凤岐大哥烈芬到孙村舅舅汪芝田司马（名丽金，道光举人，官郎岱厅同知）的家塾读书去了，同去的还有大哥的两个小舅子。家塾请的老师乃泾县吴肖传（名作霖，后更名康霖，道光举人，官六安训导）。从兄也都各择师以散。吕凤岐就近选择了环翠书屋，师爵璜先生（名荩臣，邑廪生）。由家致餐，吕凤岐感叹后娘陶氏"继母慈劳甚矣"。

1853 年（咸丰三年癸丑），十七岁

太平军打到安徽省府安庆。清府暂改庐州为省会。用吕凤岐的话，此后十余年，"天下迄无宁岁矣"。安徽当然也是太平军糟蹋之下的重灾区了。吕凤岐的安徽旌德老本家、大翰林、时任刑部左侍郎的吕贤基（字鹤田）奉命督办安徽团练，兵败自杀。其儿子，吕锦文（字寿棠），也是大翰林，一家子在父亲做了烈士后受到各种优待，吕锦文由编修升为侍读，奖励烈士后代是为了提升士气，所以吕凤岐也说："士气益奋。"

对吕凤岐来讲，更振奋的当是族叔九霞公吕朝瑞（他与吕凤岐的父亲是一辈，同在伟字辈，派名伟嶷）会试告捷，以第三人及第，就是传说中的探花。

在民办学校石柱山房，以和村的永言先生（名烈孝）为师，继续自己的科读大业。

1854 年（咸丰四年甲寅），十八岁

吕凤岐随永言先生移丰溪之下的多宝寺继续读书。吕凤岐大哥烈芬因吴肖传失馆回泾县，移来与弟同读，并督四弟之课。

吕凤岐的一位族伯北山先生（吕伟恒，举人）率乡勇几千赴石埭，守琉璃岭。去后，各村鬼声遍市野。之后，乡勇撤回。吕凤岐说："盖防守之始，已动祸机矣。时予在山中，独无所闻。"

1855 年（咸丰五年乙卯），十九岁

吕凤岐排行老四，他说，诸兄连年婚娶，家计渐窘。吕爹叫他和大哥在老家旁舍自学。年底，给吕凤岐也娶了妻，"腊月为凤岐授室"。可惜，

吕凤岐的《石柱山农行年录》里，没录这太太情况。

1856年（咸丰六年丙辰），二十岁

太平军石达开部窜扰，逾黄花岭至三溪，过兵两日，沿途焚掠，下破宁国府城。吕凤岐说，"虽我西乡未经践蹯，而三溪典业米肆皆毁矣"。这下吕家倒大霉了。其伯父率子侄们迁道而回，二哥被掳次日逃回。但当地土人以自己的典物被劫，前来讧闹，欲照遇盗例偿其半，不得已售公产以偿。自此，二哥烈茂、三哥烈苏、五弟烈蕙皆坐食于家。益窘，小康之家就这样跌入了困顿。年底，吕凤岐大哥烈芬奔杭州图事。

1857年（咸丰七年丁巳），二十一岁

吕凤岐大哥吕烈芬来书，说杭州无事可做，暂且寄于松坡族伯（吕伟山，九霞族叔之兄，时官浙江盐经历）署中。有友人入都，欲同行，索寄斧资。吕凤岐父亲勉凑数十金，并令大儿媳汪氏以钗环数事并丈夫衣物，着凤岐带往。吕凤岐带一挑夫前往，徒步150里，至歙县之深渡，附舟南下，水程700里抵浙江盐运司所在地杭州。大哥领着吕凤岐游玩了西湖等地，北行之前，安排凤岐先归。哥俩挥泪而别，吕凤岐与挑夫且行且问，归家。

吕凤岐父亲卖田数亩，领着最小的五儿烈蕙作小经纪。并分余产，令吕凤岐他们哥四个自谋衣食。吕凤岐只分得山田八分，纳租四斗二升而已。随后，吕凤岐进了富堂民办小学王氏蒙馆做了民办教师，门童十人，一年的工资是七折钱二十余两，薪米自备，各家轮流送菜。课毕，门童们做饭，晚上，这个老师执灯继续自己的高考大业。用这个老师的话，小日子过得不错："颇自得。"

吕凤岐的祖母汪氏去世。这个时候,吕凤岐的伯父子三孙五,吕凤岐的父亲子七孙四(长兄二子,二兄和三兄各一子),吕凤岐的三叔子三……男妇数十人,大家分班伺候老太太,室为之满。吕凤岐感叹,虽遭三溪之乱,但老太太享年81岁,未受池鱼之殃,殡殓如礼,也算有福了。

1858年(咸丰八年戊午),二十二岁

吕凤岐22岁。继续教书,并以文会友。蕢青侄(名贤彬,后乡试中举,官至江苏候补知府)等邀结玉溪文社。

当地闹蝗灾。吕凤岐七弟以痘殇。

1859年(咸丰九年己未),二十三岁

富堂民办小学解散,吕凤岐回家读书。

安徽自咸丰元年(1851)院试后(吕凤岐因母亲病重未得参加),屡次安排考试,但均因战乱无法举行,今年终于举行了,吕凤岐参加院试,以第六名成功通过,入府学,从此就有了秀才名分,可以参加乡试了。事实上,院试两个月之后,吕凤岐就参加江南乡试了,无果。吕凤岐回家,出售自己分家得到的山田八分还人考试费,不够,他爹又给补了些。

吕凤岐的伯父吕伟槐去世。

1860年(咸丰十年庚申),二十四岁

安徽很多地方相继失守。捻军赖文光部窜扰至旌德。用吕凤岐的话,"自此往返扰害,搜山焚杀无虚日"。吕凤岐的三叔吕伟权与长嫂遇害。吕凤岐的《石柱山农行年录》里说:"眷属冲失,不知存亡。予避山谷中……

吾乡此次荼毒尤酷，人物已去大半。"吕家就吕凤岐与父亲没有被掳。幸而没有被杀，陆续得脱，没有回来的，是吕凤岐的二哥及其三个儿子，及六弟凤台。只是不知这个所谓的"眷属"是不是吕凤岐 1855 年娶的那个妻?

1861 年（咸丰十一年辛酉），二十五岁

由于战乱及捻军抢粮，吕凤岐一家没吃的，吕凤岐想去驻安徽黟县的曾国藩湘营里做文案，挣俩口粮，没想到湘军营饷也不足，半年后才能发。正焦急间，继母跟跄而来，告以其父已在太平县西乡病逝。继母病倒，吕凤岐身上不名一文，同时自己还患了痔疮，又得伺候继母，半月之后，继母去世。吕凤岐那叫一个悲怆。乞贷数处，才给继母买得一具薄棺"殓而浮厝之"，听说其他三兄弟（二、三、五）困于祁门，乃离营奔告，等自己到了祁门，老家的信息也到了祁门，嫂侄们已全饿死里中矣。祁门时疫流行，四兄弟每天以泪相对，有家不能归，归也无计，只好各自逃生了。适江西来口信，1859 年与吕凤岐一同参加乡试并且中举的江敬庵（名继曾）在南昌有地，邀请吕凤岐前往。吕凤岐卖"絮衣被，得银一两有奇"，奔赴江西去了。

等到南昌城外，才发现没有城中人作保，自己根本进不得城，乃与人结伴进了吴城，打算稍后再想办法进南昌。在吴城，忽听闻江敬庵来吴城，急走访，始知人家根本不住南昌城里，而住城外 50 里的柘林。吕凤岐又开始庆幸了，若真进了南昌城，举目无亲，不堪设想矣。江敬庵留吴城办事，让吕凤岐先往柘林。吕凤岐背小包裹，里面装新布鞋一双，等进了江家，才发现新鞋只剩一只了。穷途至此，吕凤岐哭都哭不出来了。

江家人对吕凤岐不薄，可一直在人家白吃白喝，吕凤岐不自在，欲他往，但身无分文。江敬庵给他推荐了民办教席，当地土著怕他乡音不舍，

诺而复辞。时已隆冬，吕凤岐还穿着夹衣，幸亏痔没下来，所以还能挺住这寒冷。冬至后，始得在黄刺史那儿聘了个书记，乃从江敬庵堂弟江焕章（名希曾）那里借了千余钱，购了被褥，并借了衣服鞋子，这才上班了。

1862年（同治元年壬戌），二十六岁

沈葆桢巡捕江西，黄刺史被罢免。湖南的杨碧山司马（名式珣，最后官到广西知府）前来广西公干，相中了吕凤岐，为他拉了各书院课，薪水颇高；其老丈人、江西知县李禹门（名兴谟），也极器赏吕凤岐的文才。

1863年（同治二年癸亥），二十七岁

杨碧山公干完毕，要回湖南，希望带吕凤岐回家课其子，凤岐以道远辞。其老丈人江西知县李禹门，把他推荐给了县官洪叔蒙（名赞善，安徽祁门县人）做家庭教师。

此年，吕凤岐的大哥橐笔保定；二兄至章门，被荐往铅山厘卡；三兄五弟谋食舒城、六安等处。兄弟几个总算都有了着落，只是听闻家乡一片废墟，久已人相食，存者寥寥，悲痛而已。

1864年（同治三年甲子），二十八岁

洪叔蒙补会昌县令，订吕凤岐西席教师兼书记，年薪一百二十金。问题是会昌太远了，吕凤岐不愿意去，但耐不住洪县令的劝驾，就跟着去了。随后二哥也来了，铅山厘卡已被毁，没了差事，前来投奔老四。吕凤岐说，弟今天终于可以养兄了，就住我这儿吧。兄弟两个每天对榻而眠。

政府军队收复南京，太平天国幼主率兵数万，由浙江窜江西，欲遁回粤，会昌县适当其冲，闭城固守。兄弟两个再次受到惊吓，困城中月余。听说政府要举行江南甲子并补戊午科乡试。吕凤岐欣然辞馆，偕兄前往应考。应考结果，吕凤岐中举第三十六名。座主（主考）为太仆寺卿刘韫斋先生（名崐景）、翰林院编修平景孙先生（名步青），房师（分房阅卷的房官）为江苏拣发知县纪柳塘先生（名之纲）。

1865年（同治四年乙丑），二十九岁

吕凤岐回舒城张母桥，一家数十人存而居此者，计有叔母、堂弟烈护（三叔家的，过继给四叔家了）、二兄、三兄、五弟和堂弟烈荐。吕凤岐把身上带的钱全给了二兄和五弟，返江南，移父亲棺槥归里。然后别家人，仍由安庆回南昌谋事。其时，洪叔蒙以病卸会昌县令归南昌，闻吕凤岐未来，即携次子宜昌来从，于是吕凤岐销假，跟他们一同回南昌，驻赐福巷。

1866年（同治五年丙寅），三十岁

吕凤岐再馆洪氏。时族叔九霞公督学湖南，计以二百金属为襄校，但吕凤岐重洪氏之情，及门人请益之殷，不愿他往。何况，他也要给人当上门女婿了："赘于进贤门外胶皮巷旧宅，碧山司马助婚钱焉。"新妇为铅山蒋氏，时年二十，心余先生玄孙女，秀才卓人先生长女。

三兄无病殁于六安，吕凤岐"恸甚"。

1867年（同治六年丁卯），三十一岁

仍馆洪氏。寄资给二兄续娶。

长子贤铭生。

吕凤岐的学生，洪县官的次子、16 岁的宜昌回安徽应童子试，补博士弟子员，食廪饩，也就是考上了国家优等奖学金之生员。

与一干同年北上进京应考。

1868 年（同治七年戊辰），三十二岁

寓北京羊肉胡同旌德新馆，参加会试。会试前的覆试，一等第三名，会试被放卷。

时大哥已续娶张氏，居南皮，来京访弟，兄弟欢聚有日。榜后泣别。回到南昌，时洪县官已复乞病归，吕凤岐遂由当年中举的座师平景孙先生荐往崇仁县幕。不久，平师做了江西的布政司，令吕凤岐回省掌书记之职。

1869 年（同治八年己巳），三十三岁

吕凤岐在粮道署。

五弟来南昌，谋出资就事，吕凤岐倾囊助之。

次子贤钊生。

1870 年（同治九年庚午），三十四岁

吕凤岐在粮道署。

吕凤岐的工资从去年开始，主要用来置办衣物了，老婆孩子住娘家，亦需津贴，遂无余钱。他决定明年不参加会试了，没钱。

当年的座主平景孙先生赞赏百金，劝他参加考试。并嘱自己的同年、江西知县李苹三（名嘉宝）赠四十金促行。乃与同人北上。

1871年（同治十年辛未），三十五岁

仍寓北京羊肉胡同旌德新馆。

会试考得不错，特别是二、三场的经策尤佳也。吴少岷先生（名镇）也推荐他的卷子，但主考官认为，他所在的房，推荐的卷子中，安徽五卷已中其四，故放弃了吕凤岐的卷子，不复阅，这让吴少岷深感遗憾。朋友劝他留都，他也感觉，下场会试自己无力再来，先考个教习吧。

吕凤岐的同年兼安徽老乡黄佩芗（名瑞兰，后官至直隶候补道）延请吕凤岐给自己儿子昌燿（1885年中北榜）做教师。其兄黄楚芗后来是吕凤岐的儿女亲家。黄佩芗，李鸿章的安徽老乡，一直做淮军记室，据说不是一般的笨。李鸿章奏稿对他的评价是："貌似质直，而举动任性，办事糊涂，文武将吏皆不愿与之共事，迹其语言狂妄，似有心疾者，其人实不堪任用。"

当年的座主平景孙先生悬榻以待，屡书促其回南昌。

顺天学政鲍花潭侍郎（名源深）欲延入幕，辞以"考不得教习，无以复我师"，未敢遽许。

考取景山教习第六名。

吕凤岐同年兼安徽老乡胡云楣（名燏芬）请吕凤岐喝酒，说"你若回老家，路费包我身上了"。

鲍花潭忽授山西巡抚，以兵部侍郎夏子松（名同善）补顺天学政。于是吕凤岐进了夏幕。

1872年（同治十一年壬申），三十六岁

在顺天学政幕。

接族长书，重建宗祠，嘱其向叔祖汉九先生（名嘉瑞，举人，历任顺

天知县）捐资。吕凤岐当时只有七十余金的积蓄，感觉修建宗祠及家族大事，非竭力无以激劝，所以他倾己所蓄，凑了一百两寄回去了，但那个"拥资巨万"的叔祖却没有给他回信，这让他在怀疑叔祖人品的同时，更怀疑自己的书信，难道没有送达？

到保定组织考试，到大哥藩幕小聚，忽得江西蒋氏凶信。座师平景孙先生赞助其家五十千文助制衾襚。吕凤岐感叹"两儿远寄，孤客囊空，行止俱难，寸肠欲断矣"。吕凤岐大哥劝他，回江西也无济于事，且大热天的数千里奔波回去，保无意外虑乎。加之顺天学政夏同善先生也劝他别回去了，于是，他复归夏幕。考棚事多，吕凤岐强打精神为之校阅，不时疲惫。岁底试河间，遂辞明年事，夏公不允，许以至京再商。

1873年（同治十二年癸酉），三十七岁

夏幕另延他人，但由于永平考棚卷多而优，有人约请吕凤岐再阅永平一棚。他答应了。

阅毕，夏公作诗赠别，并且有意帮吕凤岐续弦。吕凤岐以南北未定为辞。夏公笑曰："我知君必成进士而后娶耳。"

吕凤岐辞职后入都，安徽老乡胡燏棻把他推荐给了陈氏，给人表弟做私塾先生；在胡燏棻的介绍下，认识了郁漱山太史（名崐，探花文凭）。

助大哥输粟，以府经历分发直隶。

1874年（同治十三年甲戌），三十八岁

会试出闱，以文稿正于顺天学政夏同善先生，先生曰，必入魁选。乃房考仅于卷末批一"备"字耳。吕凤岐叹曰："嗟乎！待试三年，妇亡不顾，依然故我，何以为怀？"吕凤岐不想干了。回家！新朋友、探花出身

的郁崐认为这不是办法，与胡燏棻的舅氏陈翁商量留吕凤岐之计。陈翁、胡燏棻愿借五百金为吕凤岐捐个中书，不用偿还。吕凤岐认为：你们说不用还，可我觉得必须还。若不能还，景况可想矣。算了吧，徒累负你们，我不干了。但郁崐不放手，屡催履历，所以吕凤岐参加了中书考试。考试的时候，阅卷大臣乃宝佩蘅相国（宝鋆）、毛煦初尚书（毛昶熙）、魁华峰侍郎（魁岭）。考试结果，吕凤岐钦取第三名，引见乾清宫，记名以内阁中书用，入直管汉票签事，旋派本衙门撰文。

编修庆华廷同年（庆锡荣）做媒，吕凤岐续娶安徽来安严朗轩太守次妹严士瑜为妻。

1875年（光绪元年乙亥），三十九岁

同年黄楚莛（名瑞芝，后来是吕凤岐的儿女亲家）邀游津门，谒李鸿章（时为直隶总督，驻天津）。这个黄楚莛是吕凤岐的另一个同年兼安徽老乡黄佩莛（名瑞兰）的哥。前面说过，吕凤岐给黄佩莛做过家庭教师，而黄又是李鸿章的幕僚。所以，黄楚莛邀请吕凤岐同游津门，应该都是黄佩莛的关系。虽然都是安徽老乡，但也不是谁想见李鸿章就能见的。孙中山后来拿着万言书见李鸿章，就没见到嘛。

黄楚莛还领着吕凤岐去至新城看了安徽另一个大佬周盛传（字新如），在营中玩了几天才回京。

寄资助五弟续娶。

充国史馆校对官，兼管理诰敕房。

长女贤钟生。这是吕碧城大姐吕惠如（1875—1925）。

长兄充海运差保补缺，后以知县用。

1860年捻乱中被掳、后流落于开化农家的六弟凤台逃回家中。一家子

喜出望外，老五干脆辍业教之，奈何发现他不是读书的料。

1876年（光绪二年丙子），四十岁

继续在京供职。

三月，恩科会试。吕凤岐闱中疾作，几不能完卷，勉强了事。族侄吕贤桢获售，朝考归班，呈请改教，后选庐州府教授。

十月，吕凤岐补中书实缺，奏充玉牒馆帮纂修官。吕凤岐说，此事任重事烦，一年告竣，可得优保知府。内阁汉票签仅派两人，其中之一是袁保龄（时为内阁中书侍读）。这个，是鼎鼎大名的钦差大臣兼漕运总督袁甲三的次子，袁世凯的堂叔，1881年被李鸿章相中，奏调到北洋海防，1882年接替黄瑞兰（吕凤岐亲家之弟），出任旅顺港坞工程总办。

是年，吕凤岐大哥在保定生了一个儿子，名叫吕贤鋆。

是年，吕凤岐第二任老丈人，时年61岁的严琴堂北闱乡试中举。吕凤岐早已把老头儿接到北京养老了，老头儿自己早不想参加考试了，但在家人怂劝之下，居然考中了。问题是这年龄——他女婿吕凤岐后来退休时才49岁。

1877年（光绪三年丁丑），四十一岁

应礼部试。用吕凤岐自己的话，"已无意于此途矣"。没承想，榜发中式第129名。座主四个，其中两个居然是他1874年考中书时的阅卷大臣，一个是宝佩蘅相国（宝鋆），一个是毛煦初尚书（毛昶熙）。第三个是刑部侍郎钱湘吟先生（名宝廉），第四个是皇家宗室、内阁学士小峰先生（名昆冈）。房师，乃翰林院编修曾与九先生（名培祺）。覆试一等第三名，殿试二甲第二十二名，朝考钦取一等第一名。引见养心殿，改翰林院庶吉士。

六月，充国史馆协修官。

九月，在本衙门告假，回籍营葬。

先赴保定看了大哥，又去津门看了李鸿章和周盛传，两个大佬各给百金红包。李鸿章同时还给正做湖广总督的自家大哥李瀚章去了信，不用说，是向大哥引荐中了进士的吕凤岐老乡。江西省长，刘秉璋巡抚更是代为张罗。于是，吕凤岐终于不再缺钱了，用他的说法，"寄金回都，稍偿夙负"。

十月，航海抵沪，小作勾留。

至扬州，安徽老乡（南陵人）徐仁山观察（名文达，官终福建按察使）留寓淮军粮台度岁。于梅花岭谒史可法祠。游天宁寺、平山堂诸胜。

是年春，在都得黄楚芗之讣。其弟黄佩芗出其临终手书，欲与吕凤岐申婚媾之好，爰定其次女为吕凤岐长子妇。

冬间，吕凤岐大哥署正定府经历事。

1878年（光绪四年戊寅），四十二岁

正月到南京，然后芜湖、安庆，略访亲友。

五月抵武昌。见到了族姐夫孙稼生（名家谷，官至浙江按察使，时观察荆州）和族侄吕竹生（名贤笙，官湖北知县，委办彝关榷务），相见颇欢。

上游沙市、宜昌，盘桓颇畅。

八月，返棹赴南昌，至湖口，游石钟山于吴城，访布衣之交王仪吉明经（名炳南，1879年弄了个乡试副榜）和秀才江蔼亭（名棠）。叙阔数日，分赠薄资，上豫章，仍寓胶皮巷。两儿成童，各不相识，欢见之下，悲从中来矣。

在老丈人家一个是休息，一个是游玩——用他的话，"遍踏百花洲、滕

王阁旧游之迹，复往广信一月"，这才回省买舟，让船载着蒋夫人棺椁先行，自己带着"各不相识"的两个儿子由浔阳坐船到芜湖，把二子寄于族叔九霞公的寓所寿爵堂。腊初，吕凤岐终于回到了自己的家乡庙首。自从太平军、捻军之乱后，他们家族"柩停累累，五服之内未葬者尤多"。自己先前曾写信给过二兄，要他在家择吉地，等他措资而归再葬。现在，他回来了，家族里的兄弟们也都到位了。于是，大家一块吃饭，一块襄理葬事。

1879年（光绪五年己卯），四十三岁

吕凤岐"在里数日，择得茔地五处，属五弟等督工营造"。

他自己还去黟县、十都等地寻找继母的棺柩，不得。经黄山之汤口，入山数里，浴朱砂泉，因葬期已近，不获遍游三十六峰，浴罢题壁一绝，匆匆回返。

三月分日，安排葬事。

四月杪辞家，再事张罗为入都计，率诸弟往西河镇，料理祖遗房产，缘乱后为土豪王老虎强占有年，屡索不理，现在吕凤岐诉之宣城县，大土豪赶紧还了。

别诸弟，由郡六月至苏州。闻平师之配莫夫人下世，时师归视已久，欲往山阴省视，以酷热异常，不敢舟行而止。有闲暇就到沧浪亭、印心石屋避暑，并游吴、刘两园。

安徽老乡徐仁山观察为文卿事飞函招往十二圩仪栈，于是舟中修书，寄唁平师。

抵京口，文卿来迎。同游焦山，一宿赴白下，为之调停乡试者，已云集矣。旋上鸠兹，过中秋，买舟北渡。在六安，助再从弟（堂弟之一种，同祖父叫从，同曾祖父叫再从）文富续娶。

回至张母桥与五弟话别。仍返鸠兹。

十月携二子及族弟吕筱苏（名佩芬，九霞族叔第四子，1873年举人）北上，过十二圩，徐仁山观察厚赠行资……十三日抵京，寓醋章胡同，本衙门销假。

1880年（光绪六年庚辰），四十四岁

正月，约严礼卿同年（名家让，安徽含山老乡），居庶常馆。四月散馆，一等第六名。

五月朔引见，与严礼卿同授编修。与他一块北上的族弟吕筱苏居然也中了进士，入馆选。

吕凤岐搬家至南半截胡同，自课二子。

1881年（光绪七年辛巳），四十五岁

在京供职。二女贤鈖（字仲素，后改为清扬，又改为美荪，1881—?）生。

二哥复断弦，兼抱沉疴，函请就养于张母桥五弟处，资用悉由吕凤岐寄送。

1882年（光绪八年壬午），四十六岁

正月，以家事甚烦，延师课子，自携一仆，假居城南太清观，习静以待考察。这是吕凤岐行年录里第一次透露家事甚烦之意。难不成是新带来前妻二子，与后妻相处不洽？反正吕凤岐自己搬出来住了。

四月十五，考试差后移回本宅。

八月朔，奉视学山西。初三，具折谢恩，九月六日请训，蒙召见东暖阁。退束行装，拟即就道，函请二哥由皖赴晋，不想放差之日，乃二哥易箦之时。吕凤岐为位而哭，数日不能理事——老四刚当山西省教育厅厅长，想请二哥一道享个福吧，二哥却同天去世了。

九月二十五日吕凤岐始得成行，过保定，安徽另一个大佬张树声（由两广调署直隶总督），率同乡官饯行于两江会馆。

十月十日，抵太原省城，山西省长张之洞巡抚率属迎于南郊。十一日接印，他这山西教育厅长就开始忙各种教育与考试公务了。一是消除积弊，加强各种规则制度；二是岁试、补考各种例行考试；三是发现士子们韵学颇少讲究，平仄失调者，虽优等生员在所不免，因取《诗韵释要》一书，加重校订，参之各书，增减其注，付刊，发落生童时，各贻一册。

1883年（光绪九年癸未），四十七岁

在山西任，忙于各种公务。

夏初，五弟因得了喘疾，携眷前来投奔四哥，由于医不奏效，旋以九月南返。

吕凤岐当年乡试时的房师（分房阅卷的房官）江苏栋发知县纪柳塘先生（名之纲）久没于苏，吕凤岐屡访其后人不得，兹闻两世孀居，一孙尚幼，仍居章邱柳塘口，纺绩为生，遂寄资为置田十余亩，复函请同年、安徽桐城老乡、冀州知州吴汝纶（字挚甫）佐助之——吕凤岐终于有资源与资金向当年提携他的师长们报恩了。

当年的布衣之交、衣锦还乡时与之阔谈数日的秀才江蔼亭客死江西，柩不能归，吕凤岐寄百金助之。

六月，三女贤锡生。我们的女主人公吕碧城（1883—1943）终于横空出世了。碧城，原名贤锡，字遁夫、明因，后改字圣因，法号宝莲，别署兰清、信芳词侣、晓珠等。

吕碧城1岁。此年，同父异母长兄吕贤铭17岁、次兄吕贤钊15岁，同父同母长姐吕惠如9岁、二姐吕美荪3岁。

1884年（光绪十年甲申），四十八岁

在山西任。

二月各路岁试；岁试之后科试，忙得马不停蹄。

听说法扰台湾，基隆失守，福建马尾船厂被焚，钦差侍读学士张佩纶跣足而逃，吕凤岐感叹"何怯乃尔耶"！

发现学政不是好当的，吕凤岐感叹："年来校阅烦劳，时欲引退。"——1882年年底才上任，这才干到1884年，他就不愿意干了。

吕凤岐有个文光兄（烈华），其次子贤钜，在福建娶妻生子，是年始由福建归，吕凤岐函嘱五弟付资挈回，寓张母桥庄上。

年底接五弟死讯，吕凤岐受不了了："三年中两伤手足，痛何如之。"——上任时失的是二哥，这次是五弟。

1885年（光绪十一年乙酉），四十九岁

吕凤岐的祖父、伯叔、仲兄、外祖均以吕凤岐的缘故，貤赠五品封典；按惯例兹请三品以本身妻室应得之封，貤赠曾祖父母；又捐千金为大哥加本班，冀可补缺过知县班也——清代官场，把各种官职定位为各种"缺"，应选官员分为各种"班"，大家排好队，依次按班补缺。比如知县就有"即用"班、"先用"班；又有"新班遇缺""新班尽先""分缺先前""分缺间前""本班尽先前""不论班尽遇缺选补"班，以及保举捐入"候补班"、候

补捐"本班先用"等班。看前面的行年录，1873 年"助大哥输粟，以府经历分发直隶"。1875 年其"长兄充海运差保补缺，后以知县用"。吕凤岐这里的意思，长兄这官也是他帮着一步一步买下来的，现在虽然是候补知县，但是一直轮不上实缺，他又花了一千两银子给大哥往前加了加班次。

忙完通省科考，专保教官四名后，吕凤岐请了三个月假"回籍修墓"。十月二十六日与新任学政交接，十一月十日启程回皖。当道出郭相送，门人有送至数十里百里外者。中途再次被徐仁山观察（时办正阳关督销盐局）接待三日，小除日抵六安，假寓度年。

1886 年（光绪十二年丙戌），五十岁

过完年，他就在六安东南乡、距张母桥四里许的地方买了个小庄子，决计退休。

二月，留二子于州中，自赴张母桥，哭五弟之灵。让堂弟烈荐扶五弟灵回里，吕凤岐自己上安庆，请安徽巡抚吴子健（名元烈）代奏告病。受同年熊祖诒（1877 年由庶吉士改受旌德令）邀约，两人游玩了九华山等地，四月底他回到旌德老家，发现"里中彫劫之余，风俗益敝，踌躇一月，久住终难"。

省墓后，给伯叔两房及自己那个同父异母的弟弟也就是老六凤台各五百两银子，其他亲房至戚也都分别给了点儿，就回六安了。

合肥延主肥西书院，辞之。

续修支谱。

1887 年（光绪十三年丁亥），五十一岁

正月大雪五六尺，欲令贤铭（21 岁）就婚于合肥之石塘桥，不果，行

改期于二月焉。

里中来讣，三叔母下世。

在六安州城（六安当时是直隶州）买了一宅子，四月把家从六安东南乡下的小庄子搬了过来。五月，二儿子贤钊上吊自杀，七月，刚娶来的新媳妇、吕凤岐同年兼老乡的黄楚芗之次女死于娘家！吕凤岐感叹说："家门不幸，至于此极，忧郁抱病者数月。"再次有好友请出掌书院，辞之。

1888年（光绪十四年戊子），五十二岁

正月，吕凤岐和严氏的第四个女儿吕贤满（1888—1914）出生。

为长子续聘同邑水北村汪萼楼（名期棣）之女。

倡捐千金，重建里内七分支祠。

1889年（光绪十五年己丑），五十三岁

大哥在直，署保定府经历。看样子老弟给他捐了一千两银子，班往前排了，也没轮上知县。

应友人邀约，出外游玩。听闻当年的布衣之交王仪吉去世，身后萧然，分行资五十金捐助，并劝友人也出资五十金，恤其家。

1890年（光绪十六年庚寅），五十四岁

正月回州寓。

二月，遣铭儿回旌德扫墓，月余始返。

四月初，出外游玩。

四月末，长孙女翠霞生。

在州集资于会馆，设凫山文社，日课同邑生童。

1891年（光绪十七年辛卯），五十五岁

是年春正月，吕凤岐长子吕贤铭以疾殁。吕凤岐恸甚，因得眩疾。行年录他已放弃记录，由其二女吕美荪补记。

女鈖谨按：是年春正月，伯兄贤铭以疾殁，先君恸甚，因得眩疾，体气日以亏虚，惟仍黎明即起，读书至夜分始辍，一灯青荧，不为倦也。

1892年（光绪十八年壬辰），五十六岁

女鈖谨按：先君自伯兄夭折，无以遣怀，日亲督诸女读，并教伯姊贤钟作墨兰。姊字惠如，年十二（此处应是美荪记错，应该是十八，而她自己是十二），已有清映轩诗数十首，至是课益勤。是年，为延徐司马（忘其名）教画百种蝴蝶及花卉，艺颇能进，先君略解忧焉。

1893年（光绪十九年癸巳），五十七岁

女鈖谨按：先君动触悲感，不欲城居，多住乡间田庄上。友劝筑新宅以易境，因以金四百，购六安城南地起屋，而藏书之长恩精舍建于宅之东偏，乃三载中工屡兴屡辍，终不为乐也。

1894年（光绪二十年甲午），五十八岁

女鉽谨按：先君秉性澹泊，故五十而致仕，惟以书画游览自娱，洎两兄继亡，颇郁郁。是年中日衅起，益居恒忧叹也。

1895年（光绪二十一年乙未），五十九岁

女鉽谨按：中年秋，新宅成，庭园花木也遍植。先迎诰轴及祖先像，主于东厅，然后入居。九月十二日，为先君五十晋九诞辰，州官及绅学就新宅为寿，辞不获，因是劳顿惫甚。旬余，独登小园假山，眺望郭外长河风帆，乃雨后山滑，偶蹎。扶归疾作，十月初三日竟见背。呜呼痛哉！吾母严夫人以二子之亡，复失所天，庭帏未能宁居，茹痛弃产，挈三孤女永离六安，就食来安外家。盖伯姊于遭大故之次年，遣嫁外家为妇，来依之也。不数年，鉽等稍长，各出任女学事，得资奉母。岁癸丑，母又弃养，爰卜葬于沪之第六泉旁。哀此终天，鉽等永为无父无母之人矣。

附录二　吕碧城四姐妹年表

1875 年（光绪元年乙亥）

吕凤岐 39 岁。

八月，吕凤岐充国史馆校对，兼管理诰敕房。

十一月，惠如生于京师。这严氏每生一个闺女，就做一个梦，梦见这闺女的前生。大闺女惠如，她娘说梦见一个正拨拉算盘的商人。

1877 年（光绪三年丁丑）

吕惠如 3 岁。

吕凤岐进士及第。

1879 年（光绪五年己卯）

吕惠如 5 岁。

吕凤岐携吕贤铭和吕贤钊二子入京，寓醋章胡同。

1880 年（光绪六年庚辰）

五月，搬家于南半截胡同。

1881 年（光绪七年辛巳）

五月，吕美荪生。这二闺女出生前，她娘梦见两个人，一个是"斯文败类刀笔唆讼之穷秀才"，一个是掂着针线篮子呼喊"谁有汗衣吾为浣之，谁有破袜吾为缝之"的浣衣妇及缝袜子婆。她娘认为美荪前两世都不是好人，"酸丁浣女"是也。

吕凤岐由翰林院散值归，入视婴儿，看见这闺女也发愁，说："此女吾独不爱，婢畜之可耳。"

吕惠如 7 岁。

1882 年（光绪八年壬午）

吕惠如 8 岁，吕美荪 2 岁。美荪自言周岁即知媚父，父也渐爱之。
吕凤岐奉命督学山西，全家搬往太原。

1883 年（光绪九年癸未）

六月，吕碧城生。

同父异母长兄吕贤铭 17 岁、次兄吕贤钊 15 岁，同父同母长姐吕惠如 9 岁、二姐吕美荪 3 岁。

据说吕惠如 9 岁能诗，精绘事，工书法。

1885 年（光绪十一年乙酉）

吕凤岐请假回省。小除日抵六安，假寓度年。两子应该是随父回老家了。

惠如 11 岁，美荪 5 岁，碧城 3 岁。三姐妹应该是随母进京，暂居外家了。惠如和美荪随外兄入塾。

1886 年（光绪十二年丙戌）

吕凤岐办理退休。在六安东南乡、距张母桥四里许的地方买了个小庄子。

1887 年（光绪十三年丁亥）

吕惠如 13 岁，美荪 7 岁，碧城 5 岁。

二月，21 岁的长子贤铭结婚，其妻为黄氏，吕凤岐同年兼老乡黄楚芗之次女。

在六安州城置宅，三姐妹和母亲应该是此时从京南返。四月，全家移居六安州城。

五月，19 岁的次子贤钊以逃学受薄责，自经而亡。

七月，长子贤铭妻子黄氏殁于母家。

本年，碧城侍父园中，父顾垂柳，以"春风吹杨柳"命对，碧城应声曰："秋雨打梧桐。"

1888 年（光绪十四年戊子）

正月，四女吕贤满生。

十二月，长子贤铭迎娶同邑汪萼楼（名期棣）之女。
吕惠如 14 岁，美荪 8 岁，碧城 6 岁，贤满 1 岁。

1889 年（光绪十五年己丑）
吕惠如 15 岁，美荪 9 岁，碧城 7 岁，贤满 2 岁。
碧城已能作巨幅山水。

1890 年（光绪十六年庚寅）
吕惠如 16 岁，美荪 10 岁，碧城 8 岁，贤满 3 岁。
吕凤岐长孙女翠霞生。

1891 年（光绪十七年辛卯）
正月，长子贤铭以疾殁，享年 25 岁。
吕惠如 17 岁，美荪 11 岁，碧城 9 岁，贤满 4 岁。长孙女翠霞 2 岁。
吕凤岐两子俱亡，因得眩疾。

1892 年（光绪十八年壬辰）
吕惠如 18 岁，美荪 12 岁，碧城 10 岁，贤满 5 岁。长孙女翠霞 3 岁。
吕凤岐无以遣怀，亲督四女读书，据说惠如画艺精进，美荪五言八韵试帖诗亦为父所赏。
10 岁的碧城与同乡汪某定亲。

1893 年（光绪十九年癸巳）

吕凤岐由于失子之痛，不欲城居，多住乡间田庄，在友人的劝说下，再次买地建宅。地址选在六安城南。除了宅屋，还建了自己的书屋长恩精舍。但三年中屡兴屡辍。

13 岁的美荪被她娘告之前世：你前两世都不是好人，现在生到我家，比前两世好多了，但是若不改正，再天天损人，恐也不利己，三十岁左右就会穷困而死的。

1895 年（光绪二十一年乙未）

秋，新宅终于落成。长恩精舍藏书数万卷。

九月十二日，吕凤岐 59 岁生日，州官及绅学就新宅为寿。十余天后，吕凤岐独登小园假山，雨后天滑，跌了一跤，疾作。十月初三，去世。

吕惠如 21 岁，美荪 15 岁，碧城 13 岁，贤满 8 岁。长孙女翠霞 6 岁。

汪家与碧城退婚。据吕凤岐年表可以发现，这吕姓是有族长的，且科举成功在外做官的也有不少；而且吕家建了自己的七分祠，吕凤岐的二哥、三哥和五弟死在了前面，但至少应该还有大哥和六弟在。总之，这家族长咋开会安排吕凤岐身后事的，是个大疑案。

1896 年（光绪二十二年丙申）

吕惠如 22 岁，美荪 16 岁，碧城 14 岁，贤满 9 岁，长孙女翠霞 7 岁。

吕惠如嫁外家表兄严象贤为妇。

母亲严氏带着姑娘们离开了六安的家，到来安娘家生存了。这叫自己休自己回娘家吧。这里面有几个问题：

1. 六安的不动产，应该全放弃了。我们这里可以计算一下吕凤岐到底有多少不动产，主要是房产吧。他在江西蒋氏家，算上门女婿，所以应该没啥；在京城先住的醋章胡同，后住的南半截胡同，不知道是租住，还是自己的，不管啥，也可以忽略不计；他主要的房产，应该是在从山西学政任上回六安这次置办的。主要有三处：一处是在六安东南乡、距张母桥四里许的地方买了个小庄子；一处是六安州城之内，买了一个宅子；一处是在六安城南盖了三年才成的庄子，这个庄子应该是最阔的，什么花园假山都有，并且还有藏书三万卷的长恩精舍。

2. 严氏的这次逃回娘家，只带了自己的亲闺女三个，没有带儿媳汪氏及已经7岁的长孙女翠霞，所以不动产应该归她们母女俩了。当然，这个儿媳是在吕凤岐官运最高的时候与吕家联姻的当地人，应该也是门当户对的旺户，所以，这个儿媳不会逃回娘家，只可能是在娘家人的支撑与族人的安排下，接收一个本族的嗣儿，然后继承整个不动产。只是，七分支祠堂名下的男性继承人若最后全绝了，也够这家族受的，得过继给他家多少孩子才能完成这项不绝香火的家庭大事业。或者，汪氏接受一个嗣子，以一兼祧其他六家？

3. 吕惠如嫁得有些晚。感觉这家子对长女欠安排。考虑到吕碧城10岁就订了婚，为啥吕惠如在22岁时才出嫁呢？在那个时候，22岁真的算是剩女了。时舅氏严朗轩司榷塘沽（盐课司大使，相当于盐场总管），吕碧城奉母命前往依之，冀得较优之教育，算是从姥姥家又移到了大舅家。

1897年（光绪二十三年丁酉）

吕惠如23岁，美荪17岁，碧城15岁，贤满10岁，长孙女翠霞8岁。美荪笔下，严氏母女住在来安也不省油。时长舅严朗轩司榷塘沽，"其祖田为邻侵占"，17岁的美荪乃代撰诉状，一诉好几年，最后赢了，"田卒凭契返还"。美荪得意的是自己的诉状功夫，"初学撰状，若夙习焉。时判此案者，为江西万明府琅也"。前面说过，美荪被她娘告知，她的前生曾是个"斯文败类刀笔唆讼之穷秀才"。她得意的是这个。前世的本事，后世居然还能继承。但是得意过头了，被子被扯得盖住了头，没盖住脚。既有这么大的本事，自家家族里的"恶族"，你咋不写诉状控告一下呢？所以，侧面也证实，大清还是依法治国的。所谓的恶族霸占家产，依清律、乡俗、民约、族规，她家都不占理，所以，没法走诉讼之道。

1902年（光绪二十八年壬寅）

吕惠如28岁，美荪22岁，碧城20岁，贤满15岁，长孙女翠霞13岁。

吕碧城在天津或塘沽受业的具体情况不得而知——从她的《访旧记》中访问同学可以判断，她曾在天津某学堂读书。是私家女塾，还是外国人的西式学校，不确。她大舅应该不缺钱，而且，依美荪的记载，1885年三姐妹随母进京暂居外家，也就是说，外家或者说这个大舅家至少在北京有房子或者在北京做过官，惠如和美荪那时候还随外兄入塾了。所以，严家自己有塾或者跟人合办过塾，也是有可能的。另外，严修的严氏女塾（1905年扩展为严氏女学）也在此年成立了。碧城应该没有读过严氏女塾，否则她会炫一笔的。毕竟这个时候已是20岁的大姑娘，不会记不住学校名的。

此年，15岁的四女贤满由皖赴沪读书，就学于务本女校，但由于学习太刻苦认真，致得咯血疾病，旋回皖侍母。由此可见吕凤岐晚年得四女（52岁时得贤满），此女身体素质很差的。更要命的是，一回皖，母女两个又遭遇一件大事。按美荪的说法："时余女兄弟三人皆各糊口于千万里外，母妹寄居来安外家，复为恶戚所厄，惨无生路，俱各饮鸩自尽，幸为邑令灌求得活，而伯姊复泣求于江宁藩司樊增祥年伯，乃荷樊公星夜飞檄邻省，隔江遣护勇来迎。"

吕美荪这段文字信息量很大：

1. 来安严氏外家，势力不算小的，何以严氏母女居住在娘家，还能遭恶戚围攻，以致惨无生路？

2. 这回应该不是族人了吧？因为中国传统，女人嫁过去的家，是家，自己娘家，才是戚。那么这恶戚到底是谁呢？如果美荪用词错误，把恶族写成恶戚了，那么这些族人到底掌握了多少证据，以至于这么有底气打到了女人的娘家？

3. 向父亲同年、江宁布政使樊增祥求救的，不是某些作者传谣的碧城，而是大姐吕惠如。

4. 有吕凤岐同年樊增祥这样的大吏罩着，吕氏母女自然好大的神气，只不过，不知美荪是否记忆有误，她说这是贤满14岁时候的事，我按她文章中的周岁惯例，理解为贤满15虚岁时的1902年，问题是此年樊增祥还没有做到江宁布政使——老樊与吕凤岐同年中的进士，1901年6月做陕西省按察使，8月署陕西布政使，1902年甘肃布政使，1904年调任江宁布政使，1910年署理两江总督。这时间对不上号。

5. 不管樊增祥做了多大的官，这些"恶戚"和"恶族"似乎也没犯法之处。否则老樊不会只解救，不做主，比如把这些人都办了，做主把吕凤岐六安的房产与不动产，给母女们争回来。

6. 碧城在以后与樊增祥的文字交流中，提及她们母女的这些遭遇及解脱，并没有贪为己功，不过老樊居然表示了羞愧，在碧城的文集上附手书曰："书中齿及江宁之事，此年家应有之义，不援则豺矣！述之滋愧！"碧城又在后面附志曰:"按曩年先母乡居,被匪掳劫,时樊公为江宁布政使,遣兵救之,得免于难。"所谓的年家,就是同年,同年与尔爹中的进士,这再不帮就不是人了,何况帮得那么少。这才应该是老樊的真实意思吧,一句话,家产房产给你们争不回来,因为于法于理于情,都不相合,救人命还是可以的。另外,美荪说的是"恶戚",到碧城这里又变成"劫""匪"了,这家姑娘都没有统一口径,更难猜这恶戚是谁了。

1904 年(光绪三十年甲辰)

吕惠如30岁,美荪24岁,碧城22岁,贤满17岁,长孙女翠霞15岁。

春,22岁的碧城约其舅严朗轩秘书方君夫人同往天津探访女学,遭舅父骂阻。碧城直接逃出舅门,登上了开往天津的火车。这一登车,便意味着登上了文艺超女之路。

遭遇生命中的贵人,《大公报》经理英敛之。被聘为《大公报》编辑。

三月二十三日,碧城移居大公报馆。此后,碧城就成了英大哥两口子的宠儿,《大公报》开始连续发表碧城的诗文,碧城迅速走红。四月初六,碧城大舅严朗轩撤任记过。

初十,惠如由塘沽抵津,被英敛之邀入馆中,同其夫人淑仲同住。十三日,惠如回塘沽报告碧城事宜。淑仲送至车站。

十四日晚,惠如从塘沽回。估计传来了公公回话,答应碧城留津做事。

十七日,严朗轩见英敛之,把碧城托付英夫妇。这下英敛之更可以无后顾之忧地托举碧城了,除了《大公报》上面的炒作和发表诗文,线下开始了各种操作与活动,帮碧城谋办女学事宜。

四月下旬,严朗轩携严象贤由塘沽迁往天津,住天津袜子胡同。四月二十七,秋瑾来访,并与碧城同屋宿。道不同不相为谋,秋瑾的革命宣传,包括东渡留日没有说服碧城。

六月，直督袁世凯颇愿支持女学事宜，与天津海关道唐绍仪已议，袁世凯允拨款千元为开办费，唐绍仪允诺每月由筹款局拨款百元。英淑仲与吕惠如盟为姊妹。严朗轩不乐办学堂事。

七月，吕惠如、吕碧城也烦了，跑到英敛之处言欲南归，英敛之更不耐烦，以偏锋语答之，弄得姐妹俩更恼了。

八月二十四日，《大公报》发表《天津女学堂创办简章》，具名创办人吕碧城、议事员等同订。

九月，英敛之准备赴上海参加三弟婚事，吕家二姐妹皆有悾惶之色；吕碧城下最后通牒，如果你们不认我为开办人及总教习，只有决裂不办；英敛之急着登船，没时间看他们吵架，说：要么等我从上海回来，要么就依了我和碧城初意。

十月初一，天津女学堂开学（报名注册的学生约二十人），碧城出任总教习兼国文教习。所谓的总教习，相当于教务长或者教务主任之类。

十九日，英敛之夫妇在朱致尧处与吕美荪接上了头。三人结伴游玩。

二十二日，英夫妇带着美荪登船回津。

二十七日抵津。

十一月十八日，傅增湘找英敛之，说自己夫人与吕碧城不合，故生出无数波折。二十九日，因惠如、碧城皆有病，美荪开始代课。

十二月初三，英敛之与吕碧城、吕美荪谈学堂事宜。碧城毫无定见，未尝出一决断语，英敛之大为不快。之后更是各种不快了。

1905 年（光绪三十一年乙巳）

吕惠如31岁，美荪25岁，碧城23岁，贤满18岁，长孙女翠霞16岁。

英敛之与碧城的关系继续恶化。正月，英敛之辞了校董，并且告诉傅增湘，以后女学堂的事再也不管了。没几天，吕碧城又告诉英敛之，傅增湘也不再参与学堂事务了，一切由吕碧城自己定。

二月，吕美荪南归，英夫妇痛哭送别；吕惠如与碧城吵架，表示不干了，英夫妇力劝之，碧城且来谢罪，惠如复回学堂。

英敛之为三姐妹编辑的《吕氏三姊妹集》出版，并发表评论，称她们是"硕果晨星"式的人物。计有惠如诗39首、词26首、文2篇；美荪诗29首、词8首；碧城诗8首、词4首、文2篇。

吕美荪寄赠英敛之金指环一枚，我发现，这是吕家姐妹中唯一一个知道回报贵人的姑娘。

三月，英敛之接美荪来信，说自己此后同四妹家中读书，并且秋日送四妹求学于务本学堂；碧城在大公报馆醉酒，英敛之派四弟车送其回学堂。

十一月，《大公报》载美荪《书端中丞奏兴女学事》一文。

此年，美荪应天津两女学堂之邀，做了北洋女子公学教习兼北洋高等女学堂（傅增湘1905年另立）总教习，并且在英大哥的经费支持下，去北京拜访了翻译家林纾。

1906年（光绪三十二年丙午）

吕惠如32岁，美荪26岁，碧城24岁，贤满19岁，长孙女翠霞17岁。

二月以来，吕惠如屡有回南之意。终于二月底成行。四月始归。

春，天津女学堂设师范科，由此成为河北师范大学的前身。傅增湘任学堂总理，吕碧城任教习。

五月底，美荪归津。

七月初三，美荪出车祸。至此，美荪的骨折的左腕成了大哥的心病，每天必去探视，甚至一日数次。大哥跟碧城的关系更是迅速恶化，在大哥的眼里，碧城已是越看越恶心的状态了。好在八月，英大哥又把严复引荐给了碧城，好歹有了接盘人。

年底，由于碧城与英大哥关系越来越僵，美荪也与大哥僵了。这一来，大姐惠如也不愿意了，居然从奉天来信，也有绝交的神情。三姐妹算是集体与大哥翻白眼了。这大哥做的。

1907 年（光绪三十三年丁未）

吕惠如33岁，美荪27岁，碧城25岁，贤满20岁，长孙女翠霞18岁。

秋瑾创办的《中国女报》第一期在上海创刊。吕碧城事后回忆，她曾为秋瑾创办的《中国女报》撰写了发刊词。看之后的第二期女报载吕碧城一篇《女子宜急结团体论》。

正月，美荪与碧城进京，考察京师女界；吕美荪再次展示自己的媚人功夫，与自家姐妹出面，与英敛之大哥和好如初，并且送他一对儿玻璃金彩花瓶。这应该是她继金指环之后，第二次送大哥礼物了。相形之下，老大老三依然处于只会索取不会奉献的状态中。

三月初九，贤满由来安来津，住大公报馆。之后赴吉林任双城府女子师范学校教习。

四月初三，吕美荪到大公报馆后复匆匆离去，言偕其戚某游眺。初五，美荪又来大公报馆，英大哥送其河边略步，言赴奉天事，始知所谓的"戚某"乃美荪的夫君朱翰章。十七日，美荪偕女生赴奉天——奉赵尔巽之召，任奉天女子师范学堂教务长及国文讲习，兼中日合办女子美术学校教员、名誉校长。至奉天后，赵尔巽召宴于军署，称美荪为美翁。

五月，吕美荪由奉天寄来《人间最乐之生涯》《万泉河放舟记》。英大哥给她发表在了《大公报》上，但大哥的一封信被美荪认为是有意讥讽，所以回信也不客气。她不客气，大哥更不客气，又回了一封数百言的信，作冷隽语。

六月初六，秋瑾做了烈士。

十四日，碧城来大公报馆，美荪也从奉天回津。估计是担心碧城为秋瑾所牵连吧。不得不承认，美荪第三次展现自己的"媚人"之功，几天就把英大哥哄得"相谈甚欢"了，十九日夜，英敛之居然依美荪所嘱，连夜起草两千余言的《觉祸株连议论实为促国之命脉》，登报两日。

之后好几天，美荪跟英大哥夫妇谈天，都是一谈一夜，按英大哥的日记，双方谈得那是"交融水乳"。

任务完成得差不多了，二十八日，美荪回奉天。大哥决定亲送到塘沽。一行人先到老龙头车站。碧城等人下车回了，大哥继续送，并且给美荪购买头等车票。车开后，大哥交代美荪此后当检点、朴素等事。车抵塘沽后，英大哥下车，颇为黯然！

七月初二，碧城至大公报馆，因闻外间毁谤事，来探问，并痛哭良久，英大哥留晚饭——再次纳闷，能有什么毁谤事，让碧城哭成这样呢？人家老二好不容易把自己嫁出去了，现在老三又事儿多了。

八月二十三，碧城来大公报馆，告诉英大哥，严复赴京入学部考试留学生，路过天津，当日晚车进京。当晚，英夫妇偕碧城在长发栈晤严复及其外甥女严纫兰，谈少时，送至车站，车开别归。

十二月二十三日，碧城遭英大哥讨厌。英大哥携老婆孩子亲友去看电影了，碧城突至大公报馆"搜索箱箧，如鼠窃状，可鄙可恶之至"。

1908年（光绪三十四年戊申）

吕惠如34岁，美荪28岁，碧城26岁，贤满21岁，长孙女翠霞19岁。

二月，赵尔巽调任四川总督，临行，语提学使张鹤龄："吕某，吾招之来非易，其薪颇厚，吾去后，勿克减，勿更动，俾养其母也。"美荪有《赵次山将军》专门记述这个赵尔巽，也提了这个高薪，但具体多少，不确。美荪有次过泰安，来不及谒其墓，乃写诗颂曰："穆穆四岳镇，休休一代臣。完老归陵邱，身去不死神。在昔列荣戴，白山黑水滨。元戎自韬武，仁爱抚斯民。陋余葛帔女，招至作师宾。感激千金俸，遂活北堂亲……依恋怀往恩，纵横涕泫巾。"所谓的千金俸，当是年薪至少千银了吧？还有就是美荪与碧城的不同之处，那就是，她知道感恩，知道自己姐妹走到这一步，是有人关照的，虽然也经常跟亲密的恩人闹情绪。

六月十六日，美荪忽至大公报馆，神思大不如前，冷漠已极。不知道大哥又哪里得罪这个她了。十八日午后，美荪至大公报馆与英大哥谈话，此后不复亲密，唯心仍如从前云云，后不辞而去，径回奉天。

七月，安徽大水，王揖唐请吕美荪捐校俸百金。

八月初九，碧城谒严复。

八月十八，严复至女学堂，以名学讲授碧城。此后往来频繁。

九月十三日，碧城因《大公报》上《劝女教习不当妖艳招摇》一文，怀疑是有意讥彼，旋于《津报》登载自己的驳文。数日后，复致英敛之信，洋洋千言分辩，英敛之作答，亦洋洋千余言，此后碧城遂不至大公报馆。碧城与大哥算是彻底决裂了。好在有人接盘，外头刚续上一个严复老师。不过，碧城很多时候在严复的书信中，成了严老师教育外甥女何纫兰的材料。这与梁启超在家书中拿自己爱徒徐志摩的婚姻与爱情悲剧当自己孩儿反面教材何其相似！

十月十五日，英敛之于奉天女子师范学校访吕美荪，英敛之的《安蹇斋丛残稿》收集有他的《关外旅行小记》，对美荪的教育成就评价颇高："至女子师范学校晤吕眉生女士，受聘来奉主讲已逾二年，女学生二百余人，彬彬颇有进步，沾彼时雨，坐我春风，亦人生之大乐事也，陪都旧俗女子无缠足丑德，无短衣漏风，所有女子皆长身健硕，落落大方，此为各省未有大强人意事也。"

十七日，吕美荪回访英敛之。

1909年（宣统元年己酉）

吕惠如35岁，美荪29岁，碧城27岁，贤满22岁，长孙女翠霞20岁。

四月二十六日，碧城访严复，谈极久。严复为碧城独身不嫁深感忧虑，在日记里记曰："此儿不嫁，恐不寿也。"

入夏，第一届师范科行毕业礼，历时七学期，毕业十人！

秋，碧城卧病津城。清驻日公使胡惟德断弦欲娶，傅增湘、严复都参与其中，特别是严复，有意为碧城议之。碧城母姊亦劝碧城。奈何碧城无意，人家那边也有了自己的意中人。

碧城有意游学美国，托严复老师给自己疏通学部，美荪也至严复处给三妹求请，但碧城英文不精，且北洋也正处于换人之际，严老师爱莫能助。

惠如在南京，任南京女子师范学校校长。应该就是在这一年，她胁迫护理两江总督樊增祥把那个两江师范学校写情书的算学男教师坑进监狱给坑死了。

1911年（宣统三年辛亥）

吕惠如37岁，美荪31岁，碧城29岁，贤满24岁，长孙女翠霞22岁。

四月，《妇女时报》载碧城《北戴河游记》。

六月十六日，《民立报》刊《吕碧城女士辞职案》，她辞去了北洋女子公学监督兼总教习之职务。

秋，奉天大水，死伤无算，碧城与海上诸女士发起组织女子赈灾会，并亲撰《京直水灾女子义赈会通告》。

美荪由奉天南旋，居沪上。之后，贤满也由双城返沪。两人侍母而居。从家有三婢来看，吕家母女小日子不错。所谓的"感激千金俸，遂活北堂亲"应该不虚。当然，她们的母亲严氏，应该也有自己的金银细软，本不差钱的。

1912 年（民国元年壬子）

吕惠如38岁，美荪32岁，碧城30岁，贤满25岁，长孙女翠霞23岁。

清宣统帝宣布退位。

北洋女学停办，碧城离职。旋被中华民国临时大总统袁世凯聘为拿高薪不干活的总统府秘书。之后，奉母居沪，一夜暴富。暴富背景不详。有人说是与西商做生意，有人说是上海炒股。诗作有应酬袁二公子袁克文之一首：《民国建元喜赋一律和寒云青岛见寄原韵》。

吕美荪居沪上，任教于闽沪女学。

吕贤满侍亲居沪，贞孝不字。这是吕家四姐妹中，第二个独身不嫁的姑娘了。

1913 年（民国二年癸丑）

吕惠如39岁，美荪33岁，碧城31岁，贤满26岁，长孙女翠霞24岁。

吕美荪与吕贤满居沪，吕母严氏卒，没归葬安徽老家，与夫君吕凤岐合葬，而是葬上海租界内静安寺之第六泉旁。

吕美荪在上海拜蒋智由为师。

袁克文与易顺鼎、何震彝、步章五、梁鸿志、黄秋岳、罗惇曧、闵尔昌等在南海流水音结成诗社，还请画家汪鸥客作《寒庐茗话图》《流水音修禊图》，梁鸿志题诗其上，碧城先是写了一首《齐天乐·寒庐茗话图为袁寒云题》奉了过去，后又写了一首《和抱存流水音修禊十一真韵》……算是进入了袁二公子的朋友圈。

1914 年（民国三年甲寅）

吕惠如 40 岁，美荪 34 岁，碧城 32 岁，贤满 27 岁，长孙女翠霞 25 岁。上半年吕美荪与吕贤满居沪。

六月，美荪应厦门女子师范之聘，携贤满同行。临行，衣橱忽有巨响声，贤满认为这是母灵来乎，感到南下不吉，欲独留沪，但美荪不许。据说吕贤满在船上三日，泪不曾干——这都多大的姑娘了，不嫁也就罢了，没有一点独立的意识。既至，由于学校在鼓浪屿孤岛中，贤满一是心情不好，二是水土不服，十月二十七日，得疾忽死，生命永远停留在了 27 岁的格上。美荪扶榇返沪，按妹妹的遗嘱，求人之下，才把妹妹安葬在万国公墓其母墓侧。之后，四姑娘的死，成了美荪终生的心病。

夏时，朱少屏把碧城拉进了南社群。南社寓沪同人在上海徐园举行线下集结，碧城参加了。《南社丛刊》第十一集载碧城《法曲献仙音（绿蚁浮春）》词。

1915 年（民国四年乙卯）

吕惠如 41 岁，美荪 35 岁，碧城 33 岁，长孙女翠霞 26 岁。

吕惠如居南京。

筹安会立，帝制议起，吕碧城辞总统府秘书，居沪上。

1916 年（民国五年丙辰）

吕惠如 42 岁，美荪 36 岁，碧城 34 岁，长孙女翠霞 27 岁。

吕惠如居南京。

吕美荪客居如皋沙氏园养病，为袁世凯作《项城袁公挽辞》一首。

秋，吕碧城与费树蔚等游杭州及浙江诸山，路过秋瑾墓地，写《西泠过秋女侠祠次寒云韵》。

吕碧城问道陈撄宁，陈撄宁为吕小姐手订《女丹十则》，批注《孙不二女丹诗注》，并作《答吕碧城女士三十六问》。但碧城背"道"而驰，拒绝陈撄宁纳她为徒及与之双修。

1917 年（民国六年丁巳）

吕惠如 43 岁，美荪 37 岁，碧城 35 岁，长孙女翠霞 28 岁。

惠如致信在香山静宜园隐居的英敛之夫人，说自己"恶病容衰"，恨不得摔镜子。

吕美荪继续客居如皋。

春，碧城偕张默君等友游邓尉。碧城第二次也是最后参加南社在上海徐园的线下集结。与会者还有她的文友张默君等人。

夏，游庐山，历时近两月。

1918 年（民国七年戊午）

吕惠如 44 岁，美荪 38 岁，碧城 36 岁，长孙女翠霞 29 岁。

春，碧城客居北京，赴崇效寺看牡丹。夏，料理赴美事宜，忽染时疫，迁延两个月之久。致信费树蔚，留遗嘱，拟葬邓尉。冬，养疴香港。

吕美荪继续客如皋。据她说，大病几死。

毕业于安徽省立第一女子师范并留校任教的安徽小才女苏雪林，率领学生到南京参观，与几位同事前往拜谒吕惠如。

1919 年（民国八年己未）

吕惠如 45 岁，美荪 39 岁，碧城 37 岁，长孙女翠霞 30 岁。

吕惠如辞去南京女子师范学校校长之职。

春，吕碧城继续养疴香港，入夏时返沪。此间与老费书信往返频繁。

1920 年（民国九年庚申）

吕惠如 46 岁，美荪 40 岁，碧城 38 岁，长孙女翠霞 31 岁。

春，碧城客居北京。中间以事返津，访同学旧友，作《感旧记》。

夏，偕女友缦华女士赴苏州访费树蔚，老费领着她们游当地诸多名胜。

八月，碧城赴美游学，以旁听生入哥伦比亚大学研读美术。行前，樊增祥、费树蔚、李经羲等赋诗送别。八月十五，轮渡太平洋，作《秋渡太平洋》七绝一首。

九月，抵旧金山，游金门等地。

1921 年（民国十年辛酉）

吕惠如 47 岁，美荪 41 岁，碧城 39 岁，长孙女翠霞 32 岁。

严复去世，美荪作《挽严几道》。

碧城入哥伦比亚大学，旁听生，研习美术，进修英语。

夏，中国大富婆在旅馆病卧一周之久，后有唯一的白话文《纽约病中七日记》发表。

1922 年（民国十一年壬戌）

吕惠如 48 岁，美荪 42 岁，碧城 40 岁，长孙女翠霞 33 岁。

吕美荪退休，居南京。

春，碧城游学完毕，由加拿大归国，道出横滨，遇一日本少年。

六月，梁启超讲学金陵，美荪与其诗词唱和，结为友。及其北旋，吕美荪送行，作《送任公北旋》二首。后又寄诗三首。

1923 年（民国十二年癸亥）

吕惠如 49 岁，美荪 43 岁，碧城 41 岁，长孙女翠霞 34 岁。

惠如、美荪居南京。

碧城寓沪上南京路 20 号。

张謇邀请美荪游南通，美荪寓其濠阳小筑三日，每晨六时即与其共食，临别，作《张啬翁招游南通临别赋留》。

1924 年（民国十三年甲子）

吕惠如 50 岁，美荪 44 岁，碧城 42 岁，长孙女翠霞 35 岁。

惠如、美荪居南京。惠如患疯癫，日奔走于街市，且笑且啼。
碧城由南京路移居同孚路（今石门一路）8号。

1925年（民国十四年乙丑）
吕惠如51岁，美荪45岁，碧城43岁，长孙女翠霞36岁。
吕惠如、吕美荪居南京。
春，碧城偕沈月华女士同游南京，继赴苏州访费树蔚，有漫游欧洲不复返之意，老费隆重宴请作诗相赠，并邀金松岑等名流一块儿放舟吴江，碧城漫歌西曲以助兴。
七月，惠如卒于南京，螟蛉女年方九岁，恳美荪为之监护。惠如诗词稿四卷，遗嘱付资托某为刊，某旋死，稿亦不可求。按美荪《某氏子》中的记载，惠如死后，遗产差点让律师给吞没："有名律师某，六合人，为之订立遗嘱，意在吞没遗产，……彼此结讼年余，彼终以理屈而败，败后与余交友如初。"
十二月，《美利坚建国史纲》译毕，交上海大东书局出版。
此年，碧城《信芳集》三卷本印行。
此年，南京河海工程学校校长松江杨允中赁吕美荪冶城山下莸丽园，吕美荪数椽以居。

1926年（民国十五年丙寅）
美荪46岁，碧城44岁，长孙女翠霞37岁。
春，"李红郊与犬"公案发生。
春夏之交，沪上新闻学会和文艺界假吕碧城寓所集会，欢迎新闻学硕士张继英女士从美国哥伦比亚大学毕业归国。

秋天，吕碧城再度游历欧美。函告费树蔚，示诗志行，老费赠诗送别。舟过太平洋二逢中秋，赋诗一首以纪之。抵美后，居旧金山。

本年，拟创《护生》月刊，乞步林屋出为主任。步以愿望太宏拒之。此事遂不了了之。

本年，英敛之夫妇相继去世，吕美荪作《英敛之并夫人淑仲》以悼之。

1927年（民国十六年丁卯）

吕美荪47岁，碧城45岁，长孙女翠霞38岁。

年后碧城由旧金山启程去纽约。途中停留洛杉矶，参观动物园及好莱坞；又由洛杉矶赴亚利桑那州，参观亚利桑那州大峡谷；到纽约后乘"奥林匹克号"万吨轮赴欧，抵达巴黎。

拟定从法国经瑞士至意大利之旅游路线。具体行程：瑞士芒特儒—意大利米兰—佛罗伦萨—罗马，游兴正浓时，因事回巴黎。

又由巴黎抵日内瓦，逗留七日。往蒙特勒（芒特儒），登阿尔卑斯雪山。由芒特儒重赴米兰，小住两日。由米兰重往罗马，抵拿破里，游维苏威火山和庞贝古城。由罗马往威尼斯。由威尼斯乘机赴奥地利首都维也纳。抵维也纳次日，适逢市政骚乱，被困旅馆，数日方得脱，往德国首都柏林。抵柏林后欲在当地消夏，从容出游，奈何因病谒医，医谓非用手术不可，乃返巴黎部署各务。

巴黎处理完各务，乃游巴黎各名胜等。渡英吉利海峡，赴英国首都伦敦，能游的皆游之，并频繁做客于中国驻英公使馆。

此年，美荪居南京，信件交往有叶德辉、章士钊等。赵尔巽去世，美荪作《挽赵次山尚书》。

1928 年（民国十七年戊辰）

吕美荪 48 岁，碧城 46 岁，长孙女翠霞 39 岁。

碧城由伦敦返回巴黎。观巴黎选美。由巴黎返瑞士，寓日内瓦湖头蒙特勒。重登阿尔卑斯雪山。复因事往日内瓦湖尾。偶过国联门外，有感。参加湖尾一年一度的百花会夜游。

年底由日内瓦赴美国人年宴，自是日起茹素断荤。

本年，《信芳集》增订本问世。又，碧城的《欧美漫游录》（又名《鸿雪因缘》），先后连载于北京《顺天时报》和上海《半月》杂志。

1929 年（民国十八年己巳）

吕美荪 49 岁，碧城 47 岁，长孙女翠霞 40 岁。

碧城接受邀请，由瑞士日内瓦赴奥京维也纳参加万国保护动物大会并登台发表演讲，轰动一时。会后握手、签名、合影，柏林、罗马、君士坦丁堡、马德里，多地有人士邀请她前往演说，碧城认为自己水平不够，都拒绝了。

本年，费树蔚校阅《吕碧城集》由上海中华书局出版。

本年，梁启超殁，吕美荪作《吊梁新会启超》。

本年，蒋观云卒。蒋生前曾附诗一卷与吕美荪曰："倘吾中寿而死，子孙若不能付梨枣，所赖惟君耳。"故蒋氏卒后，吕美荪抱其遗稿，乞序于陈三立，陈以老病辞，吕美荪乃长跪请为立撰之。她本人作有《哭蒋石兰师》。

1930 年（民国十九年庚午）

吕美荪 50 岁，碧城 48 岁，长孙女翠霞 41 岁。

春，吕碧城正式皈依佛法，成为在家居士，法名曼智；绝笔文艺一年，悉心从事佛典英译；碧城著《巴黎佛会一夕记》，并与法国专绘佛像之美术家建宁（Louise Janin）女士会晤。

夏，吕美荪居沪，五月二十五日，《畏室笔记》脱稿，拟次日往书局商印。是日美荪先是梦魇而呼，为儿子叫醒；入睡后再次做噩梦，"骇极狂号拥被蒙首不敢动"，再次把儿子惊醒，母子同起，这才发现电线走火，线已焚断，冒出碧火，离帐仅二三寸，急将电门关闭，母子得免遭大祸。因为美荪三天前为了杀臭虫，将两木床及棕绷满浇火油，万一起火，这娘俩可能都没的救。过后美荪捐助陕西大旱银币五十，并书数条于座右：一、不但无恶行为，兼洗涤恶心意；二、杀业至重，戒贪口腹，永不杀生，尤劝人戒杀；三、逢人劝善，尤劝人孝悌忠信；四、遇事尽力行方便；五、惜字、惜食、惜衣、惜物，以报天地佛神，父母恩德；六、节啬衣食，量力赈灾；七、凡事随缘守命；八、每日临睡前省察一日之心身过恶，亟思痛改。

九月，碧城夜梦莲邦之路，自此遂于净土深信不疑。

本年美荪在青岛小鱼山畔建起一座依山面海的别墅，斋名"寒碧山庄"，自称寒碧山庄主人，青岛是齐国故地，又自号"齐州女布衣"。十月，美荪移居"寒碧山庄"。

本年，碧城不时将欧美各国佛教与护生消息传至国内，刊载于《上海时报》，引起沪上知名居士王季同、吴致觉、丰子恺、李圆净等人的注意，随即由圆净出面与碧城取得联系，约碧城将文章结集，寄回国内，筹划刊印，定名《欧美之光》。

1931 年（民国二十年辛未）

吕美荪 51 岁，碧城 49 岁，长孙女翠霞 42 岁。

春，旅欧之清华大学国学院教授吴宓自作多情写《信芳集序》，说什么"集中所写，不外作者一生未嫁之凄郁之情"，惹得碧城大怒，回信骂他无聊、流氓。吴宓回信解释，碧城余怒未消，为了表示自己不是嫁不出去，而是恨嫁，直骂婚姻不外"兽性"。吓坏吴宓了，三过碧城家门而不敢入。

本年，碧城的《欧美之光》印行。

本年，吕美荪在青岛。出版《菡丽园诗》。

1932 年（民国二十一年壬申）

吕美荪 52 岁，碧城 50 岁，长孙女翠霞 43 岁。

夏，碧城寓德京柏林，治疗胃疾。

本年，碧城的《晓珠词》一卷本刊成。

本年，吕美荪居青岛。

1933 年（民国二十二年癸酉）

吕美荪 53 岁，碧城 51 岁，长孙女翠霞 44 岁。

岁初，由叶恭绰介绍，碧城与旅居沪上之词学名家龙榆生书信往还。此后，龙榆生主持的《词学季刊》不断刊发碧城词作。冬，碧城由瑞士归国，先后寓沪港。

美荪居青岛，为所辑的《蒋观云先生遗诗》作跋并题词一首，托朋友代印《蒋观云先生遗诗》于上海。美荪作《美荪杂记》和《劝戒录节本弁言》，在青岛印行出版，集名《劝戒录节本》。同年，美荪还出版《菡丽园诗续》。

1934 年（民国二十三年甲戌）

吕美荪 54 岁，碧城 52 岁，长孙女翠霞 45 岁。

碧城寓沪，翻译佛典。

美荪居青岛，出版《葂丽园诗再续》；校阅其父《石柱山农行年录》并为之作序，汇印成册；辑《阳春白雪词》并出版，收有她自己的诗作四首，和者 46 人，和诗 73 首，参与唱和者有费树蔚、杨云史、陆丹林等姐妹二人共同的朋友、笔友。

1935 年（民国二十四年乙亥）

吕美荪 55 岁，碧城 53 岁，长孙女翠霞 46 岁。

春，碧城抵津门，谒华严学者徐蔚如，并托徐宅为其传递亲友书信之处。未几南下，旋汇五千元托徐公，说自己某月某日将西归，请代为布施。不久又来电，谓去期尚有待，款请留作其他功德。于是徐公给她介绍了北京的僧伽医院，商之碧城，碧城慨然允诺。僧伽医院的主持致函表谢，"女士以为不文，心殊怏怏"，"徐公告以僧人重在修法，初不必优于为文也，女士乃释然"。

费树蔚寄吕美荪绝笔二律，并于三月初六去世。美荪作《吊吴江费仲深》二首。碧城却不知老费死讯。

此年，陈宝琛去世，美荪作《挽陈太傅宝琛》一首，并出版《葂丽园诗四续》。

秋，碧城赴广州游览。

秋，美荪欲游日。恳请市长沈成章转托日本驻青岛总领事，由其具函介绍美荪给日本外务省文化部——不得不承认,美荪选的真是时候,若再迟两年,七七事变爆发,日本全面侵华,你还咋去日本跟人如此亲近友好哩?八月,美荪成行。友人与儿子绸德为之送行——美荪的婚姻也挺奇怪的。当初冷丁地嫁了一个朱翰章,惹得英大哥措手不及心生嫌隙,许多诗文中竟也不见这个男人的身影,是死是活我们都不知道,只知道她有个儿子朱绸德——美荪八月二十五日出发,十月十二日辞行,在日本游了一个月左右。详见美荪的《瀛洲访诗记》。这应该也是美荪离开这个世界前最后的辉煌了。

此年,碧城在香港买了豪宅——跑马地山光道12号。准备搬到香港去住。

1936年(民国二十五年丙子)

吕美荪56岁,碧城54岁,长孙女翠霞47岁。

碧城搬到了自己的香港豪宅——跑马地山光道12号。继续译净土四经。

夏,美荪的《瀛洲访诗记》出版。

秋,碧城由香港回沪,赴南京途中到苏州访问老费,才发现这最后的男闺密已于一年前死去。遂回车。之后碧城写下了《惜秋华》,悼念故友。抵北京时,适逢早年在天津结识的卢木斋之女卢云青移柩天津,碧城到车站送行,并应其丈夫之请,为其作《望湘人》之诔文。

此年,美荪游北京故宫,并访当年的名妓赛金花。

是年,碧城译经毕,百日内得词百余首。

年末,碧城身体感觉不适,第三次怀疑自己寿命已尽,遂拿出十万余元捐给佛教界。

1937 年（民国二十六年丁丑）

吕美荪 57 岁，碧城 55 岁，长孙女翠霞 48 岁。

美荪居青岛。

春，碧城的《晓珠词》卷三手写本付印，首有自记曰："予慨世事艰虞，家难奇剧，凡有著作宜及身而定，随时付梓，庶免身后淹没。"由香港山光道寄赠吴宓《晓珠词》20 部，吴宓寄回《吴宓诗集》一部。

夏，四卷本的《晓珠词》印行。作《惠如长短句跋》，并把《惠如长短句》附在四卷本的《晓珠词》之后。

秋，中国战事又起。碧城遂再次准备出国。她先将山光道的白蚁住房转让他人，然后移居菩提场，并将自己所有的随用物品转赠同道。然后由九龙搭乘邮轮离开香港，三天后到了新加坡。旋拟往马来西亚槟榔屿小住养病，俟春暖再赴欧。

1938 年（民国二十七年戊寅）

吕美荪 58 岁，碧城 56 岁，长孙女翠霞 49 岁。

春，碧城赴瑞士，重返阿尔卑斯雪山，居蒙特勒。有《绘雪词》寄冒广生。

夏，移居山中静怡旅馆。不久欧战爆发，东返，后因故未成。

1939 年（民国二十八年己卯）

吕美荪 59 岁，碧城 57 岁，长孙女翠霞 50 岁。

美荪居青岛。

夏，碧城拟往美国任《蔬食月刊》主编，因签证不许久居未果。

秋，碧城迁山下克拉昂旅馆。

是年，数次致函沪上陈无我居士，讨论欧美佛教徒有关蔬食、轮回诸问题。

1940 年（民国二十九年庚辰）

吕美荪 60 岁，碧城 58 岁，长孙女翠霞 51 岁。

美荪居青岛。

秋，碧城自瑞士归国，途中游览新加坡、泰国的曼谷，在曼谷期间为自己的译著《因果纲要》作序。年底，抵香港。看意思，第一是真信佛了，第二，中日战争的情况她一概不知，否则不会这个时候还想着回国，回得去吗？这个时候的中日战争，比当年她父亲时代的甲午中日战争要惨烈多了。

1941 年（民国三十年辛巳）

吕美荪 61 岁，碧城 59 岁，长孙女翠霞 52 岁。

美荪居青岛，为《菰丽园随笔》作序，收集随笔 84 篇。这 84 篇我大致都看过，没看出啥亮点。

年初，碧城欲由港乘轮返沪，因东莲觉苑第二任苑长林楞真的盛情挽留，遂留该寺居住。碧城估计有叶落归根的意思，但是，一是中日战争的情形下，你还回得去吗？二是，与二姐美荪老死不相往来，回也无益。四姑娘求与娘同葬，碧城准备葬哪儿呢？三是，年底因日本偷袭美国的珍珠港军事基地，太平洋战争爆发，日军占领香港，她除了窝在寺里吃斋念佛，也动不了了。

其间，碧城曾致信上海光华大学老友蒋维乔，并附《观无量寿佛经释论》书稿，希望对方速为指正。

本年，日本偷袭珍珠港，并发布对英美两国的宣战诏书，太平洋战争爆发。香港迅速沦陷。

十二月初六（公历 1942 年 1 月 22 日），上午 10 时，另一著名女文学青年、新派左翼作家萧红身死香港。本年，澄彻居士为碧城与美荪的"骨肉参商"，"驰书调解"，澄彻居士与碧城始结文字因缘。

1942 年（民国三十一年壬午）

美荪居青岛。

吕美荪 62 岁，碧城 60 岁，长孙女翠霞 53 岁。

春，碧城每日给苑众讲中国文学史一小时，至暑假止。讲稿结集出版，名《文学史纲》。

初夏，作《感诗三首》，这三首的主人公乃是碧城生命中最重要的三人：印光大师、严复、袁世凯。可惜没有英大哥。

夏，《观无量寿佛经释论》在沪港两地同时出版。港版书成，碧城亲手包寄各方。可能是澄彻居士调解成功了，或者自觉死亡大限已到，碧城与二姐恢复了通信关系，只不过这信依然未改毛病，"劝其姊美荪茹素，书词激切"。不知道美荪是否回信，按美荪的肚量与脾气，应该是回了的，且言辞不会激切。只不过跟三妹说啥就不知道了。

冬，胃疾复发。拒绝就医。致函龙榆生告别，"珍重前途，言尽于此"，并以学佛相劝；连续三次致函上海李圆净居士，以身后财产相托嘱，悉数用于弘扬佛法和护生事宜；以梦中所得诗寄民俗学家张次溪和小友龙榆生，诗云："护首探花亦可哀，平生功绩忍重埋。匆匆说法谈经后，我到人间只此回。"

十二月十八（1943年1月23日上午8时），吕碧城病逝于香港东莲觉苑。她将全部财产二十余万港元布施于佛寺并留下遗嘱："遗体火化，把骨灰和入面粉为小丸，抛入海中，供鱼吞食。"

这年月掐得不错，不论是虚岁还是周岁，都是60岁！

至于美荪的情况，居然也从此无讯！

吕氏四姐妹，从此全部谢幕！

只是不知那个长孙女翠霞是何结局？如果族人给她立了嗣子，或者给她招了上门女婿，那么吕氏老家应该依然有香火延续！

最后，碧城还可以与一年前同样身死香港的萧红对比一下。两人虽然都是文艺女青年，但碧城是文化保守主义者，萧红是新派左翼激进主义者。萧红悲催一辈子，遇到的男人都是渣，没过过几天好日子，但是临死前却写下"半生尽遭白眼冷遇……身先死，不甘，不甘"，一句话，她还没活够呢。碧城呢，败犬一辈子，遇到的男人都是贵人与恩人，没过过几天不好的日子，但是临死前却决绝得很，我到人间只此回，姑奶奶再也不来了。难不成这就是信仰的力量？

愿不甘者重新打回来，愿只此回者永驻仙界！

附录三 参考资料

［1］吕碧城著，李保民笺注：《吕碧城诗文笺注》，上海古籍出版社 2007 年版；

［2］吕碧城著，李保民笺注：《吕碧城词笺注》，上海古籍出版社 2001 年版；

［3］吕碧城著，戴建兵编：《吕碧城文选集》，天津古籍出版社 2012 年版；

［4］吕碧城著，文明国编：《吕碧城自述》，安徽文艺出版社 2014 年版；

［5］吕碧城著，李保民撰：《一抹春痕梦里收：吕碧城诗词注评》，上海古籍出版社 2004 年版；

［6］吕碧城著，刘纳撰：《吕碧城评传·作品选》，中国文史出版社 1998 年版；

［7］吕碧城著，戴建兵编：《吕碧城文选集》，天津古籍出版社 2012 年版；

［8］吕碧城编著：《香光小录》，道德书局 1939 年版；

［9］吕碧城编译：《欧美之光》，上海佛学书局 1932 年版；

［10］吕美荪著：《葂丽园随笔》，青岛华昌大出版社 1945 年版；

［11］郑逸梅：《吕碧城放诞风流》，《人物品藻录》，日新出版社 1946 年版；

［12］郑逸梅：《南社丛谈》，上海人民出版社 1981 年版；

［13］高拜石：《吕碧城沉哀凝怨》，《古春风楼琐记·第三集》，台湾新生报社出版部 1981 年版；

［14］方豪：《英敛之先生日记遗稿》，沈云龙主编：《近代中国史料丛刊续编·第三辑》，文海出版社 1974 年版；

［15］方豪：《英敛之笔下的吕碧城四姊妹》，李又宁等主编：《近代中国女权运动史料(1842—1911)》，龙文出版社股份有限公司 1995 年版；

［16］周萍萍编：《英敛之集》，广西师范大学出版社 2013 年版；

［17］王栻编：《严复集》(第一册)，中华书局 1986 年版；

［18］刘禺生：《世载堂杂忆》，中华书局 1960 年版；

［19］刘成禺：《洪宪纪事诗本事簿注》，山西古籍出版社 1997 年版；

［20］张子军：《中国佛教方便谈》，现代出版社 2016 年版；

［21］方立天：《方立天文集第五卷·中国佛教哲学要义》，中国人民大学出版社 2012 年版；

［22］方立天：《方立天文集第四卷·佛教哲学》，中国人民大学出版社 2012 年版；

［23］傅增湘：《藏园居士六十自述》，中国人民政治协商会议天津市委员会文史资料委员会编：《天津文史资料选辑》1996 年第 4 辑，天津人民出版社 1996 年版；

［24］王芸生，曹谷冰：《英敛之时代的旧大公报》，《文史资料选辑·合订本·第三卷》，中国文史出版社 2011 年版；

［25］［美］高彦颐著，李志生译：《闺塾师：明末清初江南的才女文化》，江苏人民出版社 2005 年版；

［26］王忠和：《吕碧城传》，百花文艺出版社 2010 年版；

［27］林杉：《香国奇才吕碧城》，吉林出版集团有限责任公司 2012 年版；

［28］徐新韵：《吕碧城三姊妹文学研究》，暨南大学出版社 2015 年版；

［29］夏晓虹：《晚清女性与近代中国》，北京大学出版社 2004 年版；

［30］陈彧：《才女：寻找那些远去的才女佳人》，中央编译出版社 2014 年版；

［31］李继凯，刘瑞春选编：《解析吴宓》，社会科学文献出版社 2001 年版；

［32］吴宓著，吴学昭整理：《吴宓自编年谱》，生活·读书·新知三联书店 1995 年版；

［33］吴宓：《吴宓日记》，生活·读书·新知三联书店 1998 年版；

［34］李剑亮：《民国词的多元解读》，浙江大学出版社 2012 年版；

［35］陈撄宁：《道教与养生》，华文出版社 1989 年版；

［36］秦燕春：《青瓷红釉：民国的立爱与钟情》，福建教育出版社 2010 年版；

［37］杨圻著；马卫中，潘虹校点：《江山万里楼诗词钞》，上海古籍出版社 2003 年版；

［38］樊增祥著；涂晓马，陈宇俊校点：《樊樊山诗集》（全三册），上海古籍出版社 2004 年版；

［39］樊增祥：《樊山批判》，杨一凡，徐立志主编：《历代判例判牍·第 11 册》，中国社会科学出版社 2005 年版；

［40］蔡登山：《洋场才子与小报文人》，金城出版社 2012 年版；

［41］袁寒云：《袁寒云自述》，安徽文艺出版社 2013 年版；

［42］袁克文：《辛丙秘苑·寒云日记》，山西古籍出版社 1999 年版；

［43］王忠和：《袁克文传》，百花文艺出版社 2008 年版；

［44］秦燕春：《袁氏左右：清末民初的流年碎影》，凤凰出版社 2009 年版；

［45］孙石月：《中国近代女子留学史》，中国和平出版社 1995 年版；

［46］雷良波等：《中国女子教育史》，武汉出版社 1993 年版；

［47］熊贤君编著：《中国女子教育史》，山西教育出版社 2006 年版；

［48］舒新城：《近代中国留学史》，上海中华书局 1929 年版；

［49］陆丹林著，李鸿球主编：《当代人物志》，世界书局 1947 年版；

［50］魏中林，花宏艳：《晚清女诗人交际网络的近代拓展》，《暨南学报（哲学社会科学版）》，2011 年第 2 期；

［51］宫宝利，万银红：《晚清津河广仁堂女性生活考察》，《天津师范大学学报（社会科学版）》，2014 年第 1 期；

［52］黄楚筠：《晚清报刊与近代中国"女智"启蒙——以 1902—1916 年英敛之时期的〈大公报〉为例》，《中国报业》2014 年第 8 期；

［53］郭道平：《"诗界革命"的新阵地——清末〈大公报〉诗歌研究》，《中国现代文学研究丛刊》2010 年第 3 期；

［54］池子华，庞向南：《中国知识女性角色的近代转型——以吕碧城为例》，《山东女子学院学报》2011 年第 4 期；

［55］吕菲：《在传统与现代之间游走——对吕碧城旅居海外词的分

析》,《中国青年政治学院学报》2010 年第 5 期;

［56］吴宝成:《不学胭脂凝靓妆 一枝彤管挟风霜——南社作家吕碧城词略论》,《黄冈师范学院学报》2010 年第 4 期;

［57］秦燕春:《陈撄宁、吕碧城"仙学"因缘考》,《中国文化》第 39 期;

［58］崔诱景:《清后期女性的文学生活研究》,复旦大学博士学位论文 2010 年;

［59］刘峰:《清末民初女性西游与文学》,苏州大学博士学位论文 2012 年;

［60］谷曼:《评吕碧城的女权思想及其实践》,东北师范大学硕士学位论文 2002 年;

［61］徐新韵:《吕碧城词研究》,华南师范大学硕士学位论文 2004 年;

［62］王忠禄:《吕碧城词研究》,西北师范大学硕士学位论文 2004 年;

［63］聂欣晗:《清代女诗家沈善宝研究》,暨南大学硕士学位论文 2005 年;

［64］王慧敏:《一香不与凡花同——论卓尔不群的奇女子吕碧城及其词作》,山东大学硕士学位论文 2007 年;

［65］陈雨璇:《英敛之时期〈大公报〉与晚清女子形象的建构》,安徽大学硕士学位论文 2007 年;

［66］苏辰:《法与情:清代收继法研究》,广西师范大学硕士学位论文 2007 年;

［67］聂祖玉:《沈宜修的"德才色"与叶绍袁的女性"三不朽"》,首都师范大学硕士学位论文 2007 年;

［68］朱秋勤:《从"倡导女权"到"皈依佛门"——吕碧城思想与创

作研究》，河南大学硕士学位论文 2008 年；

[69] 刘蔓：《沈善宝〈名媛诗话〉研究》，浙江大学硕士学位论文 2009 年；

[70] 孙亭：《论美国汉学家高彦颐的明末清初江南妇女研究》，华东师范大学硕士学位论文 2009 年；

[71] 钟军：《"女子无才便是德"？——清前期文人之女性才德观辨析》，西南大学硕士学位论文 2011 年；

[72] 吴昊：《清代立嗣继承若干问题研究》，郑州大学硕士学位论文 2012 年；

[73] 张聆雨：《清代闺秀诗人才名的确立和传播》，南京大学硕士学位论文 2013 年；

[74] 林稚晖：《明清之际江南闺秀诗人社会形象研究》，华南理工大学硕士学位论文 2013 年；

[75] 张苏芹：《晚清〈大公报〉诗歌研究》，河南大学硕士学位论文 2014 年；

[76] 徐洋：《英敛之时期的〈大公报〉征文活动》，华中师范大学硕士学位论文 2014 年；

[77] 邵俊利：《清代"为人女"与"孀妇"财产继承权问题研究》，南昌大学硕士学位论文 2014 年；

[78] 周兴陆：《杨圻：从逊清遗少到爱国志士》，《社会科学报》2015 年 8 月 6 日第 008 版文史；

[79] 冯志阳：《严复与早期〈大公报〉(1902—1912)》，《史林》2014 年第 2 期；

[80] 徐新韵：《严复与吕碧城交往考析》，《福建师范大学学报(哲学

社会科学版)》2010年第1期；

[81] 黄克武：《严复的异性情缘与思想境界》，《福建论坛(人文社会科学版)》2001年第1期；

[82] 孟祥栋，袁进：《思想史和生活史的交集——对严复婚姻家庭的一种近距离考察》，《福建论坛(人文社会科学版)》2009年第12期；

[83] 侯杰，秦方：《男女性别的双重变奏——以陈撄宁和吕碧城为例》，《山西师大学报(社会科学版)》2003年第3期；

[84] 王慧敏：《南社女词人吕碧城与近代名流的交往》，《南京理工大学学报(社会科学版)》2012年第3期；

[85] 李细珠：《性别冲突与民初政治民主化的限度——以民初女子参政权案为例》，《历史研究》2005年第4期；

[86] 范纯武：《清末民初女词人吕碧城与国际蔬食运动》，《清史研究》2010年第2期；

[87] 李奇志：《辛亥革命前夕激进文人诗文中的新型婚恋意识书写》，《海南师范大学学报(社会科学版)》2011年第6期；

[88] 陈肖悦：《心高气傲的吕碧城——从心理学视角看她的转变》，《传奇·传记(文学选刊)》2010年第12期；

[89] 刘洁：《徘徊在现代与传统之间——吕碧城文学创作的矛盾性之解析》，《中国现代文学研究丛刊》2005年第2期；

[90] 车晓勤：《女性生命的明悟抑或悖论？——探究女性主义先驱吕碧城》，《江淮论坛》2007年第3期；

[91] 傅瑛：《香闺学士巾帼丈夫——明清安徽才女印象》，《淮北煤炭师范学院学报(哲学社会科学版)》2010年第3期；

[92] 夏爱军：《试评〈闺塾师——明末清初江南的才女文化〉》，《妇

女研究论丛》2005年第6期。

［93］刘希云：《"前娜拉"时代的娜拉——关于吕碧城》，《中华女子学院山东分院学报》2007年第4期；

［94］赵倩：《从〈樊山判牍〉看清代女子继承权》，《法制与社会》2008年第27期；

［95］吕宽庆：《论清代立嗣继承中的财产因素》，《清史研究》2006年第3期；

［96］吕宽庆：《清代寡妇立嗣问题探析》，《史学月刊》，2007年第6期；

［97］臧马：《著名女革命家秋瑾被害幕后故事》，《文史春秋》2002年第11期；

［98］刘立军：《罪与罚："秋瑾案"涉案人的清算与救赎》，《粤海风》2012年第4期；

［99］尤岩：《吴中才子幕僚杨云史》，《钟山风雨》2007年第1期；

［100］周兴陆：《近代诗人杨圻晚年行迹与创作——以新发现的散佚诗稿为中心的解读》，《苏州大学学报（哲学社会科学版）》2016年第1期；

［101］秦燕春：《英敛之：〈大公报〉及吕氏姐妹〉，《书屋》2013年第10期；

［102］秦燕春：《但赏美文，何必穿凿——严复、吕碧城师生情》，《书屋》2012年第12期；

［103］秦燕春：《杜鹃声里江南老——诗阀杨云史，军阀吴佩孚》，《书屋》2013年第4期；

［104］秦燕春：《淮西三吕天下名——再谈吕氏姊妹失和之谜》，《书屋》2014年第2期；

［105］傅瑛：《略谈吕碧城成才的外家姻亲背景》，《安徽文献研究集刊》2006年第1期；

［106］王先明，张海荣：《英敛之、〈大公报〉与清末立宪》，《山西大学学报(哲学社会科学版)》2006年第1期；

［107］郭道平：《英敛之、吕碧城与天津公立女学堂的创设》，《汉语言文学研究》2014年第1期；

［108］于瑞琪：《英敛之时期〈大公报〉倡办女子教育的宣传特色》，《黑龙江史志》2014年第6期；

［109］陈雨璇：《英敛之时期〈大公报〉对女性新闻报道前后期变化》，《阜阳师范学院学报(社会科学版)》2009年第2期；

［110］侯杰，肖冰：《英敛之与近代开民智》，《天津师范大学学报(社会科学版)》2001年第6期；

［111］朱立平：《英敛之与天津〈大公报〉》，《图书馆工作与研究》2003年第2期；

［112］侯杰，秦方：《英敛之与中国近代社会文化转型》，《历史教学》2003年第9期；

［113］祖保泉：《读〈吕碧城词笺注〉拾零(一)》，《巢湖学院学报》2006年第5期；

［114］祖保泉：《读〈吕碧城词笺注〉拾零(二)》，《巢湖学院学报》2007年第1期；

［115］祖保泉：《读〈吕碧城词笺注〉拾零(三)》，《巢湖学院学报》2007年第2期；

［116］王泽佳：《近三百年第一女词人——试析皖籍名人吕碧城其人其词》，《安徽文学(下半月)》2009年第10期；

［117］王忠禄：《论吕碧城的词风及心态演变》，《西北师大学报（社会科学版）》，2009年第1期；

［118］朱尹，王艳芳：《论吕碧城诗歌的独特性——基于闺怨·平权·参佛的视角》，《南京工程学院学报（社会科学版）》2013年第2期；

［119］龚岚：《论吕碧城在词学发展进程中的遗憾》，《江西财经大学学报》2012年第5期；

［120］郭延礼：《南社作家吕碧城的文学创作及其诗学观——纪念南社成立一百周年》，《文学遗产》2010年第3期；

［121］吕菲：《略论清末著名女词人吕碧城的思想精神》，《中国青年政治学院学报》2008年第3期；

［122］张文瑞：《旧京伶界漫谈（十二）捧角儿（上）》，《文史知识》2013年第10期；

［123］张文瑞：《旧京伶界漫谈（十三）捧角儿（下）》，《文史知识》2013年第11期；

［124］陈金龙：《从庙产兴学风波看民国时期的政教关系》，《广东社会科学》2000年第1期；

［125］陈阳阳：《民国安徽女诗人吕美荪及其诗作简论》，《安庆师范学院学报（社会科学版）》2010年第2期；

［126］薛超睿：《樊增祥〈十忆〉诗与艳情诗的生新》，《文艺争鸣》2014年第5期。

后记

著作跟好事一样，也要三连发。

2014年，看了师兄张耀杰出版的《民国红粉》，作为师妹，第一时间写了个书评，结果由读者的反应，导致我写作出版了《悲咒如斯：萧红和她的时代》一书。其间和《民国红粉》的策划编辑陈卓先生由民国红粉聊到民国黑粉，几个玩笑，又让我产生了继续解构吕碧诚和曹诚英等历史人物的兴趣。

这里得感谢陈卓，如果不是他的策划与督促，我可能更多地流连于网络公号，过着没心没肺没负担的欢乐日子。按陈卓的意思，师兄写了民国红粉，你咋不写一本民国黑粉？你既写了萧红，何不再搞搞吕碧城和曹诚英，弄个"民国黑粉三部曲"？

说的也是。闲着也是闲着，历史上这么多可以搞稿的典范人物呢。

说到典范，萧红、吕碧城、曹诚英各为标杆，自成风景。

萧红一辈子和六个坊间所谓的渣男扯不清、理还乱，以至于圈内有人说，这女人似乎离不开男人，一辈子都得傍着男人过日子。最开始，萧红没有实现财务自由，所以傍着男人混社会；到后来，自己成了社会名人，不用傍男人了，但性格上又离不开男人，一辈子寻爱，一辈子受伤害。

吕碧城少女时代被夫家退了亲，彻底受到伤害，从此与任何男人没了感情瓜葛，或者说，哪个男人都难入她的法眼，当然，她也很难入传统中国男人的法眼。比萧红幸运的是，吕碧城虽然也是愤而出走的娜拉，但是没忍过饥，没挨过饿，没受过屈，甚至，一走出家门，就受到一代大腕英敛之的托举与呵护，迅速成为京津地区甚至全国范围的文化超女，并迅速变现为沪上富婆，名和利一个不少。萧红即使成名之后，也只是实现了温饱，很多时候还得数着钱过日子；但吕碧城不是，她是近代中国转型时期的第一代富婆，第一代女权先锋。女人只有实现了财务自由，才能实现真正的个性自由。如果说萧红一辈子离不开男人，那吕碧城则根本不需要男人；如果说萧红仅仅是从内地走向香港，那吕碧城则是从内地而香港，从东南亚而欧美，走向的是全世界。

曹诚英与前两者不同。萧红是和六个男人；吕碧城是不需要男人；曹诚英是兔子专吃窝边草，以有夫之妇的身份，去挖亲戚加老乡——胡适和江冬秀的墙脚。墙脚没有挖成，自己反倒受了很大的伤害，这种伤害成了她一辈子的阴影。当然，如果没有胡适的政治影响，她与胡适也能止于粉红色的回忆。可惜，这位苦命的女人最终只能是农学教授，以暖宝宝老师的身份，走完余生。

萧红是个俗人，临死的时候，痛陈身先死，我不甘，这样烟熏火燎的日子我还没过够，上帝就给我抽人生的梯子。

吕碧城是天上仙女下凡来，临死之际，跟烟火告别。悔向人间色相开，我到人间只此回。这个人间不好玩,来一回就够了。

曹诚英更惨,政治的阴影也许还不算啥,主要是病体的原因。可以说,年轻时短暂的欢愉来自胡适,晚年时长久的苦痛也来自胡适。曹诚英年轻时身体就不好,但是正如黛玉,情事不顺之时,心理的痛会加重生理的病,不是一病不起,就是终身病痛。

不管从哪方面说,这三个女人都挺具有现实意义的。

萧红,除了时代之痛,还有性格之痛,正所谓性格决定命运。她给我们的启示是,即使遭遇的男人都是渣,作为女人,也得反省自己的遭渣体质。一句话,不是渣还碰不到一块儿呢。常言说,不是一家人,不进一家门。

吕碧城更接近现代社会的女权。婚姻算啥,男人算啥,姐靠才气与颜值,独自走天下。不只财务自由,更宝贵的是人格自由且三观结实,基督教与道家,都不是我的菜,最后拥抱了佛主净土,身前宁静,死后安详。虽然我到人间只此回,但姐在人间却是最亮丽的那道风景。

曹诚英给人最大的启示,是做女人还是不要做小三的好。对她来讲,成也胡适,败也胡适。给文化名人做小三,沾了不少文化的烟火,也吃了政治的暗亏。更亏的是,从此不好下嫁,很少有男人愿意接这种盘。不信你看看现在的文化界,那些著名人物的小三,除了网上报料,揭批男方一身灰尘之外,自己这边似乎蹭不了什么利润。如果不是胡适的原因,曹诚英也就是杭州女师毕业,做个小学教员,或者做个相夫教子的妻子。但因了胡适的缘故,又在国内读本,又在国外读研,由此成为中国第一位农学女教授。只有一点,她跟前两位截然不同。前两位终结于旧社会,而她却脚跨新旧两个社会,对她,自然更是绝妙的人生体验。是旧社会做鬼、新社会做人，还是新旧兼具、人鬼两不分？只有她心里知道。毕竟，前两位是恨不得在世间留下更多的言说，她却是将仅剩的资料，交代最亲近的友人，一把火烧了，恨不得灰飞烟灭——我在天空飞过，不留下翅膀的痕迹。

不得不承认，大时代的车轮碾压过来，个体之力是抗拒不了的，甚至群体都抗拒不了，所以，不管对个人，还是对群体，可选择的空间，都是微小而渺茫的。

萧红与曹诚英经历过抗日，一样的病痛与仓皇。吕碧城虽然多经历了一个辛亥革命，但中国式的光荣革命，于她如毛毛细雨一般，不管是晚清还是民国，她都活得如鱼得水。珍珠港事件之后，她同样在香港，也算经历抗日了，并且比萧红晚死一年。她在东莲觉苑，真是岁月静好，人世间的一切，都与她无关了。

某种程度上，高深莫测谓之天，无可奈何谓之命；某种角度上，自然是天，自我是命。三个女人，三重天，三种命。我们后人对她们的叙说，难道不是对自己命运的一种观照吗？

祝愿人间少伤痛，但留欢愉在心间。希望天下的才女、美女、酷女，都能率性而为，任性而活。既不遭时代之碾压，更不遭人间之羞辱。

姐从天空划过，姐永远是人们仰望四十五度角的传说。